U0101146

良渚博物院
中国早期文明丛书

陶寺

中国文明核心形成的起点

何努 著

上海古籍出版社

图书在版编目（CIP）数据

陶寺：中国文明核心形成的起点 / 何努著 . —上海：上海古籍出版社，2022.11 （2024.4重印）
（中国早期文明丛书）
ISBN 978 - 7 - 5732 - 0308 - 3

Ⅰ.①陶… Ⅱ.①何… Ⅲ.①文化史–研究–中国 Ⅳ.①K203

中国版本图书馆CIP数据核字（2022）第107531号

责任编辑　贾利民
装帧设计　王楠莹
技术编辑　耿莹祎

中国早期文明丛书
陶寺：中国文明核心形成的起点
何　努　著
上海古籍出版社出版发行
（上海市闵行区号景路 159 弄 1-5 号 A 座 5F　邮政编码 201101）
（1）网址：www.guji.com.cn
（2）E-mail：guji1 @ guji.com.cn
（3）易文网网址：www.ewen.co
上海雅昌艺术印刷有限公司印刷
开本700×1000　1/16　印张16　插页4　字数240,000
2022 年 11 月第 1 版　2024 年 4 月第 3 次印刷
印数：3,601 — 4,650
ISBN 978 - 7 - 5732 - 0308 - 3
K·3173　定价：128.00 元
如有质量问题，请与承印公司联系

本书为中华文明探源研究

"中原和海岱地区文明进程"课题（编号 2020YFC1521602）

阶段性成果

总　序

"五千年中华文明"之说自被提出以来，始终面临着科学的审视。寻找切实可信的中华文明之源，成为数代学人的情结和使命。它不仅是我国学者潜心研究的重大课题，也是国际学术界持续关注的研究领域。这一问题的解答，关系中华民族历史的展示与构建、文化自信的建立与增强、中华文化国际影响力的提升等一系列问题。

2001 年，国家启动了中华文明探源工程，集结了包括考古学、历史学和自然科学各大学科在内的 20 多个学科、60 多个单位的 400 多位专家学者的力量进行攻关。该项研究以马克思主义为指导，以距今 5 500～3 500 年间最能反映社会发展状况和权力强化程度的浙江良渚、山西陶寺、陕西石峁和河南二里头 4 个都邑性遗址以及黄河、长江和辽河流域的中心性遗址作为工作重点，开展大规模考古发掘和周围地区聚落分布调查，获取方方面面的信息，多学科、多角度、多层次、全方位对中华文明起源、形成与早期发展进行研究。

经过 20 年的不懈工作，中华文明探源工程成果显著：对中华文明的起源、形成、发展的历史脉络，对中华文明多元一体格局的形成和发展过程，对中华文明的特点及其形成原因等，都有了较为清晰的认识。中华五千多年文明史所言非虚：距今万年奠基，八千年起源，六千年加速，五千多年进入（文明社会），四千三百年中原崛起，四千年王朝建立，三千年王权巩固，两千两百年统一多民族国家形成。多元融合是中华文明生生不息的源泉，开放包容、交流互鉴是文明发展的动力，文化软实力是增强中华文明创造力和影响力的保障。中华文明的起源、形成和早期发展，与世界其他三大原生文明基本同步，辉煌的文明成就毫不逊色。它是世界四大文明中唯一延绵至今、未曾中断的文明，在人类文明史上占有独特而重要的地位。

尤为可贵的是，该工程提出了文明定义和认定进入文明社会标准的中国方案，为世界文明起源研究做出了原创性贡献。关于文明的定义及相关概念，国内外学术界存在诸多分歧。中华文明探源研究坚持历史唯物主义，提出文明是人类文化和社会发展的高级阶段。这一阶段在生产力发展的基础上，出现了社会分工和社会分化，形成了阶级、王权和国家。我们提出"文明起源"与"文明形成"两个概念，二者既有联系又有区别，两者是文明社会孕育和产生的不同阶段，先有文明因素量的积累，后有社会质的变化。国家的出现是文明形成的标志。关于进入文明社会的认定标准，中华文明探源研究冲破"文明三要素"（文字、冶金术和城市）的桎梏，提出了新的观点：即生产发展，人口增加，出现城市；社会分工，阶层分化，出现阶级；权力不断强化，出现王权和国家。这一新的标准不仅基于中国考古学的大量发现与丰富例证，将国际社会对中国文明仅有3 300年的认知局限扩展至5 000多年，而且也适用于国际上的其他原生文明。

这一工程出版成果丰硕，如《中华文明探源》《中华文明探源工程文集》《中华文明探源工程成果集萃》等让我们对中华文明形成的时间、脉络和特点的认识逐渐清晰。在考古学家孜孜不倦地攻克史前难题时，有必要组织一套面向社会大众的，能够全面反映中华文明形成和发展关键时期的文明丛书，既是对考古资料的一种梳理，也是成果的及时公布和转化。故而，我们选取在中华文明起源、形成过程中发挥过重要作用的八个考古学文化或典型遗址，即仰韶文化、大汶口文化、屈家岭文化、石家河文化、凌家滩文化、红山文化、良渚文化和陶寺遗址，以期生动、立体地展现各文化的特质，介绍考古工作的特殊性和趣味性。

值得注意的是，2019 年良渚古城遗址入选世界文化遗产名录，是我国入选世界遗产的第一处史前文化遗址。作为中国长江下游环太湖地区的一个区域性早期国家的权力与信仰中心，良渚古城遗址以其时间早、成就高、内容丰富而展现出长江流域对中华文明起源阶段"多元一体"特征所作出的杰出贡献，填补了《世界遗产名录》东亚地区新石器时代城市考古遗址的空缺，为中国 5 000 年的文明史提供了独特的见证；其向心式三重结构的空间形制与湿地营城技术展示了世所罕见的极高成就，在人类文明发展史上堪称早期城市文明的杰出范例。

良渚古城遗址申遗成功后，我们对五千年前后的文明进程关键时期的局面，更有必要在更大的时空维度中做一介绍，阐释"满天星斗"，表现中国文明形成的"多元一体"的历史趋势。良渚博物院站位高远，不局限于一时一地，跳出长江下游从整个中国的视角来看待早期文明起源与形成的大问题，依托"中华文明探源工程"卓有成效的工作成果，在 2020 年底提议组织一套早期文明比较丛书，次年春经多次讨论后正式启动。该丛书将新石器时代晚期已经踏入初期文明阶段的几个主要考古学文化纳入主题，从整个中国的大视野来看待良渚文明的起源和发展问题，这不仅是对良渚文化考古研究的再次深入，对于早期文明起源的探索也必然会有巨大的推动作用。本丛书一套 8 册，包括《良渚：中华文明之光》《红山：中国文化的直根系》《凌家滩：中华文明的先锋》《陶寺：中国文明核心形成的起点》等，均由相应遗址的考古领队或研究学者执笔撰写，具有很好的科学性和系统性。不可回避的是，由于组稿和编撰的时间较短，各位作者白天奔波于田野一线，晚上整理资料后还要埋首各自图书的撰写，涉及大量资料的梳理和系统思考，难免不够全面和完备。尽管整体上看丛书体例统一，但也存在一些小问题，实属遗憾……然而，瑕不掩瑜，抛砖引玉亦可！

我们希冀这套丛书可以依托各地丰富的考古发现和研究成果，开展良渚文明与中国各地大体同时期的区域文明的比较研究，展现中国各地区文明起源、形成的路径和特点，以使读者更好地感知多元一体的中华文明的丰富内涵和其中蕴含的中国优秀传统文化的精神内核，增强对中华文明的认知和认同，为增强历史自觉和文化自信，实现中华民族伟大复兴的中国梦提供精神动力。

中国考古学学会理事长、中国社会科学院学部委员

二〇二二年九月

$\mathbb{C}$ontents目录

弁 言

2019 年 7 月 6 日中国浙江良渚古城遗址获准列入世界遗产名录，这不仅是中国再次向世界正式宣告"中国有五千多年的文明"，而且还得到了世界的公认。这对于中国文明研究在世界舞台上的闪亮屹立具有划时代的意义，也让世界主流的认识确认中华文明五千多年来生生不息的历史史实。

经过中国考古学家半个多世纪的艰辛努力，中国学界的主流观点认为，五千多年瓜瓞绵绵的中华文明走过了多元一体化的道路[1]。从距今 5 300 年前后开始，长江流域、黄河流域、西辽河流域纷纷开启各自的文明化进程，形成多个文明起源中心，呈现出"满天星斗"状态的多元文明中心格局。距今 4 300 年前后，随着长江流域和西辽河流域文明起源中心的衰落，黄河中游地区的文明中心异军突起，先进文明因素向中原汇聚并在此熔炼，呈现出"月明星稀"的一体化态势，形成了"重瓣花朵"的"花心"部分，中国文明核心开始形成，中国文明最核心的一些特征基因开始稳定。如果将中华文明比喻为一株参天大树，各地的文明起源中心便犹如几大根系，向上生长，并在中原地区形成大树的主干，经过四千多年的不断生长，成为今天中国文明的欣欣向荣、硕大的树冠。

若将中国五千多年的文明发展历史当作一个整体看，可称之为中华文明。陶寺遗址作为中华文明核心形成开始的关键节点，明确诞生了"地中之都，中土之国"的"中国"最初概念[2]，距今 4 300 年之后的中华文明主干，可称之为"中国文

1

明"。也就是说，中华文明是东亚大陆多元文明不断熔炼的结晶，其中无疑包括中国文明；中国文明则不是中华文明的全部。

正是本着上述理论认识，我著本书以展示陶寺遗址以及陶寺文化如何成为中国文明核心形成的起点。

说到文明，从近代到今天，不同阶段、不同学者、不同学术流派有着不同的定义。虽说文明的定义五花八门[3]，但是最重要的观点其实也就三大类。一类是人类文化的进步达到了一种"高等级的生活方式"，相对来说"脱离了野蛮和原始"阶段，便可称之为"文明"。一类是注重人类的科学技术的进步，也达到了一定的程度，相对来说"脱离了野蛮和原始"阶段，便可称之为"文明"。前两类观点，缺乏明确的文明"门槛"，导致文明概念的内涵与外延不甚清晰。还有一类，也是比较主流的观点，看重文明的社会组织发展的高度，即认为文明是国家社会的文化，所以判断文明有着明确的门槛——国家。

尽管从考古角度判断早期国家社会存在许多问题与争论，但是，毕竟"国家"还是可以作为明确的文明"门槛"的，因而从理论上说，国家作为"文明诞生"的标志得到了多数学者的遵从[4]。我个人也认同这样的定义。

既然文明是国家社会的文化，那么文明的内涵是什么？以往学界曾经流行的用于判断文明社会的"文明要素"，如城市、文字、金属器等都可以作为文明的内涵，但绝非全部。如果我们将文明定义为国家社会的文化，那么物质文化、精神文化、政治制度文化便对应着物质文明、精神文明和制度文明。所以，我们认为文明的内涵，不仅是指城市、文字、金属器等具体的文明要素，更是指物质文明、精神文明和制度文明三大类。

中国夏商周三代文明之前的史前（Prehistoric）文明，极度缺乏文字记载，即便是夏商周三代文明，相关的文献记载也不算丰富，可算作原史阶段（Proto-historic）。不论是史前还是原史时期的文明史，都主要依赖考古进行探索。

准此，研究陶寺文明也是以考古探索为最根本的手段。因此，本书主要介绍陶寺遗址考古发现的重要收获，力图揭示陶寺文明的国家社会性质，然后总结其物质文明、精神文明和制度文明的成就与特质，从而分析陶寺文明作为中国文明核心形成起点的地位与作用。

以良渚文明为代表的中华文明史前第一波高潮始于距今 5 300 年，止于距今 4 300 年。以陶寺文明为代表的中国文明核心的形成始于距今 4 300 年前后，形成中华文明史前第二波高潮。陶寺文明的出现，则处于第一波浪潮退潮、第二波浪潮涌起的潮头，其背后大的文明史发展背景、中国史前文化兴衰的格局变化，都有助于理解陶寺文明在中原地区的形成。

与良渚遗址和良渚文明不同的是，陶寺遗址在文献上有明确的"尧都平阳"之说。长期以来，学界便存在认为陶寺遗址为"尧都平阳"的观点。我们在回答了陶寺遗址为国家文明的人类学考古问题之后，便必须回答"尧都平阳"这一历史考古学的问题[5]。而回答历史考古学问题的方法论，应当是考古学、文献学、人类学证据链有机地拧成一根证据链绳，每个证据链或许存在这样或那样的问题与局限，每个单独的证据可能存在不同的解释、质疑、甚至反证，但是，一旦有机地拧成一根证据链绳，便会形成一股"合力"——同一个指向性——指向历史的素地。因此，本书试图运用考古学、文献学、人类学证据链绳方法，来阐述陶寺遗址为文献所谓的"尧舜之都"，向世人展示"何以尧舜立中国"。

第一章

陶寺文明形成的历史背景

陶寺文明是中国文明核心形成的起点，但是，任何一个文明都不会凭空产生，陶寺文明的形成也并非真的"横空出世"，而是自有源头活水来。若要弄清这源头活水的来龙去脉，讲清楚为何陶寺是中国文明核心形成的起点，就必须对中国文明起源模式理论有一定的认识，对各地文明起源中心发展的概况有所了解，才能够看清陶寺文明形成的历史大背景，才能理解为何中国文明核心形成的历史机遇与重任，会落在陶寺文化头上。

第一节　中国文明起源模式的理论概说

一、"中原中心论"说

中国考古学界对中国文明起源的探索由来已久，然而关于中国文明起源模式的理论构建，在20世纪80年代之前一直没有引起学界足够的重视，仅有个别学者涉及这一问题。当时，只有一种观点，那就是"黄河中心论"，即把黄河流域作为中国古代文明的摇篮，强调黄河流域在文化上一直处于领先地位，在中国文明起源过程中一直处于核心地位[1]。

80年代中叶，夏鼐先生首次明确提出对中国文明起源模式的系统认识，认为中国文明是在中原地区河南龙山文化的基础上，吸收海岱地区的大汶口和龙山文化、江浙地区的良渚文化、西北地区的马家窑文化的因素而形成并连续发展的[2]。显然，夏先生的论断依然属于"中原中心论"的范畴。

二、苏秉琦先生的"满天星斗"与"多元一体"说

20 世纪 80 年代初，苏秉琦先生形成自己的学术研究主线之时，中国文明起源研究尚未纳入中国考古学研究的重大课题中来。然而，苏秉琦先生已经在思考近似的问题，他关注中国文化起源、中华民族的形成、统一的多民族国家的形成与发展问题的考古探索[3]。当时，苏秉琦先生与其他中国学者一样，将文化与文明混同。也就是说，苏秉琦先生在 80 年代中叶之前致力于考古学文化区系类型、古文化—古城—古国的考古理论探索，其实都隐含着他对于"中国文明起源"问题内涵的理解，只不过尚在冥思苦想中，没有形成系统和明确的表述。1985 年，夏鼐先生《中国文明的起源》一书的出版，给予苏秉琦先生重大启发，他凭借多年研究的考古学文化区系类型的理论框架及成果，以及古文化—古城—古国的理论框架，快速完成了自己的"中国文明起源模式"的理论构建。他充分认识到西辽河流域、环太湖地区、海岱地区、晋南地区有关古文化—古城—古国的考古新发现所获得的重大突破，认为以往的中国文明"中原中心论"存在忽视其他地区文明起源成就的问题，明确提出中国文明起源"满天星斗"到多元一体的模式，开始跳出"中原中心论"的窠臼[4]。苏秉琦先生关于中国文明起源模式的理论，对中国考古学的发展产生了巨大影响，不仅将中国各地文明起源的考古探索推向一个高潮，同时成功地将中国文明起源"多元一体"的道路模式，深深植根于绝大多数中国考古学家的心中。

按照苏秉琦先生的表述，中国文明起源道路与模式的核心框架分为三大部分，其一，从氏族公社向国家社会转变的典型道路是古文化—古城—古国；其二，国家起源发展的三部曲是古国—方国—帝国；其三，国家形成的三模式是北方原生型、中原次生型、北方草原续生型[5]。尽管不少学者认为苏秉琦先生关于

"方国""古国"的定义缺乏明确的理论界定，对于国家形成的三模式认同程度不高，但是苏秉琦先生关于中国文明起源道路与模式的理论思考，给学界以极大的启发。古国名词的使用十分广泛，许多中国学者开始用"古国"取代"酋邦"建构中国考古学的话语体系。

在苏秉琦先生的中国文明起源理论框架中，"古国"无疑是一个关键概念。这个概念涉及对陶寺文明社会性质的判别问题，所以有必要在此稍作理论分析。

苏秉琦先生提出："古国指高于部落之上的、稳定的、独立的政治实体。"[6]不少学者认为这是一个"内涵不明确、外延不清晰的概念"[7]。假如遵从多数学者的认识，将古国定义为国家社会，那么"古国"这一概念完全等同于"早期国家"或"原始国家"，这样叠床架屋式的概念"重复构建"，意义不大，并不符合科学研究的通常规则，"如果已经有现成的大家熟悉的理论包括概念工具，足以处理研究对象，那就没有理由抛弃前人的理论包括概念，尤其是那种经典的理论包括概念。传统的理论包括概念工具可用，却另用新词汇来表达，并不是一种好的创新方法"[8]。其实，古国真正要指称和涵盖的是平等社会之后、国家社会之前的社会发展阶段当中的政体类型，是平等社会形态和国家社会形态都无法涵盖的、中间过渡阶段的社会形态和政体类型。这一阶段，也有学者用"复杂社会"或"分层社会"来指称，这个阶段既保留有平等社会的因素，又新出现了反映阶级社会特质的因素。唯"复杂社会"或"分层社会"只是对平等社会向阶级（国家）社会过渡阶段社会状况的概括，并未触及社会的本质[9]。

当然，也可以将古国概念所指称的内涵与边界界定清晰：平等的氏族部落社会向国家社会过渡阶段的社会状态与政体形态，即平等部落社会之后、国家社会之前的不平等社会状态与政体形态，也就是不平等的前国家社会。这样的社会里，存在着等级或称阶等、社会分层，但是不存在阶级。

古国概念的内涵与边界虽然清晰起来，但如果仅从社会等级与分层的角度着眼于其不平等的社会组织特征，还是没有触及古国社会政体的本质。如果说国家社会政体的本质是占统治地位的存在阶级的地缘政治，酋邦社会政体的本质是占统治地位的血缘政治，那么古国的本质还是要从占统治地位的血缘政治向地缘政治过渡的特征入手来界定。借鉴"酋邦"理论，并基于苏秉琦先生提出古国概念的初衷，本书认为古国是"高于部落之上有地缘政治倾向、稳定的、独立的、等级化的（ranked）血缘政治实体"。古国社会制度的创新，由首领集中控制的等级制，管控一定区域内下属亲缘部落，无疑给古国打上了"亲缘部落分布区域内地缘政治倾向"的烙印。这应是古国"高于部落社会之上"界定的真谛解读，从而使古国成为"很像国家"的"前国家社会"。

新近，赵辉先生提出了"古国时代"一词。他认为，如果二里头文化代表着王国时代，在其前就应该有一个"古国时代"。文献中有"古国"的称谓，新石器时代末期在考古上呈现出了"天下万国"的态势，"古国的领导本质上是家长式的集权"。赵辉先生的言下之意为"古国"政体的本质特征还是家长式的"血缘政治"。但是，他同时强调，"古国"聚落居民的构成和来源复杂，不只是从一个血缘关系维系的农业村落自然增殖的结果。这无疑带有地缘政治的倾向。赵辉先生将公元前4000年至公元前3500年聚落内部的聚合阶段称之为"古国时代初期"，将公元前3500年至公元前2300年划归为"古国时代早期"，将公元前2300年至公元前1800年划归为"古国时代晚期"。他进一步认为，其中良渚文明、石峁文明开始对周邻开展大规模的整合，因而可判定为国家，其他众多史前古国没有这样的地区性整合，是否能够判定为国家，尚存疑惑[10]。显然，赵辉先生所谓的"古国"，既包括国家社会，也包括非国家社会。

可见，古国的诞生虽然在基层社会组织的层面上完全保留了氏族和部落，基层氏族和部落内部很可能依然保留平等社会状态，却在部落层级之上，新建立一套等级化的不平等的社会制度，在更高的层次上，改变了原先氏族部落社会的平等社会性质，"霸凌"了氏族社会，集中管理亲缘氏族部落之间因分布在不同地理位置所产生的地区分工的再分配，并解决矛盾冲突。然而，从总体上说，古国仍然没有彻底从"血缘政治"的躯壳中蜕变挣脱出来，尚未进入以地缘政治为主导的政体——国家社会。如果有了这样明确的认识，良渚、石峁，包括陶寺文化国家社会，便不能纳入"古国时代"。

那么，以良渚文化国家为代表的新时代，标志着史前国家社会时代的到来。这些国家应该走出了"古国时代"，却尚未进入以二里头文化为代表的"王朝国家"时代，我称之为"邦国时代"。王震中先生首倡"邦国"概念——中国古代最早的小国寡民的单一制的邦国，在族共同体上也可以称为部族国家，有了凌驾于全社会之上的强制性权力系统[11]。邦国在考古上表现为实际控制范围仅限于本考古学文化分布区域内，不论是王权、军权还是神权，都确实具有明显的强制性，而不仅仅是权威性。邦国不一定小，而是大小不一，与邦国政权实际控制能力有关，良渚、石家河、石峁作为邦国控制的区域可能比陶寺、山东龙山文化各邦国和河南龙山文化（王湾三期文化）各邦国所控制的区域要大一些。

苏秉琦先生虽然强调中国文明起源的"满天星斗"，但是他也充分重视中原地区在文明起源中的地位与作用。他提出中国文明起源的三种形式为裂变、碰撞与融合，"以上三种文明起源形式的典型地点大都在中原和北方，大都与中原与北方古文化的结合有关。所涉及的范围从关中西部起，由渭河入黄河，经汾水通过山西全境，在晋北向西与内蒙古河曲地区连接，再向东北经桑干河与冀西北，再向东北与辽西老哈河、大凌河流域连接，形成'Y'字形文化带。……核心部分却正是从中原到北方再折返到中原这样一条文化连接带，它在中国历史上曾是一个最活跃的民族大熔炉，六千年到四五千年间中华大地如满天星斗的诸文明火花，这里是升起最早也是最亮的地带，所以，它也是中国文化总根系中一个重要的直根系。……从中原区系的酉瓶和河曲地区的三袋足鬶的又一次南北不同文化传统共同体的结合所留下的中国文字初创时期的物证，到陶寺遗址所具有的从燕山北侧到长江以南广大地域的综合体性质，表现出晋南是'帝王所都曰中，故曰中国'的地位……中华民族传统光芒所披之广、延续之长，都可追溯到文明初现的五千年前后。正是由于这个直根系在中华民族总根系中的重要地位，所以，90年代我们对中国文明起源的系统完整的论证也是以这一地带为主要依据的"[12]。

苏秉琦先生在这段精彩的论述中，明确指出了陶寺遗址在中国文明起源中的关键地位，同时也比较明确地指出了陶寺文明形成的大背景，是燕山北侧北方地区文化传统与文明因素同长江以南地区文化传统与文明因素，在晋南地区融合的产物，"特点是大墓有成套陶礼器与成套乐器殉葬，其主要文化因素如彩绘龙纹、三袋足器与燕山以北和河曲地带有关，也有大汶口文化的背壶、良渚文化的俎刀，是多种文化融合产生的又一文明火花"[13]。他还首次点明陶寺遗址与"中国"的关系，陶寺文化是中华文明总根系中的直根系上重要的一个根节。

由此，可以阐发出对中华文明和中国文明两个概念异同的理论认识。所谓"中华文明"是指从史前到历史时期"中华民族"形成过程中的文明，它走过的是多元一体化的过程。所谓"中国文明"，是"中国"概念与实体出现、一体化核心形成之后的"中华文明"，也就是中华文明总根系与直根系形成主干之后的"中华文明"。所以，中华文明与中国文明不是两个可以随意互换的同义词，而是中华文明包括中国文明，中国文明是"进入了中国时代"的中华文明（图一）。

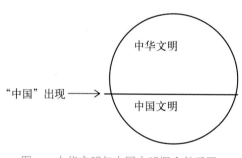

图一　中华文明与中国文明概念关系图

陶寺文明以其"本初中国"的地位，处于中华文明总根系与直根系在中原地区——具体说是豫西晋南地区形成中国文明主干的起点上。

三、严文明先生的"重瓣花朵"说

严文明先生继承和深化了苏秉琦先生的"满天星斗"与多元一体的中国文明起源模式说，通过分析中国史前考古学文化的统一性与多样性，在重视中国史前文化多元的同时，突出强调中原地区的核心性与先进性，构成"花芯"，其他文化根据其不同的经济文化类型和不同的文化传统，构成围绕"花芯"的重瓣花朵格局。这一文化格局对中华早期文明的发生及其特点形成带来了深刻影响。中原地区易于受周边文化的激荡与影响，同时吸收周边文化的先进文化因素，有条件最早进入文明社会。严先生还认为，中华早期文明起源地区包括整个华北和长江中下游地区，然而，中原地区在文明的发生和形成的整个过程中，一直起着突出的作用。中国史前文化这种分层次的向心结构，导致文明的发生也是中心开花、间披四外的态势，所以在中国文明发生和形成的过程中，外界文化不可能发挥重要作用。由于中原与周边地区联系紧密，并且具有一定程度的统一性，所以在后世的历史发展中，不论哪个文化区占据主导地位，都能牢固地保持中国古代文明的特色。重瓣花朵式的史前文化格局在进入文明时代之后，自然成为以华夏族为主体同周围部族、部落保持不同程度关系的政治格局，将统一性与多样性很好地结合起来，具有强大的凝聚力，奠定了以汉族为主体的、统一的多民族国家的基石[14]。

严文明先生关于中国文明起源"重瓣花朵"的模式，较之苏秉琦先生"满天星斗"与多元一体说，本质上是基本一致的，不同的是"重瓣花朵"说增添了层次，强调统一性与多样性的结合。在重瓣花朵模式中，陶寺文化无疑被纳入"花芯"当中。

四、张光直先生的"相互作用圈"说

张光直先生于 1984 年 8 月 22 日至 9 月 7 日，在北京大学考古系的讲座当中，首次向中国考古界介绍他有关中国文明起源"相互作用圈"的理念，当时被称为"交互作用圈"。张光直先生借用了考德威尔的"交互作用圈"理论，即地域相连而各具特征的区域性文化同时存在、同时发展，彼此之间的交互作用使它们对于其他地域关联较远的文化来说，形成一个整体，这样的理论可以用来解释中国文明形成的问题[15]。1986 年第 4 版 *The Archaeology of Ancient China* 当中，张光直先生在第五章以"中国相互作用圈和文明的基础"为题，系统阐述了他对中国文明起源中"相互作用圈"的理解[16]。中文译文以《中国相互作用圈与文明形成》为题，发表于《庆祝苏秉琦考古五十五年论文集》。张先生认为，公元前第 4 千纪中叶，中国史前文化开始形成"相互作用圈"，奠定了最早中国历史文明的基础。这个"中国史前相互作用圈"北自西辽河流域，南到台湾和珠三角，东自海岸，西至甘青、四川。一个相互作用圈并不是作为行为单位的文化的相互作用，而是社群与社群之间在一个很大的层次分级结构体内的相互作用，如接触、信息、货物的交换以及冲突等。尽管在公元前第4千纪中国史前相互作用圈形成时，尚未迈进国家的门槛，但是在公元前第3千纪末，相互作用圈里的每一个区域，都可以看到相似的文化社会变迁，并走向一个复杂且分级到可以使用文明这个称呼的社会[17]。

张光直先生认为，龙山时代是向文明转变的关键时期，如山东龙山文化、良渚文化、黄河中游龙山文化（包括王油坊或造律台类型、后岗类型、王湾或煤山类型、陶寺类型客省庄二期）、齐家文化、青龙泉三期文化（湖北龙山文化）。这些龙山文化在许多方面都相似，表明相互作用圈的整体性到龙山时代显然进一步加强，物质文化、社会组织和意识形态的相似性都有演进的趋势。按照张先生的"相互作用圈"理论，陶寺文明的出现也应是相互作用圈作用的结果。

五、李伯谦先生的"神权、王权两种模式"说

李伯谦先生基本赞同苏秉琦先生提出的中国文明起源古国—方国—帝国三段论，认同苏秉琦先生关于"古国"的定义，认为红山文化、凌家滩文化和仰韶文化灵宝西坡为古国的标本，不过他明确认为"古国"已经是国家。但是考虑到词义的对称和"方国"的实质，他主张用"王国"替代"方国"，最重要的标志是强制性权力的膨胀和暴力的使用，所以良渚文化、陶寺文化、河南龙山文化已进入王国阶段。夏商周三代是王国阶段的高级发展阶段[18]。

李伯谦先生同时认为，中国古代文明演进存在神权、王权两种模式。红山文化是以神权为主的国家，良渚文化是神权、军权、王权结合并以神权为主的神权国家，仰韶文化古国（以灵宝西坡为例）是军权、王权相结合的王权国家，只有仰韶古国最后"修成正果"，产生了与文献所谓的"尧"有关的陶寺文化（王国）和与"夏禹"有关的河南龙山文化（王国），王权与军权被一以贯之。究其原因，王权国家比较务实，始终把握住可持续发展的道路，以致延绵下去；神权国家中神权高于

一切，宗教狂热使整个社会走上了非可持续发展的道路，以致崩溃。李伯谦先生总结认为，在文明演进的过程中，不同的地区、不同的文化因环境、传统、受异文化影响的差别，自己所遵循的发展途径和模式也可能不同[19]。

本书认同李伯谦先生关于中国古代文明演进的两种政治模式之说，至于造成这两种不同模式的原因，则认为更多是经济基础所决定的文化选择不同[20]。陶寺文明继承了黄河中游地区仰韶文化以来的王权与军权结合的王权模式，是因为陶寺文明的经济基础依然以自然经济为主体[21]，所以文化选择只能选择王权国家。而良渚文化以商品经济为经济基础，神权国家遂成为其文化选择的必选项[22]。

上述关于中国文明起源的理论各有侧重，也分别有各自的道理。综合各家理论观点的合理内核，并结合对中华文明与中国文明概念异同的理解，本书提出，中华文明的形成与发展确实走的是一条多元一体的道路，重瓣花朵也有一个中原花芯，那么一体化的核心在中原"花芯"当中形成，这便是"中国文明"的诞生，它就是陶寺文明。陶寺文明是中华文明直根系汇聚多元文明根脉营养，也可以理解为在中原文明起源中心"花芯"同周边各地区文明起源"文化圈相互作用"下，形成的中国文明主干的起点。各地区文明起源因不同的经济基础，采取了不同的文化选择，选择了或神权或王权的文明化道路，使中华文明起源的多元根系在时间与空间当中进行迭代，不可持续发展的神权模式最终败给了坚持可持续发展的王权模式，从而注定了陶寺文明成为中国文明核心形成起点的历史命运。

第二节　各文明起源中心发展概况

距今 5 300 年前后，东亚地区最早的文明——长江、黄河、西辽河流域起源中心已经经历了千年的发展，三大流域文明起源中心发展到一定的高度之后，文明发展的进程此消彼长，文明因素开始向黄河中游地区汇聚。恰在这一关键时期，此前传统的文明起源中心如长江中游的屈家岭—石家河文化、长江下游的凌家滩和良渚文化、西辽河流域的红山文化、海岱地区的大汶口文化的全面衰落，中原地区及半月带"农牧交错带"文化与文明的异军突起，导致了中国文明的发展、文化格局的历史性改变[23]。陶寺文明便是这一文明化、文化格局巨变当中，黄河中游地区具体而言是中原地区的关键点。因此，要想了解陶寺文明为何产生，需要对陶寺文明诞生的大历史与文化背景有一个基本的了解。

一、长江下游地区

长江流域的文明进程起步很早，以长江下游最为显著，马家浜文化时期已经在个别聚落出现了财富聚集的现象，崧泽文化时期社会已经开始明显分化，良渚文化则进入以商品经济为基础的国家文明阶段。

距今6 000～5 300年前，崧泽文化的经济基础是石器和玉器的小商品生产[24]。这样的经济模式可以较快地积累社会财富。而优秀的工商业主，通过扩大和垄断商品交易渠道、人脉资源以及"上层交流网"，成为社会的精英即贵族，引发了社会的等级分化。因而长江流域社会分化即复杂化从崧泽文化开始，明显早于其他地区，如黄河流域和西辽河流域。

崧泽文化末期经历了重大的社会变革，在环太湖地区发展出以良渚遗址为中心的良渚文化。但是，有部分学者认为，良渚文化的高层统治者应该与"崧泽文化圈"西边缘的凌家滩文化有密切的关联。

以凌家滩遗址命名的凌家滩文化主要分布于江淮地区的巢湖流域，年代约距今5 600～5 300年，与北方地区的红山文化一道把中国玉文化推向第一个高峰，凌家滩人创建了一套以玉钺、玉龟、玉刻纹版、玉人、玉璜、玉梳背等为核心的玉礼器系统，反映了以神权和王权为纽带、以玉器为表现形式的文明模式，对良渚玉文明的形成产生了很大的影响[25]。

良渚遗址作为良渚文化中心都邑，城内的莫角山宫庙区约30万平方米，封闭较好的"内城"堆筑"城圈"总面积约300万平方米。莫角山西北侧为王陵级的贵族反山墓地[26]。

而所谓的"外郭城"由扁担山、和尚地、美人地、里山、郑村、高村、卞家山等人工垄岗断续构成，封闭性并不好，总面积约 6.3 平方千米。"内城"与"外郭城"的起建和使用年代都不晚于良渚文化晚期[27]。

良渚城北约 5 千米处的瑶山祭坛与大贵族墓地，和与城西 2 千米的汇观山祭坛与墓地，均有观测二分二至日出日落的功能。其中瑶山祭坛早于汇观山祭坛[28]。

良渚遗址外围的水利工程已发现 11 条堤坝，分为山前长堤、谷口高坝、平原堤坝三类，集防洪、运输、调水、灌溉诸多功能于一体。平原堤坝蓄水面积约 8.5 平方千米[29]。良渚古城以北外围水利工程控制的总区域达 52 平方千米[30]。这是迄今为止人类历史上最早的大型水利工程系统之一，其设计理念与工程技术之先进、工程量之浩大、结构之复杂、运行管理要求组织程度之高，在五千年前都是世界领先的。

良渚遗址群分布区内河网密布，水路交通发达。2003 年在良渚城址范围内的卞家山发掘出水岸码头遗址，出土陶、石、玉、木、骨、漆、竹等各类文物近 500 件。特别引人注目的是一批中国史前罕见的精美漆器的面世，包括朱绘变形鸟纹漆盖、漆觚、椭圆漆筒、漆盘、漆豆等[31]。良渚遗址群的玉器工业发达程度是显而易见的，玉器制作已相当规整。良渚遗址陶器制作专业化程度很高，随葬品制作尤为精良，器形规整统一。此时出土的绢片、麻布和丝带以及反山 M23 出土的织机玉器等，表明良渚文化的丝织业十分发达。

良渚文化的农业生产已经达到了很高的程度。石犁、耘田器、千篰等专业化农具的出现，使稻作农业生产力水平大大提高。临平茅山遗址的良渚文化稻田已达 83 亩、55 000 平方米，良渚城内莫角山南池中寺出土的炭化稻米推算储量在 20 万公斤。而良渚城址内外均未找到水稻田，发掘者认为良渚城址可能存在粮食贡赋制度[32]。良渚文化的农田呈现出大规模社会化管理的迹象，如茅山遗址良渚文化中晚期稻田面积大，晚期长方形地块通常在 1 000 平方米左右，更适于庄桥坟遗址出土的那种长 1 米以上复合犁的施展。茅山稻田有井和沟渠作为配套灌溉系统。田间阡陌规整，人工烧土铺垫的田间道路宽 0.6 ~ 1.2 米[33]，便于社会化集体耕作者的交通往来[34]。茅山遗址的农田表明，良渚文化时期农业生产不仅规模巨大，而且茅山遗址很可能就是良渚文化稻作农业的专业聚居地，在农田和人力投入上，规模都很大。如此社会化、集约化、专业化的稻作农业生产，必然的结果就是出产大量的稻谷产品。除了向上级聚落贡赋稻谷的可能之外，更存在着粮食商品交易的可能。诸如茅山这类专业稻作聚落生产出来的多余的商品粮，很可能输送到良渚都城市场进行销售。

宁波慈溪慈湖遗址上层（与良渚文化同时）出土的木杩具，呈 ∧ 形[35]，从形态上看似乎更适于牛牵引而不是人力牵引。良渚文化的水牛遗存虽然不多，但也可见水牛遗骨与石犁共存的背景关系，如江苏吴江龙南遗址 88M1 外侧的墓祭坑 88H1内埋葬了大量的水牛骨，包括胫骨、股骨、肋骨，发掘者认为很可能来自一头牛，共出的还有石犁、石刀、石斧[36]。尽管 88H1 是 88M1 的墓祭坑，但是也不排除石犁与牛配套成为祭品的可能性。然而，经动物考古鉴定，该水牛为圣水牛，并不适于牵引犁耕，因此良渚文化牛力牵引犁耕尚不能定论。即便是人力牵引的庄桥坟复合石犁，其效率势必比崧泽文化时期人力牵引的单犁头石犁功效更高，因而庄桥坟遗址农产品足以保障本聚落的生存需求，或许还能为更高一级聚落提供相应的物资。遗址地层和遗迹单位中出土的大量陶片和炭化稻米以及其他植物、动物遗存，似可从另一个侧面证明这一点。另一种可能就是庄桥坟遗址的集约化农业的大量稻谷产出，可用于商品交换，更加符合集约化农业适用于农业商品生产模式的特征。

关于良渚城址内是否存在市场，没有明确的考古线索。但是，莫角山东部山前脚陆地较为低平开阔，是作为市场比较理想的位置。中亚地区最初的城市是由围绕神庙的市场成长起来的。距今 5 600～4 800 年前的乌鲁克最早城市中的神庙，不仅是府库和祭祀地，而且还是剩余食物再分配的中心[37]。莫角山东坡清理了堆积大量炭化稻谷的 H11[38]，也不能完全排除莫角山前脚存在粮食交易市场的可能性：大型坑里堆积的炭化稻米，是从失火的干栏式商品粮仓[39]里清理出来的。

基于上述分析，可以认为良渚城址作为距今 5 000～4 600 年东亚地区最大的都市，以制陶、石器、玉器、漆木器、骨器、竹编工业为重要支柱产业，卞家山码头运输的正是这些产业生产的商品。而良渚文化发达的稻作农业不仅是良渚城址及其周边聚落群存续的经济基础，而且出产的大量稻谷也是良渚城址贸易的主要商品之一。织机玉零件的随葬，表明良渚文化对丝绸纺织工业格外重视，纺织品也应是良渚城址贸易的重要商品之一。

建立在商品经济基础上的良渚国家，其权力结构明显带有民主政治特征，社会阶层中存在商品经济社会特有的"商业中产阶级"[40]。良渚文化末期，非可持续发展道路走到尽头，民主政治的另一个问题就是极端民主[41]，引发一时难以修复的严重的生态危机[42]。良渚文化、国家、文明万劫不复，走向灭亡。

二、长江中游地区

长江中游地区史前文明中心以江汉平原和洞庭湖平原为核心，大溪文化时期社会开始复杂化，屈家岭—石家河文化时期，长江中游地区的文明达到了顶峰。距今4 200年之后的肖家屋脊文化时期，两湖平原的文明"大退潮"，除了引人注目的肖形玉器文化突然出现之外，肖家屋脊文化与社会以及文明都呈现出明显的颓势。

长江中游地区在距今6 000多年前的大溪文化（也称油子岭文化）时期出现了三座城址，其中江汉平原的天门就有两座，一座是龙嘴城址，约8万平方米[43]；一座是谭家岭城址，面积约7万平方米[44]。洞庭湖平原上还有一座澧县城头山城址，面积约8万平方米[45]。此时两湖平原的聚落开始有所分化，但是城址是否就是中心聚落尚有待进一步研究。

进入屈家岭—石家河文化阶段，长江中游地区社会复杂化变得明显，城址数量猛增，聚落等级制出现，文化中心聚落、地方中心聚落、各中心聚落下属的聚落群这样的社会组织构架基本完成。两湖平原最大的中心城址即中心聚落是石家河城址，总面积约120万平方米，加上城址外围聚落群，城址总面积约200万平方米[46]。

笔者曾经提出江汉平原城址"城垣"土堤说，该说认为城垣的主要功能为防洪。石家河城址也不例外，防洪城垣内保护的功能区都是比较重要的遗址区。谭家岭遗址大致位于城址的中部，其在废弃的油子岭文化城址的基础上建立了重要的居住区，可能有比较重要的大型建筑。城址西北角的邓家湾为重要的祭祀区和相关的墓地。城址内西南的三房湾，有数以十万计的废弃红陶杯以及少量的烧灶和所谓的"澄泥坑"，应该是一处十分重要的手工业作坊区。城址的东北角被西周时期的"土城"所破坏，因而城内原本的功能区已不能确指。而城垣外周围部分发掘过的遗址也显示出在屈家岭—石家河文化时期具有重要的功能。如城址外东南部的罗家柏岭遗址，很有可能是石家河文化时期郊天祭日的场所。肖家屋脊遗址则是屈家岭—石家河文化时期一处比较重要的宗族聚落。城外正西的印信台是石家河文化时期的另一处重要祭祀场所。尽管石家河城址作为都城的很多细节的发掘与研究任重而道远，但是目前可见其作为都城聚落的要件已基本具备。

沿着江汉平原的北缘有天门笑城、应城陶家湖、应城门板湾、孝感叶家庙、黄陂张西湾城址，平原北部大洪山前有安陆王古溜城址，大别山前有大悟古城城址。江汉平原西缘有荆门马家垸、荆门城河、江陵阴湘城城址。江汉平原南缘有公安鸡鸣城、公安清河城、石首走马岭城址。澧阳平原有澧县城头山和澧县鸡叫城城址。总计已发现有17座屈家岭—石家河文化时期的城址。这些城址在文化上呈现出高度统一的样态，城址聚落形态也具有一定的统一性。城址基本上都是环壕加城垣（即土堤），环护城中心重要或中心台地，除了个别城址因最后废弃前封堵城门找不到城门豁口外，多数城址都有若干个城门豁口，部分城址还有明显的水门。所有这些城址，都有环壕与城垣保护，所以都是各级的中心聚落。所不同的是，石家河城址是最大的文化区中心都邑城址，不仅拥有环壕与城垣环护的中心聚落，而且城内功能区划初步显现，在城外还聚集着31处中小型聚落群。其余各地方中心的城址内仅有一处或两处中心台地，功能区划不明，城外周匝极少有同期的附属聚落。因而屈家岭—石家河文化的中心聚落存在明显的等级制度，不仅反映在城址面积的差距上，更体现在中心城址聚落形态结构的差别上。

地势更高的山区遗址如京山屈家岭、三王城遗址，由于缺乏存水的天然湖泊，雨季时山洪快速下泄，无法留存使用，同时还给下游平原周边山前丘陵上的各城址带来洪水威胁，而平时缺水干旱，加之用山泉冷水灌溉，会造成水稻减产，诸多因素造就了山区屈家岭文化聚落部分采用"堰居式"——以人工围堰结合自然山岗在居址中心堰塘形成"水库"，既可在雨季存水以用于日常生产和生活，也使山水增温，灌溉稻田以增产，同时多个堰居式遗址在雨季同时发挥削减上游来水洪峰的作用，减轻下游城址面对洪峰时的压力。如此，山区堰居式与山前丘陵城居式城址相结合，外加部分分洪区（如石家河城址外东南的北港湖），从而形成屈家岭文化的一整套全流域洪水控制体系，从根本上解决全流域上下游之间，以邻为壑的矛盾冲突。这套洪水控制体系，很可能是屈家岭文化进入国家社会体制的关键动力机制[47]。显然，屈家岭文化与良渚文化均有完善的水控制知识体系和水利工程技术体系，只不过二者的具体技术路线各有千秋。

屈家岭文化的防洪体系是将堤坝系统分解到各个需要的聚落，利用上游山地各堰居式聚落群削减洪峰，下游丘陵地区各城址圩堤（即堆筑城墙）自保。汛期时平原洪水渍涝，城址周边无堤防（城墙）的小聚落的人们入堡，即进入城址中心聚落临时"避难躲水"；大水退后，小聚落的人们再返回自己的家园，以此应对江汉地区两湖平原的洪水威胁。

良渚文化的水利工程技术则强调大规模的堤防与分洪区体系，只有良渚城址在良渚文化晚期才建筑了围堤（城墙），在防洪的同时更主要用于居住，是江汉平原堰居式与城居式的融合。而且，良渚城址的水利工程集合防洪、分洪、调蓄、水运为一体。屈家岭文化水控制体系没有这么多复杂功能，山区堰居式聚落有一定的调蓄功能，基本没有防洪功能；丘陵堰居式城址有以自我为中心的防洪、环壕调蓄与有限水运的功能，部分城址则利用自然低洼地势与天然湖泊为分洪区。相比之下，屈家岭文化洪水控制体系的技术水平略逊于良渚文化。

长江中游地区的文明进程在石家河文化时期跌入低谷。主要原因是大溪文化（油子岭文化）—屈家岭文化—石家河文化历经千年的发展，选择的却是一条非可持续发展道路，过度依赖两湖地区原本优越的自然生态资源。在石家河文化时期，两湖地区社会文化高度发达，人口剧增，物质文化与宗教狂热都达到顶点，对于自然资源的消耗和土地资源的开发也达到最大阈值，造成了生态资源一时枯竭，再加上长江中游地区进入洪水频仍的时期，黄河中游地区的王湾三期文化乘机向江汉地区扩张与渗透，石家河文化本土的宗教信仰体系失灵，石家河文化的文明与国家分崩离析，江汉平原经战乱甚至是瘟疫而人口锐减，从此江汉平原的社会文化与文明出现了重大变化，整体呈现颓势。其后，该地进入肖家屋脊文化阶段（距今 4 200～3 900 年）[48]，也称后石家河文化时期，在年代上与广富林文化、陶寺文化基本同时。

不可否认，肖家屋脊文化中异军突起的玉文化确实是其颓势中闪亮的一点火光，山东龙山文化西朱封大墓玉簪头、河南王湾三期文化南阳地区和颍汝流域的玉鹦鹉、晋南芮城清凉寺的玉虎头、陶寺文化中期的 IIM22 玉蚩尤、石峁遗址的玉鹦鹉和玉虎头等都可见到其影响。

肖家屋脊文化的玉器以小型化的软玉为主，题材多为动物和人物，还有部分柄形器，但装饰品和工具数量较少，只有罗家柏岭遗址出有玉璧，几乎不流行玉琮。貌似凌家滩玉文化的审美情趣的"复古"回潮，并非良渚文化玉文化的直接遗续。大溪文化玉器极少，屈家岭文化仅个别遗址零星出土片状玉器，包括玉璜、钺、牙璧，基本不能构成所谓的玉文化，也就是说长江中游地区肖家屋脊文化之前，缺乏本地的玉文化传统。所以，至今肖家屋脊文化发达的玉文化何以"横空出世"，确实是个谜。不过，以肖家屋脊文化综合实力看，远播黄河流域的肖家屋脊文化玉器更可能是因其玉器的艺术商品价值而得以传播，并非肖家屋脊文化向外扩张的有力工具。

肖家屋脊文化晚段，以江陵汪家屋场出土二里头文化玉石牙璋和璧戚为据[49]，应该是被纳入了二里头文化的政治控制范围，长江中游地区本土的史前文化成为绝唱。不论陶寺文化还是后来的二里头文化，都没有继承肖家屋脊文化动物和人形玉器文化的精髓，而总体上说是对华西系玉器的礼制化改造[50]。据此可以看出，肖家屋脊文化已经退出了中国文明起源的舞台上的追光范围，对于陶寺文明的形成贡献有限。

三、海岱地区

距今5 500～3 900年间，黄河下游海岱地区为大汶口文化中晚期、山东龙山文化所占据。大汶口文化中晚期开始出现的随葬品十分丰富的大墓，同小型墓形成鲜明对比。贵族墓葬随葬少量的玉器，有葬具。以大汶口10号大墓为例，死者不仅随葬80余件精致漂亮的陶器，而且佩有象牙梳、象牙雕筒，玉质的臂环、指环和铲子，以及成串大理石、绿松石制成的头饰和颈饰。若以陶器一项相比较，那么在随葬陶器的墓中，5件以下的约占总数的一半；6至9件和10件以上的大约各占总数的四分之一。其中M10、M47、M60、M117、M126等5座大墓尤为突出，它们拥有出土陶器总数的四分之一以上。品种的多寡也存在不少差异。一般的墓不外乎随葬鼎、豆、壶、罐，而陶器多的则除此之外，尚配有鬶、盉、尊、杯等器类，随葬品最多的大墓还有大量的瓶。大汶口文化晚期炮弹形红陶缸上的刻划象征符号，距离文字仅一步之遥了[51]。其彩绘陶的技术传统、嵌绿松石装饰品的风尚对陶寺文化的形成产生了一定的影响。需要指出的是，陶寺文化的扁壶是本地原创的一种汲水器，而并非受大汶口文化背壶的影响。

大汶口文化与良渚文化在苏北地区关系比较密切。花厅墓地显示出良渚文化和大汶口文化传统的结合，暗示当时存在两大文明体的对抗和碰撞。当地已经存在明显的阶层分化现象，已进入阶层社会的发展阶段[52]。

大汶口文化陶尊上有几个重复率比较高、曝光度也较高的象征符号🔆。有关这些象征符号的解读，引发了专家学者的热议，其中王树明、杜升云、苏兆庆、王震中、刘斌等先生均认为该符号与天象崇拜有关，徐凤先博士新近做了比较系统的梳理，她认为，🔆符号既表示"日出东方"的天象，也表现族徽"昊"即"皞"字[53]。

需要补充的是，大汶口文化🔆刻符的原发地很可能是陵阳河遗址[54]和大朱家村遗址[55]。这两个遗址的陶尊是大汶口文化最早明确该刻符存在背景关系的例证。安徽蒙城尉迟寺遗址出土有相同刻符的陶尊[56]，并与陵阳河和大朱家村遗址同属一个文化谱系，是苏北地区大汶口文化向皖北、豫东、鲁西南推进的结果[57]。而石家河文化肖家屋脊遗址红陶缸上类似的刻符，当是受大汶口文化&象征符号的启发而借用为"阳鸟符"的产物[58]。

杜升云与苏兆庆先生在陵阳河遗址实地进行的天文考古勘察结果为，&刻符描绘的是陵阳河实地春分日观测寺崮山日出时的天象[59]，足以证明陵阳河遗址是该象征符号的原创地之一。苏兆庆先生还认为，大朱家村遗址东侧的屋楼崮山主峰春分、秋分日出天象，也是&刻符描绘的景象[60]。2009 年，"陶寺史前遗址的考古天文学研究"课题组，在苏兆庆先生的引导下，在大朱家村遗址东边台地上进行了天文准线实地勘测，基本证实了屋楼崮山主峰日出点为当地春分和秋分日出天文准线的判断[61]。这足以证明大朱家村遗址也是大汶口文化&刻符的原创地之一。虽然&刻符作为象征符号，不能明确表达"仲春""春耕""热""仲秋""秋收""日出山头""晨""旦"这些语素，却明确包含与这些语言含义相关的宗教象征意义[62]。这一刻符源于寺崮山或屋楼崮山春分和秋分日出的天象崇拜。基于此，将大汶口文化&象征符号与"太皞"和"少皞"东方之帝、主立春、象日之明联系起来，是有一定道理的。

不过，根据徐凤先博士最近的天文考古计算可以初步判定，公元前 3000 年春分前 4 月 8 日傍晚，能看到大火星在东方，与大朱家村东台地看屋楼崮山、陵阳河看寺崮山主峰方位角基本吻合。

从这一计算结果来看，大汶口文化可能存在大火星天象崇拜，只不过日期不是春分日，观测时间也不在昏时标准时刻，因此不能肯定&刻符是否象征春分日昏时，大火星见于寺崮山或屋楼崮山主峰，如王震中先生推测的那样系"大火星"观测和崇拜[63]。

此外，大汶口 M75 出土的一件背壶[64]上面有一个红色彩绘的 $\bar{\pi}$ 形图像（图二），也很值得注意。有学者将该符号释为"昊"，即"皞"字[65]。经过分析，这件背壶上的 $\bar{\pi}$ 符号，至少可以视为描绘圭表测日影或立表观日的象征符号。这个彩绘符号，巧妙地利用背壶的横鋬耳绘制立表的底座，立表的顶端描绘的是一个光芒四射的太阳。那么，大汶口 M75 出土的这件朱绘圭表测影或立表观日象征符号的背壶，意味着大汶口文化还存在立表观日天象崇拜。

非常有意思的是，大汶口遗址墓地的规格显然比陵阳河与大朱家村墓地要高，却未见陶尊刻画 ⚬ 象征符号；而陵阳河与大朱家村墓地不见 丰 象征

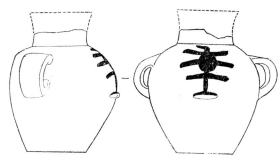

图二　大汶口墓地 M75 出土朱绘 丰 符号背壶图

符号。从天文观测技术传统角度讲， ⚬ 是"定点历"或"地平历"观测技术体系， 丰 是圭表观测技术系统，准此，大汶口文化内部不同地区可能采用了不同的观测技术体系，因而存在不同的天象崇拜信仰。

栾丰实先生曾分析认为，豫东、皖北和鲁西南地区的大汶口文化可以和古史传说中的太昊系部族相联系，其中就包括莒县陵阳河、大朱家村、蒙城尉迟寺遗址等；泰安到徐州一线的汶泗流域的大汶口文化则是少昊系部族的主要活动区域，其中就包括大汶口遗址[66]。基于栾丰实先生的分析，可以认为，太昊系部族使用地平历观测技术系统，存在地平历观测天象崇拜；少昊系部族使用圭表测影或立表观日技术体系，因而存在立表观日天象崇拜。

陶寺观象台是地平历观测技术系统，核心原理与大汶口文化" ⚬ "地平观象崇拜相同，只不过陶寺文化 20 个节令的地平历远比大汶口文化地平观测崇拜的二分二至要复杂得多。陶寺圭表系统，也有可能滥觞于大汶口文化" 丰 "立表观日崇拜，唯陶寺圭表功能更复杂、更缜密、更完善。据此推测，陶寺文化的地平历观测技术系统和圭表观测技术体系，有可能是在继承大汶口文化地平观测天象崇拜和立表观象崇拜传统的基础上，进行了技术集成、改造、完善，从而创新成为功能更多、更精确、更强大的天文观测技术体系。

山东龙山文化时期，黄河下游地区城址突然繁荣，以城子崖、尧王城、边线王城址为代表。同时玉器比较流行。其中，玉戚（原称平首圭）、方形璧、牙璧、简化玉琮等很可能经由石峁邦国传入陶寺。

距今 3 900 年之后，山东龙山文化急剧衰落，文明起源进程中断。个中原因尚不明朗，需要深入探索。但是，近年发掘的山东济南市章丘焦家遗址大汶口文化晚期大型墓葬 M57 墓主右臂套玉璧的习俗[67]在陶寺文化中期却蔚然成风。焦家遗址大型墓葬的彩绘陶传统，对陶寺早期和中期贵族墓葬随葬彩绘陶传统应当也产生了一定的影响。

大汶口文化与山东龙山文化的生业模式无疑以农业为主，但是商品经济是否是社会的经济基础主体，也值得深究。章丘焦家遗址大汶口文化墓地和居址的考古资料已初步显露商品经济和商人"中产阶级"存在的端倪，比如焦家遗址墓地墓葬出土葬具者占 60%，凡 104 座墓葬（占总数 48.4%）随葬数量不等的玉器[68]，说明焦家遗址的人们多数是比较富裕的。以藤花落城址为代表的龙山文化社会当中，大部分居民之间社会身份的贫富分化不甚明显，这一点，不仅在藤花落城址中，在其他海岱地区龙山文化城址中也同样存在，故孙波先生认为："山东龙山文化展现的社会结构不是通常所谓'金字塔'式，而是大多数居民属于拥有一定财产的所谓中间阶层，社会最顶端的高级管理层和最底端的贫民都只占少数。这种结构呈现的是中间突出两端尖锐的'陀螺型'。"[69]这也就是山东龙山文化社会中存在着"中产阶级"成为社会中坚阶层的现象。这样的社会阶层特征只有建立在商品经济基础上才能产生。这样的社会阶层或阶级结构，不能给陶寺文明提供多少营养，因为陶寺文化是自然小农经济基础，与大汶口—龙山文化社会经济基础不同。

不过，随着山东大汶口文化的衰落以及长江中下游文明起源中心的式微，中原地区和半月带"农牧交错带"文化与文明的异军突起，这一中国史前文化格局的大变有着更广阔的社会文化大背景。张弛先生认为，这一史前文化格局的巨变，同青铜时代的全球化息息相关[70]。就其背后的根本动因，旧大陆西部即传统所说的中亚和西亚传来的农作物（大麦、小麦）和家畜（包括绵羊、山羊、黄牛和马等），显然对龙山—二里头文化时期中国史前文化格局的改变起到了相当大的作用[71]。同时，伴随冶金技术的东传，红铜与青铜铸造技术在中原地区扎根、发芽、开花和结果，标志着青铜时代全球化的形成。

然而，张弛先生自己也承认，西来的新作物与家畜，对于中原地区生业仅为补充，尚未起到多大的作用。言下之意就是，青铜时代的全球化对于中原的崛起作用有限。因此，青铜时代的全球化似乎不是中国史前文化格局彻底改变的根本动因，而是"乘虚而入"的结果[72]。

本书认为，造成中国新石器时代传统核心区域文化衰落以及中国史前文化格局彻底改变的根本原因，很有可能是两种社会经济基础自距今 8 000 年以来的斗争与较量的最终结果。以长江流域为代表的史前商品经济基础，同黄河中游地区（后来的中原）为代表的自然小农经济基础之间的两条道路的长期斗争、竞争与较量。最终立足于自然小农经济的黄河中游地区由于集权政治体制，以经济基础和上层建筑的总体和谐并充分适应东亚地区的生存环境，而战胜了商品经济社会，最终导致中国史前文化格局的彻底改变[73]。

从龙山时代开始，半月形地带文化与政体的兴起是长江中下游地区传统商品经济文明中心衰落后，以专营农牧两侧中间商贸（边贸）为经济基础的新兴"半月带"社会政体或文化中心掀起的新浪潮，其得益于农牧交错带的经济地理区位，以流行"华西系玉器"为特征。半月带的崛起，不仅是因为张弛先生所说的河西走廊和新疆地区绿洲农业与中亚地区连为一体，更主要是因为同时期欧亚草原游牧文化大发展，形成了半月带商业经济的畜牧方需求与供给侧。而黄河中游地区的豫西晋南，甚至包括关中地区，即传统的自然小农经济区，则成为半月带商业经济稳定的农业方供给和需求侧。通俗讲，半月带文化与文明中心的兴起，是以农牧双方边贸中间商起家的。考古上表现为石峁邦国与齐家文化、陶寺文化流通相同的"玉币"货币体系，绵羊、黄牛、冶金术、粟、黍也在这三大政治文化集团间共享。

而龙山时代，中原地区农业文明同"农牧交错半月带"距离最近的是陶寺文化，自然成为半月带商业经济稳定的农业供给方的"近水楼台"，率先在中原地区脱颖而出，这得益于半月带新技术、新产业、新思想、新理念的全方位刺激与带动。山东龙山文化则没能搭上"半月带"商品经济"新贵"的"班车"，不屑于像石峁邦国那样，完全脱离产业，做纯双边市场贸易，玩"贸易关税""玉币金融""华西系玉器国际货币体系"等新商品经济套路，最终落伍了。

四、西辽河流域

距今 5 300～4 800 年，西辽河流域活跃着红山文化。除了普通居址之外，红山文化牛河梁[74]和东山嘴"庙—坛—冢"宗教礼制建筑中心及其精美的玉器，标志着红山文化社会也进入比较复杂的文明起源阶段。遗憾的是，距今 4 800 年之后，随着红山文化的衰落，西辽河流域的文明进程也宣告中断。

牛河梁遗址发掘者认为，红山文化晚期社会呈现出一种"金字塔"式的分层结构。刘国祥先生对红山文化进行了比较全面的研究[75]，在此不再赘述。

苏秉琦先生敏锐地发现，红山文化是黄河中游地区的仰韶文化在向西辽河流域挺进中与当地文化碰撞后形成的文明，然后再向黄河中游地区回流影响。现具体分析一下红山文化的文化因素对后世的陶寺文化产生了哪些影响。

红山文化半拉山墓地 M12 和牛河梁第 2 地点 N2Z1M9 出土有石钺，隗元丽认为其受到了黄河中游地区的影响。黄磊认为，红山文化石钺的形制受到了长江中游地区薛家岗文化玉石钺的影响，承载着"临时军权"的象征功能[76]。红山文化的石钺无论是形制还是功能，都与陶寺文化玉石钺相去甚远。陶寺文化的玉石钺是主要的玉石礼器，代表着固定的与王权等同的军权，形制以宽长方形、窄长方形为主，窄长条形者为"戚"（曾被称为"平首圭"）[77]。

据天文考古的实地考察，红山文化东山嘴女神庙圆形祭坛 G6 很可能有观测二分二至日出天象的功能[78]。东山嘴遗址红山文化祭祀中心的主要功能是郊天祭日配女性祖先。不论是中心方形基址还是南端的圆坛，均用于与天神有关的祭祀活动，没有明确祭地的证据。因此，有关红山文化方形基址祭地、圆坛祭天、天圆地方观念的认识，当重新审视。红山文化没有天圆地方的观念。

从牛河梁 N2Z3 与 N5SCZ1 圆坛可解读到红山文化宇宙观里的上、中、下三界结构。这是将原本基本等大的上、中、下三界扁平化处理，必须用三个同心圆来表现，但是并没有规定三界同心圆直径的比例。N2Z3 外圈直径是内圈的 2 倍，而N5SCZ1 外圈与内圈直径的比例则根本没有执行这个比例（图三）。

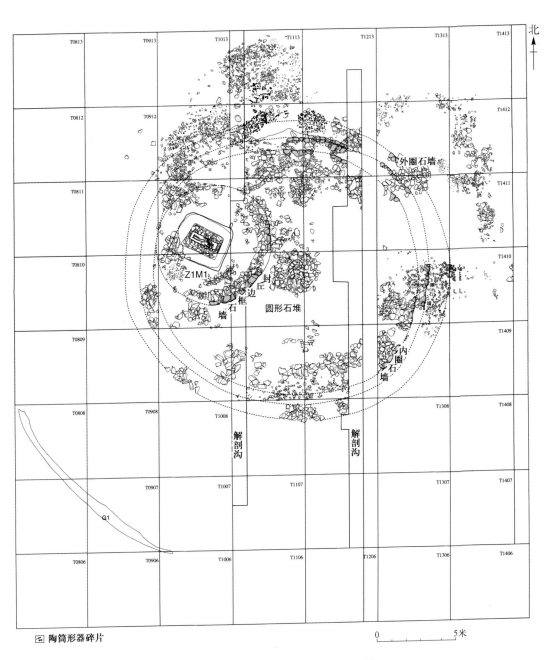

图三　牛河梁第 5 地点 N5SCZ1 平面图

总之，陶寺文化并没有继承红山文化上、中、下三界扁平化的三同心圆宇宙图示。红山文化尚未产生天圆地方的概念，而陶寺文化已经出现了天圆地方的概念。红山文化东山嘴遗址二分二至地平观测天象崇拜，是否直接影响了陶寺文化地平历观测技术传统，尚无法肯定，因为良渚文化和大汶口文化也存在二分二至地平观测天象崇拜，陶寺文化地平历观测技术传统渊源自何处，殊难定论。

关于红山文化的衰落原因，学界有一些探索，但至今尚无明确的定论。红山文化的主要分布区在农牧交错带的东端，却以农业为主，这是基本事实。在生态学上讲，农牧交错带就是生态脆弱带，过度的粗放型农耕垦殖容易造成荒漠化或沙漠化，生态很难修复。宋豫秦以生态学角度分析后认为，红山文化过度的农业开发造成了西辽河流域的荒漠化，导致以农业为生业基础的红山文化衰落[79]，宗教狂热与财富资源的浪费只是推波助澜或雪上加霜。这种认识在诸解释中可能更为合理。

红山文化是在错误的生态地理区位选择了非可持续的农业发展道路，社会政治以神权为主。其政治试验和社会经济基础试验的失败教训，可能给陶寺文明的崛起提供了反面的教训。

五、黄河中游地区

陶寺文化的主干前身可以明确地上溯到黄河中游地区的庙底沟文化。而黄河中游地区社会的复杂化开始于距今5 300年的庙底沟文化。根据河南灵宝西坡遗址的考古发掘资料，面积达500余平方米的半地穴式大房子建筑工艺考究，长5米的大墓随葬了陶器与罕见的玉器，标志着社会中的等级制度已经产生，王权与军权开始萌发[80]。以河南西部庙底沟文化为例，灵宝铸鼎原一带出现了两至三级聚落等级，如阳平河与沙河流域由中心聚落北阳平（90万平方米）、次级中心聚落西坡遗址（40万平方米）、其他普通聚落构成[81]。其中，西坡遗址进行过比较大规模的发掘，清理了几座五边形大房子，建筑面积和使用面积都十分巨大，建筑面积在98平方米至516平方米，使用面积在68～240平方米。半地穴式房屋，门道窄，具有较好的封闭性，加之空间大，确实适于秘密集会。尤其是F105居住面上及室内柱础石顶部均用朱砂涂朱，墙壁柱洞底部均有朱砂。陈星灿先生分析过包括西坡遗址大房子在内的庙底沟期仰韶文化五边形大房子的结构，并参考台湾的民族志资料，推测这些大房子的功能是集会场所，是部落集会、举行祭祀活动的地方[82]。西坡一级大墓随葬品既不丰富，质量也不高，随葬陶器组合为冥器化的日用陶釜灶、钵、杯、小壶，财富的象征性很弱；墓圹面积和随葬品数量，以及大口缸、象牙器和玉石钺是权力和权威的物化表征，更成为标志墓主身份等级最重要的指标。其中，随葬的大口缸和象牙器，很有可能是通过社会上层交流网得到的，也是标志身份等级的声望象征物。西坡墓地随葬的玉石钺，是军权的象征物[83]，乃西坡墓地权力和权威的主要象征物。象牙器和大口缸则以声望物品的形式辅助表达财富权威，而大口缸在西坡还可能进一步作为贮藏物资再分配权力的表征物。

综合西坡墓地的情况，不难看出其中的社会等级地位与血缘关系，具体而言是家族关系休戚相关，或者说权力和权威的保有以亲缘关系（kinship）为基础。权力和权威组分当中，军权或权威占主导地位，财富权威和威望占辅助地位。李伯谦先生将西坡遗址作为"仰韶古国"的代表[84]。仰韶文化分布范围内，恐非只有一个古国，所以参照考古遗址命名原则，可以将以西坡遗址为中心聚落的"仰韶古国"暂称之为"西坡古国"。

与此同时，郑州地区的巩义双槐树遗址，总面积约 117 万平方米，有三重环壕。外壕与中壕之间的西部有两处墓地。内壕围护着重要的功能区，包括南部墓地及其祭坛，中部为带门道的分开间大型殿堂式建筑，推测为"前朝"政务用大型建筑；"前朝"的背后是一道院墙，分割出后寝——密集而有序的多开间长房，显然是居室。其中偏中轴线上的一座核心建筑长房前方埋了 9 件陶器，组成"北斗九星"，且有一个坑里埋了一头麋鹿。其意在象征该核心建筑里居住的人占据宇宙北极的中心，已经上升到宇宙观为社会政治服务的高层次了。双槐树遗址还出土了骨雕蚕，作吐丝状。同时期的青台遗址和汪沟遗址都出土过蚕丝残留物。因而有学者认为，以双槐树遗址为代表的河洛地区仰韶文化晚期遗址群，构成了以农桑为经济特色的"河洛古国"[85]。

同时，庙底沟文化的彩陶文化横扫东亚大部地区，不仅被许多学者视为中国史前的第一次艺术浪潮的滥觞[86]，更被一些学者视为"文化上早期中国"或"以中原为中心"的文明核心形成的物化表现[87]。

距今 4 800 年前，黄河中游地区的庙底沟文化演变为庙底沟二期文化，文化中心在晋南的运城盆地，以垣曲东关遗址为代表。尽管庙底沟二期文化的发达与扩张程度远不及庙底沟文化，但是其韬光养晦，终于在距今 4 300 年前后，庙底沟二期文化的一支北上临汾盆地，接受山东大汶口—龙山文化、关中客省庄二期文化的影响，发展成为陶寺文化早期。

从考古学文化谱系的角度说，陶寺文化的主体从晋南运城盆地庙底沟二期母体中诞生出来，黄河中游地区的仰韶文化、庙底沟二期文化无疑是陶寺文化的根基。"西坡古国"与"河洛古国"的文明化进程、政治试验与探索，无疑都直接为陶寺文明与国家政治提供了遗产性的养分。双槐树遗址的"都邑性"中心聚落的布局结构，显然是陶寺都城宫城—外郭城双城制的滥觞。而陶寺秉承的夏至晷影 1.6 尺的"地中标准"，策源地便是垣曲，更可能就是其中心聚落东关遗址。也就是说，黄河中游地区的仰韶文化和庙底沟二期文化，是陶寺文明的主要培养基。

六、晋陕内蒙古交界地区

距今 4 200～3 800 年间，黄河中上游地区以今陕北为中心，地跨今内蒙古南部、晋北和晋西北长城两侧地区，诞生了一个石峁邦国。该集团以石筑山城居址为主要特色，以小口肥足鬲为文化认同，以薄片素面玉器（号称华西系玉器）突显于世。其政治、经济和军事中心是今陕西神木石峁城址。石峁城址由皇城台、内城和外城三部分组成，总面积 400 余万平方米，是龙山至夏时期中国最大的城址，规模极为宏大。皇城台位于内城中心偏西部位，是四周砌筑台阶状护坡石墙的高台，至今保留有 3～5 级台阶，平面大致呈圆角方形，顶面积 8 万余平方米，东北角石墙保存最好，保留有圆形转角，表面有排列有序、内有朽木残迹的孔洞，高 3～7

米，南侧墙体内发现有插入墙体的圆木。内城平面呈东北—西南向的不规则椭圆形，石砌墙体依山而建，大部分位于山脊之上，现存长度超过 5 700 米，宽约 2.5 米，保存最高处高出现地表 1 米多，内城城内面积 210 余万平方米。外城利用内城东南部墙体向外扩建而成，也是石砌墙体，平面呈弧形，现存长度约 4 200 米，宽约 2.5 米，保存最高处高出现地表 1 米多，外城城内面积 190 余万平方米。

皇城台和内外城均发现城门，内外城墙上发现类似墩台的方形石砌建筑，外城城墙上发现马面、角楼等设施。其中外城东门进行了全面发掘。该城门位于外城东北部，结构相当复杂，已揭露出外瓮城、内瓮城、门塾及两座包石夯土墩台。门道宽约 9 米，总面积 2 500 余平方米，地处遗址最高处，视野开阔，位置险要。外瓮城的墙体倒塌堆积中发现 2 件玉铲和石雕人首像。石雕或石刻的人首像颇具特色，在 2009 年调查时就曾发现 20 余件，多为人面像，部分为半身像或全身像。2016～2018 年，皇城台发现了更多精美的石刻雕像，震惊海内外。皇城台南侧夹道使用界面上出土的陶器年代为石峁中期，大约相当于陶寺文化中期，夹道使用至石峁晚期才废弃[88]。皇城台还出土了陶瓦、陶鹰、口簧、卜骨、玉器等器物，以及数量庞大的制骨遗存[89]。

石峁外城东门内瓮城石墙墙根发现成片分布的壁画残块 100 余块，包括红、黄、黑、橙等颜色，为几何形图案。外瓮城外侧及门道入口处分别发现一处埋置人头骨的祭祀遗迹，均发现人头骨 24 个，部分头骨可见明显的砍斫痕迹，以年轻女性居多。内城多个地点进行了试掘，其中后阳湾地点和呼家洼地点发现房址、窑址、瓮棺葬、石棺葬等遗迹，后阳湾地点还出土鳄鱼骨板。位于内城东墙中段西侧的韩家圪旦地点发现墓葬 41 座、房址 42 座、灰坑 28 座，其中不少设有壁龛，并发现有人殉的大墓[90]。

石峁邦国以石峁城址为中心，占据陕北延安以北至内蒙古南部、晋北和晋中的广大地区。重要的遗址有延安芦山峁[91]、神木新华遗址[92]、山西兴县碧村遗址[93]等。

邵晶先生已经注意到石峁与陶寺的密切关系。他分析认为，在早期阶段，即石峁早期和陶寺文化早期，石峁与陶寺应为独立发展的两个考古学文化，个别器物的相似，用远程交流甚或"贸易"来解释当可备一说，但不可否认的是，石峁和陶寺在早期阶段已有联系。陶寺文化中期与陶寺文化早期在陶器面貌上的巨大差异，很有可能有源自石峁遗存自北向南的强力影响，也就是说，石峁和陶寺在中期阶段已"联系紧密"。石峁遗存晚期（B、C 段）对陶寺文化造成强烈冲击，直接催生了陶寺晚期文化[94]。邵晶先生关于石峁与陶寺文化分析的基本状况是可从的。本书的观点则在第六章第一节中略加展开。

总之，石峁邦国的存在是促使陶寺文明产生、国家诞生的一个极为重要的外因。陶寺文化中期，舜王族的统治持续百余年，陶寺邦国也发展到了顶峰。不幸的是，在陶寺文化中期晚段或中晚期之际，陶寺与石峁邦国反目成仇。石峁邦国全面征服了陶寺集团，将陶寺集团打断。

第二章

陶寺遗址考古发掘与研究学术简史

第一节　陶寺遗址概况

陶寺遗址位于山西省南部，现隶属临汾市襄汾县城东北约 7 千米的陶寺镇。20 世纪 50 年代，在考古调查中发现陶寺遗址，认为其是一处龙山时代遗址群。60 年代初，再次复查确认陶寺遗址为一个超大型龙山时代遗址，面积约 300 万平方米，占据了陶寺、东坡沟、沟西、宋村、中梁村五个自然村的大片农田。

陶寺遗址坐落在太行山支脉太岳山支系崇山（俗称塔儿山）西坡向汾河谷底过渡的黄土塬上，地势东南高、西北低，总体呈大缓坡状。土地宽阔而肥沃。宋村沟与南河在当时为陶寺城址提供了必需的给排水自然水系系统。四千多年前，陶寺遗址的环境与今天相差无几，偏干旱，但是遗址内部及周围比今天多出一些沼泽相的低隰之地。总之，这里比较适合古人的生活。

1978 年至 2021 年，中国社会科学院考古研究所与山西省考古研究院（原称山西省考古研究所）、临汾市文物局等单位合作发掘陶寺遗址，迄今大致摸清了陶寺遗址的布局。陶寺早期遗址的面积约 160 万平方米（公元前 2300～前 2100 年），包括宫城和下层贵族居住区小城（总计 20 万平方米），以及国库仓储区、早期王族墓地、祭地礼制建筑区、普通居民区等。中期遗址的面积至少 280 万平方米，其中包括 13 万平方米的宫城（公元前 2100～前 2000 年）。陶寺遗址在中期达到鼎盛，成为外郭城、宫城、王族墓地、礼制建筑区、手工业区、仓储区、普通居民区等功能区划最为明确齐全的史前都城遗址。考古证据链绳表明，陶寺遗址是"最早的中国"，文献中"尧舜之都"之所在。

陶寺中期遗址曾在中晚期之际遭到大面积毁坏。陶寺晚期遗址面积约 300 万平方米，长期处于普通聚落的地位，失去了都城的功能与地位。陶寺晚期偏晚某个时段，陶寺政权曾一度复辟，宫城以及城内大型夯土建筑与地坛一度重建（公元前 2000～前 1900 年）。最终，陶寺复辟政权被再次夷灭，大部分本地居民迁往陕北融入石峁邦国，或迁往内蒙古南部融入朱开沟文化。之后，陶寺遗址被彻底废弃和遗忘。

第二节　考古发掘与研究历程

陶寺遗址发掘的历史大致可分为两个阶段：第一阶段为 1958 年至 1998 年，第二阶段为 1999 年至今。两个阶段的工作有许多传承，但也有很大的不同。

一、第一阶段（1958～1998 年）

陶寺遗址考古发掘的第一阶段还可再细分为两个时期：1978 年陶寺遗址正式发掘之前为学术准备期，1978～1985 年为田野发掘期，1986～1998 年为第一阶段的研究期。

1. 学术准备期

1958 年，在晋南文物普查中丁来普首先发现陶寺遗址，当时确认的范围仅限于陶寺村南的南沟与赵王沟之间，数万平方米[1]。1959 年，中国科学院考古研究所（即今中国社会科学院考古研究所）组建山西队，张彦煌任队长，时任考古所副所长夏鼐先生交给山西队的重要课题就是"夏文化探索"与"灰陶文化探索"[2]。1959～1963 年秋冬，张彦煌带领山西队在晋南地区进行了四次大规模考古调查，包括临汾地区和运城地区的 15 个县，8 000 余平方千米，发现仰韶文化至北朝时期遗址 306 处，当时重新认定的陶寺遗址范围包括陶寺村南、李庄、中梁村、沟西村[3]。

1973 年，"文革"尚未彻底结束，但是中国的考古工作已开始恢复。苏秉琦先生指出，探索国家和文明起源必须从城市、都城等大遗址进行突破。于是，山西队张彦煌、徐殿魁、高炜以及山西省文物工作委员会的叶学明进行了晋南考古复查，再次调查了陶寺遗址，因其面积巨大，而定为晋南的首选发掘对象。1977 年高天麟、高炜、郑文兰与襄汾县文化馆的尹子贵和陶富海，又一次调查陶寺遗址。1978 年初，考古所夏鼐所长在听取了山西队提出的陶寺遗址发掘方案的汇报后，批准了这一方案。同年 4 月初，考古所与山西省临汾行署文化局合作，开始正式发掘陶寺遗址。

选择陶寺遗址进行发掘，显然是为了从城市、都城等大遗址的角度探索"夏文化"这一学术目的。这使得陶寺遗址的考古发掘与研究，一开始便深深地打上了学术考古的烙印，直至今日。

2. 田野发掘期

自 1978 年 4 月至 1985 年 6 月，陶寺遗址经历了 15 个发掘季 7 年半时间，发掘总面积约 7 000 平方米，在普通居址和早期王族墓地这两个区域有了重大收获。具体参加人员，高炜先生已有详细的介绍[4]，具体的发掘成果，也最终于 2015 年出版[5]。

陶寺早期王族墓地的发掘者对于墓地所反映的社会性质的见解十分精辟，并首次揭示了陶寺遗址的国家社会性质。氏族墓地内部存在着极端悬殊的财富与权力差别与分化，表明财富与权力的分配不再基于血缘亲疏，而是经济利益分化的结果，这便不是氏族与家族内部的贫富分化了，而是"亲不亲，阶级分"的阶级对立了。陶寺早期王族墓地在血缘政治的氏族墓地制度的躯壳内，已孕育出地缘政治的胚胎——阶级对立。

二、第二阶段（1999 年至今）

陶寺遗址考古发掘的第二个阶段，大致可分为三个时期。

1. 城墙突破期

1999 年至 2001 年，陶寺遗址在外郭城城墙方面获得巨大突破，城内夯土城墙的探究也获得了一些重要线索。时任领队梁星彭先生功不可没[6]。

2. 陶寺城址功能区划布局探索期

2001 年"中华文明探源工程预研究"启动，2002 年陶寺遗址的发掘与研究纳入其中，2003 年正式纳入探源工程，重点探索陶寺城址的功能布局与聚落形态。2012 年，陶寺遗址的发掘与研究又纳入中国社会科学院"哲学社会科学创新工程"。经过十年的考古发掘与研究，基本弄清了陶寺遗址早、中、晚三期遗址聚落形态的变化和都城的兴衰，大致摸清了陶寺都城遗址的功能区划，包括宫殿区、下层贵族居住区、王族墓地、仓储区、祭天和祭地礼制建筑区、工官管理手工业区、普通居民区等[7]。

3. 宫城探索期

2013 年至今，陶寺遗址的发掘因陶寺宫城的发现而成为工作的重点。原来认为的 56 万平方米的陶寺早期城址面积被否定。陶寺早期城址很可能仅由宫城及其南侧的外城即下层贵族居住区构成，总面积约 20 万平方米。陶寺宫城呈规整长方形，面积约 13 万平方米，面向正西南，陶寺早期起建，中期沿用，中晚期之际被毁，陶寺晚期偏晚某个阶段曾重建，最终再次被平毁。宫城内勘探有大小夯土建筑十余座。其中一座核心建筑最大，编号为 IFJT3，勘探面积约 8 000平方米，揭露面积约 6 000 平方米，呈长方形，面向正西南。在晚期，IFJT3 被严重破坏，仅剩地基基础，从残留柱网结构大致推测基址上原有前、后两座大殿，基址东部可能还有殿址，但仅剩 4 个柱洞，难以判定。该基址可能始建于陶寺早期，中期大规模扩建，殿堂建筑建于陶寺中期，破坏了基址上的部分早期"大房子"。基址上保存的陶器中晚期或晚期的"大房子"，与前殿的关系还有待深入分析。

三、陶寺遗址研究历程简述

陶寺遗址的发掘奠定了陶寺文化在学术界的共识，因此陶寺遗址研究与陶寺文化研究相辅相成，一路走来，至今大致经历了两个阶段。

1. 第一阶段（1982～1998）：文化谱系研究阶段

第一阶段，陶寺遗址的研究首先要解决遗址的考古学年代与分期、考古学文化面貌与性质等文化谱系问题，这是该阶段研究的主旋律。

在这一阶段，已经有学者试图对陶寺遗址的文化族属提出历史语境的判断，这是因为自1978年开始的陶寺遗址发掘，明确带有寻找早期夏王朝都城和早期夏文化的学术目的[8]。

陶寺遗址的考古研究比较注重科技手段在考古中的应用，如用碳十四年代方法测定陶寺遗址的绝对年代[9]，陶寺遗址及其周边地区的古地磁分析[10]，孢粉分析[11]，陶片理化测试分析[12]，陶器和木器上彩绘颜料的鉴定[13]等；在陶寺遗址出土文物研究方面，有木器研究[14]、玉器研究[15]、陶鼓研究[16]等；在陶寺生业研究方面，有农业研究[17]、制陶技术研究[18]等。

与此同时，陶寺遗址凸显的社会复杂化特征也引导学者们从文明化的角度探索陶寺文化[19]。在这一阶段，苏秉琦先生独具慧眼地指出了陶寺遗址与"中国"的关系[20]。

2. 第二阶段（1999年至今）：聚落形态与社会考古、精神文化考古研究阶段

随着1999年陶寺遗址考古发掘与研究进入都城聚落考古的新纪元，陶寺遗址研究的主旋律从第一阶段的文化谱系研究，转入聚落考古研究和社会考古研究方面。同时由于新世纪以来，社科院考古所山西队陶寺发掘团队注重精神文化考古理论与实践，因而带动了陶寺文化中精神文化考古的相关研究，成果尤为突出。

（1）文化谱系研究

2004年，《陶寺文化谱系研究综论》的发表，标志着陶寺文化谱系研究阶段的结束，从此陶寺文化谱系研究不再作为研究的主旋律[21]。近来关于陶寺文化谱系的讨论，集中在陶寺中期墓葬的年代分歧上。田建文先生认为陶寺中期王墓IIM22的年代为陶寺晚期[22]。由于IIM22的陶器资料并未发表，就这一问题尚无法展开深入讨论。何努撰写了《关于陶寺早期王族墓地的几点思考》一文，通过对已发表的陶寺早期王族墓地所谓"晚期墓葬"的分析，间接回应了对于陶寺中期墓葬年代的不同看法，坚持陶寺中期墓葬的观点[23]。

（2）聚落考古研究

本阶段，考古工作围绕陶寺遗址的聚落形态研究展开，注重发掘简报的跟进报道，刊布了一系列发掘简报，每年年终还有当年的考古进展简讯公布，涉及宫殿区、普通居民区、中期王族墓地、祭天礼制建筑区、手工业区，有力地推动了陶寺遗址的聚落形态研究[24]。

在陶寺遗址都城聚落形态研究探索的同时，考古所山西队还利用2009至2010年陶寺遗址考古发掘的间歇期，会同山西省考古研究所、临汾市文物局开展了以陶寺都城遗址为中心，汾河以东、塔儿山西麓临汾盆地区域的考古调查，发现和确定了仰韶文化至汉代遗址或遗存点128处，其中陶寺文化遗址54处，陶寺文化遗址群以陶寺遗址为核心。南北各有两大遗址群，分别由县底和南柴两大派出地方中心聚落统领，并存在周庄驿站遗址、东邓水口遗址、大崮堆山采石场、古署专业制陶遗址等特殊遗址。陶寺文化聚落等级制大致分为四个层级组织，有五个等级[25]。这批区域调查资料成为学界探索陶寺文化社会组织结构"都鄙关系"、邦国社会形态的重要资料[26]。

（3）遗迹和遗物的具体研究与多学科合作

与此同时，学者们对陶寺遗址的遗迹和遗物的研究也有所推进，多学科合作研究成果丰硕。具体成果详见《陶寺文化的考古发现与研究》[27]。

（4）精神文化考古研究

21世纪的中国考古学在从文化谱系考古走向聚落考古的同时，也开始重视精神文化考古。考古所山西队更加重视精神文化考古的理论建设与实践。自 2010 年至 2012 年，国家科技支撑计划中华文明探源工程及其相关文物保护技术研究子课题——公元前 3500 年至前 1500 年黄河、长江及西辽河流域精神文化的发展研究（2010BAK67B06），进行了精神文化考古理论框架的构建，主要依托的实践案例就是陶寺遗址与陶寺文化的精神文化考古研究，其成果就是 2015 年出版的《怎探古人何所思——精神文化考古理论与实践探索》[28]。同时，也有很多其他学者投身到陶寺精神文化领域里的探索中来。

（5）陶寺文化在中国文明起源中的地位与作用研究

随着陶寺遗址被纳入"中华文明探源工程"的核心遗址之一，陶寺遗址聚落形态和陶寺文化全面而深入研究的开展，陶寺文化在中国文明起源中的地位与作用研究也成为学术热点。早在 2002 年陶寺城址发现之初，许多学者便提出陶寺城址对于中华文明起源研究的作用，学者们普遍认同陶寺文化的国家社会性质，其中李伯谦先生认为陶寺文化属于"王国"，王震中与何努认为属于"邦国"[29]。学界主流也比较认同苏秉琦先生对于陶寺文化在中华文明起源中地位与作用的观点——融汇四方文化，碰撞出陶寺文明的花火，以《禹贡》冀州为重心奠定了"华夏"的根基[30]。日本学者宫本一夫仍坚持认为陶寺文化是"以世袭的父系血缘社会为阶层关系之基本的完全的首领制社会[31]"，即"高级酋邦"。不过，宫本先生也坦承，陶寺遗址的功能布局与商周社会的都市聚落结构基本相同，加之陶寺观象台可以为历法制定服务，"想必早晚会有学者把这个阶段称为初期国家阶段"[32]。

2020 年何努发表《制度文明：陶寺文化对中国文明的贡献》一文[33]，通过对都城制度、宫室制度、礼制建筑制度、府库制度、住宅的等级制、丧葬制度、礼乐制度、铜礼器制度发轫、天文历法垄断制度、度量衡制度、工官管理制度诸方面的分析，提出陶寺文化在上述制度建设上的集成与创新，形成了比较系统的制度文明，全方位奠定了后世中国历代王朝的制度建设基础，并形成了一些中国文明当中制度文明传承的稳定基因。由此，可以更加深刻地认识到，陶寺文化对中国文明主脉在制度建设层面上集成创新的贡献是巨大而深远的，更加证明陶寺文化是中华文明主脉核心形成的起点，其各项制度的集成创新是关键。中华文明五千年，瓜瓞绵绵，其中制度文明基因的继承与发展至关重要，而陶寺文化制度文明继承创新的开山之功，功不可没！

关于陶寺文化晚期文明崩溃的原因，本书基于近年来陕西神木石峁遗址石破天惊的重大考古收获，认为陶寺遗址晚期的聚落形态大变革与社会政治的大动荡，来自石峁邦国的征服与殖民[34]。

（6）陶寺遗址与"中国"的关系研究

最早关注陶寺遗址与最初"中国"概念关系的学者是苏秉琦先生。陶寺遗址是夏商周之前的"共识的中国"[35]。陶寺中期王墓 IIM22 出土的圭尺上标的第 11 号刻度恰为《周髀算经》记载的理论标准夏至影长 1.6 尺，被认为是陶寺地中的标准，于是陶寺地中的观念与陶寺都城、陶寺邦国相结合，便产生了"地中之都，中土之国"最初"中国"的观念[36]。貌似与许宏先生争"最早的中国"[37]，实际是采用不同的评判标准，得出不同的结论。对此，孙庆伟先生客观地评价为："都是依据遗址中相关考古发现而'量身打造'了若干条都邑鉴别标准。都邑判别标准的自我设定，就必然导致对何为'中国'的各自表述与无序竞争。"[38]他认为，虽然黄帝及其部落的诞生代表了华夏文明的最初自觉，应是"最早的中国"，但是目前陶寺遗址仍堪称考古学上"最早的中国"[39]。张国硕先生也认为从考古学上说，陶寺文明是"最早的中国"[40]。韩建业先生仍然坚持公元前 4000 年的"庙底沟化"标志着"早期中国文化圈"或者文化意义上"早期中国"的正式形成[41]。

（7）陶寺遗址与尧舜之都的关系研究

前文已述，早在陶寺遗址考古研究的第一阶段，便有不少学者提出陶寺遗址是尧都或尧舜之都。这是陶寺遗址考古研究不可回避的问题，当然也是从人类学的考古学转入历史学的考古学之后的重大课题。本阶段，许多中国学者认为陶寺遗址与尧舜禹有关[42]。2015 年发表的《陶寺考古：尧舜"中国"之都探微》一文，全面系统地展示了陶寺遗址作为尧舜之都的考古、文献和人类学的证据链绳[43]。

第三章

陶寺都城选址

第一节 地 理 环 境

一、地貌

陶寺遗址位于山西省襄汾县城东北约 7 千米处，地处黄河中游的晋南地区。遗址东面背依太岳山余脉崇山，西北面向临汾盆地，西北约 7 千米处为汾河。遗址坐落在崇山向汾河谷地过渡的黄土塬上，为第三纪古老的洪积扇上，地势东南最高，海拔 577.2～628.8 米；西北低，海拔 505.8～518.6 米。遗址现今的地貌呈现出沟壑纵横的面貌（图四），4 000 多年前陶寺文化时期大约只有遗址东北面外侧的南河是当时就存在的河道，发源于崇山。今天纵贯遗址南北的大南沟、中梁沟在当时可能不存在。宋村沟在当时则是外郭城内的"内河"。

从山川大势角度看，陶寺城址背依崇山，面向宽阔的临汾盆地，东北侧依傍南河，地势高亢，呈大缓坡平面，做到了"依山傍水"或"背山面水"的基本大格局。城内一定数量的水井和大量的汲水扁壶说明当时陶寺城址的微环境偏干。总体上有利于城市平面的扩展、空间布局理念的铺陈与躲避水患。

陶寺都城选在崇山的西北侧，宫殿区核心建筑大型夯土台基 IFJT3 背向东北、面向西南，表明陶寺城址的轴线朝向也是坐东北朝西南，大致符合中国古代城市或都城坐北朝南的通例，却极大地违背了中国城市传统的背山面水的"风水"通则。确切

图四　陶寺遗址卫星影像图

说，陶寺城址从自身的轴线朝向角度看，并非"背山面水"，而是"依山傍水"。这一问题至今没有满意的答案。据《襄汾县志》记载，正南风和西南风为本县主导风，亦称地方风，占风向总率的29%；西北风多在春季；全年风力不大，六级以上大风年平均仅为6天，且多出现在春夏两季[1]。可见陶寺城址似乎在冬季受到西北风的影响较小，面向西南成为主要的迎风面。陶寺都城是襄汾境内降水量最丰富的地点之一，年平均降水量为 635.1 毫米，仅次于曹家庄的 637.3 毫米，位居全县第二[2]。丰富的降水，对于农业生产、城市生活、缓冲偏干的微环境有积极作用。

二、水系

全新世时期，宋村沟和南河的水系格局同现代类似，两沟上游塔儿山地区的水系格局自全新世以来也基本无大的改变。南河在近李庄处汇入中梁沟后，最终汇入汾河。因此宋村沟与南河均为汾河的支流，在陶寺遗址存续期间，是宽浅的河流。由于宋村沟与南河的上游塔儿山区部分河道石灰岩裂隙发育，黄土孔隙率高，夏秋暴雨季节，部分降水可以渗入地下，储存于石灰岩裂隙和黄土空隙中，其他季节再以地下水的形式补给到山地河谷中，从而保证了四千多年前宋村沟和南河常年相对稳定的流量。经过测算，宋村沟上游的水源供给面积为 19.3 平方千米，下游包括陶寺遗址的人类活动面积为 20.2 平方千米，水源供给面积与人类活动面积比为 0.96，几乎接近 1∶1，表明当时宋村沟与南河水量比较丰沛[3]，能够为陶寺城址聚居的人口和城市生产生活等提供足够的水源，另一方面也能够为陶寺城址的排污和行洪效力。

全新世以来，宋村沟与南河便存在，水流稳定，因而陶寺城址选在了宋村沟与南河之间。陶寺早期城址偏重利用南河，宫城设置偏向南河，并在宫城北墙 Q15 中部很可能由人工开挖"L"形水渠，今称"南门沟"，向宫城内引水。宫城两侧的普通居民区、东部的仓储区、王族墓地与西北的祭地地坛 IVFJT1，显然沿南河延展。可见，陶寺早期城址基本依赖南河的自然河流给排水，宫城引水很可能使用了局部的人工沟渠——南门沟，而离南河稍远的城址南部则使用水井取水。

陶寺都城距离汾河还有 7 千米，当时只有南河最后汇入汾河。根据对南河古水文条件的考察，当时其对于陶寺这片区域而言，仅有给排水功能，而缺乏舟楫航运条件。总之，陶寺都城的选址，并没有着眼于水路交通的运输便利。

三、土壤

陶寺一带碳酸盐褐土土壤深厚，土地适于农耕。环境考古与农业考古研究表

图五　陶寺遗址北部潜在农田所在区域

明，陶寺都城北侧有大片平缓的黄土塬（图五），水沼分布较密集，是理想的农田。植硅石分析进一步表明，这里很可能有粟作和少量稻作的农田。所以选址陶寺建都，有助于城内的农民发展农业生产，支撑城址的部分粮食消费。这表明陶寺城址选址理念当中，经济因素受到一定的重视。

四、矿产

迄今为止，陶寺文化发现红铜铸造器七件，包括铃[4]、齿轮形器[5]、环[6]、圆形大器口沿[7]、蟾蜍、算形器、残片。经科学检测[8]，或含砷或含铅，均系铜矿所含杂质。据李水城先生研究，"无论红铜还是砷铜，它们最早都出现在近东地区，并从那里向外扩散传播开来"[9]。陶寺的砷铜可能是铜锭的原料，源于西北地区浅表层的含砷铜矿，其适于石器露采，基本无需巷道开采。陶寺文化的冶铜业源自西北地区甚至间接远至中亚，砷铜料或含砷铜锭作为陶寺冶铜业的主要原料很可能也来自西北地区，而不是塔儿山或中条山矿区。

陶寺城址以西、汾河西岸的姑射山（属于吕梁山脉）一带是国内石膏特大矿区之一，总储量8.11亿吨[10]，但是距陶寺城址有一二十千米之遥。距陶寺城址最近的陶寺乡安李村石膏储量37万吨，且陶寺城址仅使用少量石膏[11]，建材大多使用石灰。可见石膏不是陶寺建材的主要来源，因此陶寺城址的选址与石膏矿资源并无太大关系。

陶寺早期大中型墓中多铺朱砂[12]，早期和中期大中型墓出土彩绘陶器上的红色颜料也是朱砂[13]，中期宫殿区出土的个别豆和罐残片上涂朱砂[14]，陶寺晚期扁壶残片已见两例朱砂书写文字[15]。可见陶寺城址内朱砂的使用有一定数量。对陶寺中期中型墓出土彩绘陶器颜料朱砂测定的结果显示，不含天然矿物朱砂所含的石英，因而可以推测陶寺的朱砂是人工提炼的，而不是直接使用朱砂矿砂，这可以从侧面反映出陶寺使用的朱砂有可能不依赖天然矿源，因而没有证据证明朱砂矿对陶寺遗址的选址有何决定意义。

不过，陶寺遗址从早至晚以大崮堆山变质砂岩为原料的特殊石器工业，显然依赖大崮堆山采石场的特殊变质砂岩原料产地[16]，这或许是陶寺城址选址唯一考虑的资源便利。当然，也有可能是在陶寺城址选址确定并建都之后，才发现了大崮堆山变质砂岩的特性，并发展出变质砂岩"穿甲箭头"的"国防工业"。

五、古气候微环境

全新世以来陶寺地区的孢粉主要包括乔木类、灌丛和草本类、蕨类等。淡水静水生长的藻类植物孢子有环纹藻。

65个孢粉样品中，主要的孢粉类型为松属、蒿属、菊科、环纹藻、中华卷柏，其他花粉含量普遍很少或只有零星分布。

环境考古的初步分析结果表明，陶寺文化中期阶段，气候温暖湿润，乔木多，灌木草本少，阔叶树多，针叶树少，发育含亚热带植物成分的针阔混交林，但陶寺中期结束时气候似乎已开始恶化。陶寺晚期阶段，气候不稳定，波动明显，湿润时期可能暴雨集中，但干旱气候持续时间长，以冷凉偏干为主，木本植物逐渐减少，草本植物逐渐增多，蒿属少，藜科多，由森林草原演变为疏树草原植被。虽然在陶寺中期的宫殿建设中砍伐了遗址周围的一些植被，一定程度上减少了木本植物含量，但它也有可能代表了自然环境的变化，但有一点能肯定的是陶寺中期的气候温暖湿润，含亚热带植物成分，木本含量很高[17]。陶寺城址周边总体上说是一个比较理想的生存环境。

第二节　顺乎宇宙："风水"和宇宙观的因素

一、塔儿山"祖山"

中国古代重要聚落，特别是城址，大多讲求背靠一座高山，以为聚落或城址的灵魂和气场的依靠与屏障，称之为"祖山[18]"。陶寺遗址背靠 7 千米远的崇山主峰。此主峰为临汾盆地周边山脉最高峰，海拔 1 493 米，在临汾盆地内的任何地方，只要天气好，都能从各自角度看到塔儿山的主峰。塔儿山主峰位于陶寺遗址的东北方，山形犹如端坐的巨人，显然是陶寺都城依傍的"祖山"（图六）。

正是因为塔儿山主峰是陶寺都城遗址的"祖山"，所以塔儿山主峰日出对于陶寺文化的宗教崇拜至关重要。陶寺观象台东 5 号缝观测到的塔儿山主峰日切，标定了 2 月 27 日（四千年前为 3 月 16 日）为春季祭祀重大节日与 10 月 14 日（四千年前为 10 月 31 日）为秋季重要祭祀节日。出于将宗教节日日期纳入太阳地平历观测系统的目的，因此陶寺观象台选址是不可替换的，也就是说只有站在陶寺观象台的观测点，才能在 2 月 27 日和 10 月 14 日看到塔儿山主峰日出。观测点一变换，塔儿山主峰日出的日期就得变，便不是陶寺文化所需要的宗教节日日期。而陶寺观象台是陶寺都城郊天祭日的礼制建筑，是都城必备的建筑要件之一。于是，陶寺观象台的选址决定了陶寺都城选址的唯一性。

另一方面，陶寺城址虽然偏于正方向45°，坐东北，朝西南，祖山"塔儿山"在左翼，汾河在右翼，并不严格遵守中国传统城市的"背山面水"的"风水"传

图六　陶寺遗址以东祖山崇山主峰照片

统，而是"扶山抚水"或俗称"依山傍水"的态势。这表明陶寺城址的选址理念在意识形态方面还处于比较"天真""实用"的阶段，尚未达到以"背山面水"的象征性为先决条件的阶段，似乎说明其城市选址理念在意识形态方面的"幼稚"。从城市选址的风水观念来衡量，"不背山"就意味着缺少"靠山"，权力和统治不稳；"不面水"就意味着无法"聚气"[19]，城市的生气便无法延续。

二、微地貌与宇宙观方位

从理论上说，都城聚落较之普通聚落有着完备的城墙或壕沟防御系统。城墙或壕沟所围护的范围，可以根据社会的分层，社会的分工，聚落的政治、军事、宗教、经济等职能，比较清晰地划分功能区划。区划的功能由都城的社会组织结构与聚落的功能与性质所决定，但是每个功能区划的坐落的具体位置，却很可能根据本文化的宇宙观来进行规划。林奇指出："在建造人类的权力结构、安定宇宙秩序时，城市的宗教仪式性及其物质空间形态是主要的手段，而且这种手段的心理作用大于其物质作用。这样威严而诱人的空间设计是基于魔法般的理论的。这个理论认为：任何一个永久聚落的空间形态都应该是宇宙或神的魔法模式。这是一个把人类与巨大的自然力量联系起来的手段，也是一个促使宇宙世界安定与和谐的方式。人类因此而得到其长居久安的场所，宇宙也得以继续它的和谐运行。神灵被拥戴、骚动被排除，同时，必然地，人类的权力结构——帝王僧侣和贵族——被延续下来。……两个发展最完善的宇宙模式理论是中国和印度的。"[20]

林奇所谓的"宇宙模式"可称之为"宇宙观"。中国古代的宇宙观是关乎天、地、人三者关系在时空框架内发展变化的认知与理论解说，可分为本源论、空间论和时间论[21]。指导都城聚落功能区规划的宇宙观主要以空间论为主，以事物本源论为理论基础。事物本源论可以《周易·系辞上》为比较标准的理论表述。

《系辞上》曰："天尊地卑，乾坤定矣。卑高以陈，贵贱位矣。动静有常，刚柔断矣。方以类聚，物以群分，吉凶生矣。在天成象，在地成形，变化见矣。是故刚柔相摩，八卦相荡，鼓之以雷霆，润之以风雨。日月运行，一寒一暑。乾道成男，坤道成女。乾知大始，坤作成物。乾以易知，坤以简能。易则易知，简则易从。易知则有亲，易从则有功；有亲则可久，有功则可大；可久则贤人之德，可大则贤人之业。易简而天下之理得矣。天下之理得，而成位乎其中矣。"

在古人头脑中，都城与国家是有机的整体，都城不仅象征着国家，而且与国祚有着有机的互渗关系。社会等级秩序的稳定，有赖于都城聚落功能区划的等级制度的明确，于是"天尊地卑，乾坤定矣；卑高以陈，贵贱位矣"成为都邑聚落功能规划的基准点，其核心就在于"各功能区在方位上的选定"，此所谓"贵贱位矣""成位乎其中矣"，就是说不仅要有等级化的定位，还要有正确的、得其所的定位。

建都立国是"贤人之大业"，永恒稳定的持久性是最高的理想。维持恒久则需要贤人之德，因为只有贤人之德才能聚众，聚众才能建大功。而聚众的引力来自"易"。

何谓"易"？《系辞上》说："是故《易》有太极，是生两仪。两仪生四象。四象生八卦。八卦定吉凶，吉凶生大业。""易"就是八卦。不过，周易八卦乾、坤、艮、兑、离、坎、巽、震都是比较抽象的卦名，不可能直接用于都邑聚落的布局规划指导。

今本《周易·说卦》云："天地定位，山泽通气，雷风相薄，水火不相射，八卦相错。"表明八卦除了乾、坤、艮、兑、离、坎、巽、震这套抽象的表述体系之外，还有一套以"天、地、山、泽、火、水、风、雷"自然界客观事物为代表的表述体系。长沙马王堆出土的帛书《周易》则说："天地定位，（山泽通气），火水相射，雷风相薄。"将自然事物八卦阴阳对立的关系彻底理顺——今本《周易》天地方位并不相对导致整个方位框架逻辑混乱。

八卦与方位紧密结合。今本《周易·说卦》曰："帝出乎震，齐乎巽，相见乎离，致役乎坤，说言乎兑，战乎乾，劳乎坎，成言乎艮。万物出乎震，震，东方也。齐乎巽，巽，东南也；齐也者，言万物之絜齐也。离也者，明也。万物皆相见，南方之卦也。圣人南面而听天下，向明而治，盖取诸此也。坤也者，地也，万物皆致养焉，故曰：致役乎坤。兑，正秋也，万物之所说也，故曰：说言乎兑。战乎乾，乾，西北之卦也，言阴阳相薄也。坎者，水也，正北方之卦也，劳卦也，万物之所归也，故曰：劳乎坎。艮，东北之卦也。万物之所成终而成始也，故曰：成言乎艮。"今本《周易》八卦方位由于天地并不相对，导致天地山泽火水风雷中除了火水外，均不形成阴阳对立的逻辑关系。火水方位阴阳实际对立却违背"火水不相射"的说法。今本《说卦》后来又有云："故水火相逮，雷风不相悖，山泽通气，然后能变化，既成万物。"于是，今本《周易》八卦方位的说法可能存在问题。

而学者们复原的帛书《周易》八卦方位[22]，则完全符合方位上阴阳对立的逻辑关系。当然，帛书《周易》八卦方位至多只能算是《周易》的八卦方位，能否直接用于史前都邑聚落功能区规划方位指导，要打个大大的问号。

《系辞下》云："《易》之为书也不可远，为道也屡迁，变动不居，周流六虚，上下无常，刚柔相易，不可为典要，唯变所适。"这表明周易理论体系化可能发生在西周时期，但是理论的源头很可能在史前。从史前至西周，八卦的方位极有可能是变化着的，即所谓"为道也屡迁，变动不居，周流六虚，上下无常，刚柔相易"，不可以作为圭臬和模板，只有改变与适应实际情况。于是史前都邑聚落功能区规划方位很有可能为适应本地的微环境而发生改变，唯变所适。不过，无论怎么变，天地定位是不变的，天南地北的大方位也是不可变的。《礼记·郊特牲》云："郊之祭也，迎长日之至也，大报天而主日也。兆于南郊，就阳位也。"又云"社祭土而主阴气也。君南乡于北墉下，答阴之义也。"可以改变的只是正南北还是偏东西的位置。

根据陶寺遗址考古遗迹与微环境地貌的关系，遗迹背景关系所反映的宇宙空间象征意义，并结合相关文献记载，可以认为陶寺都城规划理念基于宇宙观认知构图中的天、地、火、水、风、雷、山、泽八大要素方位，定位的原则就是长沙马王堆帛书《周易》所说。其中天地定位、风雷相薄是比较固定的宇宙观方位，即天位在东南、地位在西北、风位在正西、雷位在正东，而山泽、火水的位置选定，便有可能根据陶寺文化中期城址实际地貌环境来确定，将城址正南定为山位，将正北定为泽位，西南定为火位，东北定为水位（图七）。

试详解如下：

1. 东南天位

《周易·系辞上》云："天尊地卑，乾坤定矣。卑高以陈，贵贱位矣。"陶寺遗址地势东南最高，海拔 577.2～628.8 米。故陶寺的天位最有可能在东南。

《礼记·郊特牲》云："郊之祭也，迎长日之至也，大报天而主日也。兆于南郊，就阳位也。扫地而祭，于其质也。"郊天祭日就阳位，当在南方。根据《说卦》乾为天、为圆的原理，只要在陶寺中期大城外侧东南方位找到圆形建筑——圜丘，证明它与郊天祭日有关，就能证明陶寺的天位在东南。

本着这个思路，结合研究石家河古城外东南角罗家柏岭遗址为"圜丘"的

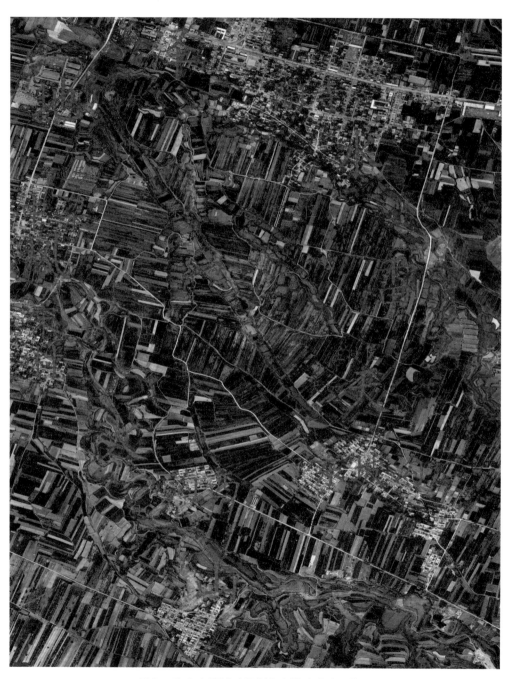

图七　陶寺中期城址规划宇宙模式微地貌航片

经验，考古队于 2003 年在陶寺中期大城外东南部的中期小城内找到了半圆形建筑 IIFJT1，经过两年的发掘探索，初步判定它的观象授时与祭祀功能。陶寺观象台呈半圆形状，恰是盖天说的表现，台基芯上夯土与生土构成的太极两仪图案诠释着开天辟地的理论解说，从而有力地证明了陶寺遗址以东南方为天位。

2. 西北地位

陶寺以东南为天位，根据"天地定位"、阴阳相对的原理，地位理当在西北。实际上，陶寺古城地势东南高，西北低，海拔 505.8～518.6 米。陶寺遗址以西北为地位，完全符合天高地卑的理念。

考古队曾在陶寺中期大城外西北部，自中梁村到大南沟与南河交汇处进行调查勘探，发现陶寺中期大城北偏西北城墙 Q2 外西北部有大面积的夯土遗迹。经2005、2010～2012 年春季的发掘，确定了一处建筑于陶寺早期，中期和晚期均有扩建的大型夯土建筑基址 IVFJT1～3。早期基址位于台基的南部，被包在中期基址 IVFJT2 内，南侧被中梁沟侵蚀破坏，北、东、西侧被中期 IVFJT2 扩建时破坏，形状不明。中期基址位于台基的中部，北、东、西侧被晚期基址 IVFJT3 包围，并在 IVFJT3 扩建遭到破坏，形状不明。晚期基址 IVFJT3 保存相对较好，可看出为长方形，南部和西部均被中梁沟所侵蚀，南北残长至少 48 米，东西宽 40 米，面积约 1 600 平方米以上，方向 220°。

最早的水浸土层厚约 1 米，被陶寺中期 IVFJT2 施工道内人工垫土和夯土层打破，经钻探宽约 8 米，但北部没有探到边。这应是早期基址 IVFJT1 使用时北侧存在较大面积的沼泽水域之遗存。

中期 IFJT2 施工道基坑内夯土和垫土层被一层厚约 0.4 米的淤土层打破。这应是 IVFJT2 使用时北侧的一条壕沟。2005 年发掘时，考古队曾发现该壕沟南坡被 IVFJT3 掺杂大量淤土的夯土板块所叠压。从剖面淤土至中期壕沟南坡，宽约7 米。

中期壕沟内的淤土层又被陶寺晚期夯土台基坑打破，被陶寺晚期夯土台基所叠压。由此辅证确实存在陶寺早期、中期、晚期方形夯土基址不断扩建的现象。

显然，IVFJT1～3处于多水环境。早期基址外侧是面积略大的池沼。中期基址外侧则被宽7米的环壕象征围绕。晚期基址外则没有水域环绕了。这不一定是基址功能与形制的改变，而是由于缺水环境，晚期政权已无力将水引到方丘的外围。《周礼·春官宗伯》："夏日至，于泽中之方丘奏之，若乐八变，则地示皆出，可得而礼矣。"总体来看，IVJFT1～3比较符合泽中之方丘的特征。

中期夯土基址中部的三个品字形碎石柱础窝，直径15厘米，从做法到直径都不可能是宫殿建筑的柱子，因此这些很可能是木质社主的基础。由于晚期基址IVFJT3是中期基址IVFJT2的扩建，不存在"亡国之社屋之"的可能性，所以三个柱础就是陶寺中期的遗存，而不是"屋之"建筑的遗构。《礼记·郊特牲》曰："社祭土而主阴气也。君南乡于北墉下，答阴之义也。日用甲，用日之始也。天子大社，必受霜露风雨，以达天地之气也。是故丧国之社屋之，不受天阳也。"可以判定IVFJT2木柱与建筑无关，那么IVFJT2建筑基址就很可能是开放式的坛台。包在IVJT2外围的晚期基址IVFJT3西北角保留高于地表的夯土台基约40厘米，几乎与IVFJT2中心平面等高，间接证明现存的IVFJT2夯土建筑也是高于地表的台体。

据此判定，IVFJT1～3大约都是没有屋顶和墙的方坛，此所谓"天子大社，必受霜露风雨，以达天地之气"。周围多水的微环境，使之成为"泽中之方丘"。其位置设计在中期大城外北部即"国之北郊"，就阴位，此乃"社祭土而主阴气也"。

从更大的环境背景看，中期大城西北角中梁村一带可能是发达的农业聚落，应有宽阔的土地。祭祀土地神祇的地坛设在城外西北，靠近中梁村的农业聚落和大片的农田，在观念上更加贴近。

据上述分析，我可初步判定IVFJT1～3是陶寺城址早期至晚期的"泽中之方丘"，即祭祀地祇的社坛。那么陶寺城址外西北部大量夯土基址集中区，应当是一个与地祇有关的祭祀功能区，占地位，近泽方。

3. 正南为山位

陶寺城址正南有山尾，离陶寺城址最近，约2～3千米。《周易·说卦》："艮，止也。……艮为山。"《释名》："艮，限也。"将这些意思综合在一起，山尾是山止处，山限于此，也可以说山尾为艮。因而陶寺以正南为山、为艮。

4. 正北为泽位

根据"山泽通气"的原理，山在正南，泽应在正北。陶寺城址正北有南河故道。Q4北段沿南河部分常见碎石素填土筑城墙段，碎石素填土墙用淤泥掺碎石夯土而成，密实度为1.9吨/立方米，具有很高的隔水效能。桃沟大断面上，碎石素填土城墙叠压在夯土城墙外侧[23]，显然是为了保护夯土墙体不受水浸泡而做的隔水墙体。这从侧面反映陶寺城址正北外侧南河原来水量较大，甚至危及夯土墙体墙根。所以陶寺古城以正北为泽方有充足的"水源支持"。

5. 西南为火位

西南为火，由于工作少，尚未找到与其有关的祭祀遗存，或可能已毁于宋村沟。但是陶寺中期大墓IIM22墓壁南部即西南方主要放置装在箙内的三棱鹿角镞8组和木弓2张。《说卦》曰："离为火，……为甲胄，为戈兵。"弓箭属于远射的兵器。可以辅证陶寺中期以西南为火、为离。

6. 东北为水位

东北为水、为坎、为沟渎、为月。陶寺城墙东北段外侧有南河故道河槽，当时可能没有今天这样深阔，但是为常年有水的浅河槽还是很有可能的，因而不论为水、为坎还是为沟渎都十分贴切。

旁证材料仍见于中期大墓IIM22，在其北壁即东北方的壁龛和壁根，集中摆放彩绘陶器，组合为小口折肩罐1对、圆肩盖罐1对、双耳罐1件、大圈足盆1件、簋（实际形似巨号的双錾酒杯）、浅腹盆等，这些器物在陶寺多属水器。

陶寺文化早中晚期陶扁壶数量都十分巨大，作为专用于背水的汲水器，从侧面反映出陶寺古城以缺水为主要缺陷。故陶寺中期宫殿区设在中期城址内的东北水方，在客观上是靠近南河，取水方便；在观念上，不论是水方还是泽方都与水有关，宫城靠近这两方都在认知上是对陶寺古城缺水环境的补偿。在陶寺人的认知观念中，缺水为旱。旱因重阳。《春秋繁露》："汤，天下之盛德也，天下除残贼而得盛德大善者，再是重阳也，故汤有旱之名。"重阳不吉，需用水、泽之间重阴之位以中和，以水厌火，阴厌阳，以致雨，以除旱。

7. 正东雷位

正东为雷、为帝、为震、为龙。《说卦》所云"帝出乎震""震，东方也"，何谓"帝"也？或可谓天神，或可谓人祖神。

《礼记·曲礼》："措之庙，立之主曰帝。"正义曰："措之庙，立之主者，措，置也。王葬后，卒哭竟而祔，置于庙，立主，使神依之也。"《孝经·圣治》："昔者周公郊祀后稷以配天，宗祀文王于明堂，以配上帝。"《礼记·表记》："粢盛秬鬯，以事上帝。"《诗经·商颂·长发》："有娀方将，帝立子生商。……帝命不违，至于汤齐。汤降不迟，圣敬曰跻。昭假迟迟，上帝是祗。帝命式于九围。"《诗经·大雅·大明》："维此文王，小心翼翼。昭事上帝，聿怀多福。"

可见，人死后其在宗庙中的庙主（牌位）可称为"帝"，依附在庙主"帝"上的死者的魂灵就是"上帝"。这个人祖神"上帝"，最终超越了具体的家族祖先神，成为整个社会所共同崇拜的个人祖神。他掌管着福祸和国祚，抢夺了原来天神的部分能力，俨然是一个与天神并立的至上神。祭祀人祖至上神"上帝"当在宗庙，用郁鬯。《小屯南地甲骨》723条记载："来岁帝其降永，在祖乙宗。十月卜。"[24]至少在商代晚期，商王在宗庙祭祀祖先降帝神。

胡厚宣先生曾经指出："武丁时帝为天神专称。至廪辛康丁以后，人王亦称帝，如帝甲、文武帝，帝乙、帝辛是，且或以帝字代王而自称。"[25]

然而，在绝大多数民族的信仰中，天神是无形的自然至上神，而商代的帝是有形的（庙主），所以"武丁时代帝为天神专称"难合逻辑。实际上，所谓"武丁时代的帝"就是《小屯南地甲骨》723条中的"帝"，都未确指某一先王。《商颂·长发》中"帝立子生商"正是因为"有娀氏女简狄吞燕卵而生商契"，契只知其母而不知其父，故无从追寻商契之前的父系祖先神，总名之以"帝"，最合适不过。这些恰好说明武丁时期及其以前"帝"的本义，泛指人祖至上神。至于廪辛以后人王被神话成为人祖至上神而已，并不妨碍对"上帝"本义的正确理解。而在商代晚期，天神与上帝仍是两个不同的概念，《史记·殷本纪》："帝武乙无道，为偶人，谓之天神。与之博，令人为行。天神不盛，乃僇辱之。为革囊，盛血，仰而射之，命曰'射天'。"这段记载说明，其一，天神本无形，故帝乙可随意为形，或为偶人，或为革囊。其二，帝乙再荒淫无道，他也只敢辱天射天，而绝不敢辱帝射帝，且他自己的祖先皆谥称"帝"抑或自己生称帝，若天与帝同，岂不是自辱先祖？难合逻辑。

足见，王族的人祖至上神为"帝"。尽管陶寺早中期的祖庙可能并不在大城的东部，但是中期小城北部即大城外侧东部是中期掌权的"王族"墓地，是先王先帝的灵魂居所，也与帝有关。故陶寺城址的东方为雷、为帝、为震。墓地原属于鬼，本应置于西北"地"方，但因地、泽之间属于重阴，鬼于重阴则不吉，故陶寺古城统治阶级家族墓地设在东方雷位，以阳厌阴，另还使其先祖灵魂更接近"天"方。

此外，假如允许上古时期"正朝夕"法找正方向有不足1°的误差，则陶寺观象台基址东8号缝中线方位角89°06′21.7″（不含磁偏角），十分接近真方向正东90°，仅差53′38.3″，几乎就是真方向正东。《周易·说卦》云："帝出乎震。……万物出乎震。震，东方也。"如前所述，《礼记·曲礼》："措之庙，立之主曰帝。"此言祖庙中祖先神所依托的牌位或偶像称为帝。《大作大中簋》铭："唯六月初吉丁子（巳），王在奠（郑），蒐大历。易（赐）刍（犓）牛骍牺，曰：'用啻（禘）于乃考'。"[26]显然，禘礼祭祀灌禘对象是祖考祖先神。由此认为"帝"最初本义就是"人祖至上神"，是祖先崇拜的对象。清明节是一年中最大的祭祖上坟宗教节日，陶寺观象台8号缝中线对正东，3月28日日切标志清明祭祀的开始绝非偶然巧合，很可能是"帝出乎震"的宇宙观的指导下的宗教仪轨使然，在观念上认为以帝为表象的祖先的灵魂，出行始自正东。因此，陶寺观象台基址以东8号缝3月28日日切作为清明祭祖节日标志，是有深刻的宇宙观的支持的。

8. 正西为风、巽、工

《周易·说卦》说巽为风、为工等。根据考古钻调查、钻探、发掘，陶寺城址宋村以及城西沿今宋村沟东岸一带主要分布有手工作坊遗址[27]，以石器加工业和制陶为主。

另一个旁证就是中期大墓 IIM22 墓室内西壁的 20 片猪。《尔雅·释天》："祭风曰磔。"郭注云："今俗当大道中磔狗，云止风，此其象。"《说文》："磔，辜也。"段注："凡言磔者，开也，张也，剖其胸腹而张之，令其干枯不收。"《周礼·大宗伯》说："以疈辜祭四方百物。"按《说文》："副，判也。从刀畐声。《周礼》曰疈辜祭。疈，籀文副，从畐。"《说文》又云："判，分也。从刀半声。"可见，疈辜是一种祭祀，将动物一劈两爿，支撑开风干，也可称磔。除了《周礼·大宗伯》说疈辜可用以祭祀四方百物外，《尔雅·释天》还明确指出可祭风。IIT7254M22 墓室整个西端随葬了 20 片从头到尾纵向劈开的猪疈，并用小木棍支撑，每片猪肉的肋骨都用刀横砍一道，以使肉片平整，与《大宗伯》所说的疈辜几乎完全一致。猪疈放在 IIM22 西端，以墓室西南角即正西方最为集中，可能与陶寺磔辜、疈辜祭祀风神的信仰有关。这可以佐证陶寺文化以西方为风方。

综上所述，陶寺都城选址的初衷便考虑到微地貌环境符合陶寺文化对于都城宇宙方位的设计要求。陶寺成为都城选址的不二之选。

在陶寺人的头脑中，符合宇宙观方位的都城规划设计，顺应宇宙的自然与超自然的法则，是确定都城长居久安、政权的长治久安的根本精神保障，同时还是王权的正统中心地位与等级制度的合法性的理论依据。

第三节　陶寺都城选址的政治因素推测

前文从地理环境和宇宙观因素的角度，介绍了陶寺都城选址的基础条件。可以初步判断陶寺都城遗址的选址在当时的地质地貌、山川形式、水土条件、气候微环境方面，都是比较理想的，农业生产与手工业，特别是石器工业，可能也是选址的考虑重要因素，但自然资源与水路交通便利，不是决定因素。塔儿山主峰"祖山"和宇宙观"八卦方位"都城规划模式是陶寺都城选址的关键因素。

不过，就都城选址理想生境和"祖山"、符合宇宙观八卦方位微地貌这几个关键因素而言，在临汾盆地范围内，陶寺并非具有唯一性，类似符合上述关键因素的地点还有，也就是说汾河以东、塔儿山山脉以西山前向汾河河谷过渡的黄土塬，可以找到另外适合的都城选址地点，并非唯有陶寺符合。

陶寺具有都城选址排他的优势，就是四千年前3月16日和10月30日观测塔儿山主峰日出的观测点，落在陶寺，这使得都城选址落在陶寺成为唯一性。而陶寺都城的塔儿山主峰日出观测，整体上是纳入陶寺观象台地平历系统的，陶寺地平历历法除了判定四季节点、时令变化、农时、宗教节日之外，观象授时行为与郊天祭日"国祭"，都属于王权的重要组成部分，也就是为陶寺邦国政治统治服务。都城规划宇宙观模式的最终目的也是为了维护王权的正统与邦国稳固，同样也是为邦国政治服务。正如钱耀鹏先生所指出的那样："包括早期城市在内的史前城址，基本都是在秩序化以及等级化这些政治因素的主导下规划设计的，集中体现着社会政治的秩序化和等级化程度，几乎看不到丝毫以经济因素为先导的规划设计思想。"[28] 有必要从政治因素的角度，推测陶寺都城选址决策的核心因素。

1. 陶寺邦国政权的来源

陶寺邦国是陶寺人建立的，若要分析陶寺邦国政权的来源，就必须从陶寺文化的来源入手。

从考古学文化谱系的角度说，陶寺文化的主体是从晋南运城盆地庙底沟二期母体中诞生出来的，黄河中游地区的仰韶文化、庙底沟二期文化无疑是陶寺文化的根基。

根据考古学文化因素分析方法，可以将陶寺文化早期文化因素与以山西垣曲古城东关遗址[29]为代表的庙底沟二期文化晚期文化因素对比，与庙底沟二期文化晚期相同者定为"庙底沟二期文化晚期典型因素"，将陶寺文化早期所见庙底沟二期文化晚期的变体因素定为"变体因素"，将陶寺文化早期独特的文化因素定为"个性因素"，将陶寺文化早期根本不见的庙底沟二期文化晚期典型因素定为"摒弃因素"。

各种因素都按器物类型的数量统计。变体因素因为是庙底沟二期文化晚期因素的变体，所以将其比重一分为二，平分追加给庙底沟二期文化晚期典型因素和个性因素。而后将个性因素、摒弃因素合并，最后看典型因素和非典型因素（包括个性因素和摒弃因素）哪类因素占主导地位。

另外，根据笔者提出的考古学文化因素类别的四个层级，日常生活陶器是最基础的层级，反映文化变迁最敏感[30]。需要指出的是，冥器应主要反映丧葬制度，属于第三层级的"精神领域"，本不是最基础的层级。然而，具体到陶寺文化早期大中型墓葬随葬的器物如斝、鼎、灶、单耳罐、陶鼓等，均为实用器；龙盘、彩绘折肩罐、彩绘大口罐、盆、折肩壶、豆等虽为低温陶冥器，但是在居址[31]和宫城内生活垃圾[32]里均可见到与其形制相同的实用器，故均视同于"日用陶器"而归入"最基础的层级"。彩绘折肩瓶为冥器[33]，居址几乎不见，归入第三层级意识形态领域，具有变化慢、易传播和易被其他社会上层借鉴等特性，在判断文化因素时的准确性不如日用陶器，因此这类陶器虽可以归入异质性因素，但比重要折半，不能与日常陶器所表现出来异质性等量齐观。

据上述理论分析，陶寺文化早期具有庙底沟二期文化典型因素约占 17.98%，其中包括垣曲东关的 AII 式鼎、小口折肩罐、B 型斝、AI 式釜灶、AII 式高领罐、B 型高领罐、C 型缸、双耳（大口）罐、小口圆肩罐、BII 式宽沿盆、大敞口盆、CII 式敞口盆、I 式单耳杯、CII 式双錾盆（甑）、C 型单耳罐等 [34]。

陶寺变体因素即庙底沟二期文化晚期典型因素变体约占 7.87%，其中包括东关的 B 形鼎、AI 式斝、折腹盆、A 型单耳罐、D 型敞口盆（盘）、B 型甑等。

陶寺早期独特的个性因素约占 24.72%，其中包括深腹斝、罐型斝、盆型斝、扁壶、三足缸、折腹罐、宽沿豆、深腹盆、鱼篓形罐、敛口灶、折腹单耳罐、陶鼓、折肩壶、素面单耳罐、敛口钵、碟、折沿盆等。尽管陶寺大墓里出土的龙盘的彩绘图案不见于庙底沟二期文化晚期遗存，但是龙盘的形制却见于庙底沟二期文化晚期，因此也归入变体因素。

陶寺文化早期根本不见的庙底沟二期文化晚期典型因素即摒弃因素占 49.43%，它们是圜底盆形鼎、圜底罐形鼎、平底盆形鼎、小杯、高领罐、夹砂深腹罐、敞口盆、假圈足盆（碗）、擂钵、深腹盆、三足盆、器盖、折沿豆、陶箅、小瓶等 [35]。

将变体因素折半分别追加给均质性因素和个性因素，最后将 II 因素个性、摒弃因素合并，共占 78.09%，庙底沟二期文化晚期典型因素约占 21.91%。因此，陶寺文化早期遗存与庙底沟二期文化晚期典型类型相比，的确是小同大异，相似性仅占 21.91%，相异性可达 78.09%，应属于陶寺文化，而不属于庙底沟二期文化范畴。陶寺文化早期遗存是从庙底沟二期文化母体中分离出来并结合其他文化因素而独立发展的一个新文化。

通过考古学文化因素分析，有理由推断陶寺邦国的主要人群是从运城盆地分离出来的一枝，北上进入临汾盆地，独立发展起来一枝考古学文化。陶寺文化北上与故乡母体文化庙底沟二期文化的分裂，在很大程度上源自政治分裂。陶寺文化早期出现的许多王权政治的物化表现特征，比如宫城、王墓、彩绘龙盘、陶鼓、鼍鼓、石磬、厨刀等，在运城盆地庙底沟二期文化中基本不见。也就是说，陶寺都城的选择与开创者，出于政治独立的目的，从原母体政体（很可能以垣曲东关为中心聚落）中分裂出来，北进临汾盆地独立发展。

2. 王者居中的政治选择

陶寺都城的开创者，之所以北进临汾盆地，不仅为了脱离母体政体的固有政治势力的桎梏，更为了贴近晋陕高原与内蒙古南部的石峁邦国，有借势的倾向。因为石峁邦国的实际控制前沿就在晋中地区，霍州以北杏花村类型即是。

而陶寺中期王墓IIM22出土的圭尺上第11号刻度长度为39.9厘米，即40厘米，折合陶寺1.6尺，该数据保留在《周髀算经》中，是晋南地区史前时期"地中"的标准夏至晷影刻度。经天文学史家计算认为，1.6尺夏至晷影是在晋南地区垣曲地区实测的数据。这意味着陶寺都城的开创者，秉承着垣曲盆地老家的夏至晷影作为正统的"地中"衣钵，北进临汾盆地，按照"地中"夏至晷影1.6尺的标准，进行圭表测量，寻求所谓的"地中"[36]。

寻找到陶寺这个地方，首先满足3月16日和10月30日塔儿山主峰日出观测点要求，同时满足"八卦宇宙模式"微环境和比较理想的地理条件，而测量的夏至晷影为1.69尺，不能再向北进，否则便超过1.6尺地中标准晷影的误差范围了。于是，陶寺便作为新的地中，成为陶寺邦国都城选址，保证"王者居中"正统观念的实现。

之所以强调王者居中，就是因为在古人的认知里，地中与天极是对应的，唯有这里才是人间与皇天上帝交通的孔道，正所谓"绍上帝""上下通也"。王者独占地中，实质上就是绝他人通天地的权利，垄断与上帝沟通的宗教特权，从而达到"独授天命""君权神授"合法化和正统化的政治目的，将宗教意识形态转化成王权政治意识形态，后来发展成为所谓的"中道"。王者只有逐中、求中、得中、（独）居中，在地中建都立国，才能名正言顺地受天命，得帝祐，延国祚，固国统。无怪乎地中或中土成为群雄逐鹿、八方向往的中心，这里是王基所在，国祚之源。

通过上述分析可以看出，陶寺都城选址的动因主要是陶寺都城的开创者出于政治独立的目的，北进临汾盆地谋求独立发展邦国政体。在符合地中夏至晷影 1.6 尺允许的误差幅度内，确定塔儿山主峰 3 月 16 日和 10 月 30 日日出的观测点，同时符合"八卦宇宙模式"微环境，最终确定地中。这一系列"寻中"选址的行为，围绕着最核心的目的，就是统治政权的正统性——顺应宇宙的法则"道"。唯有陶寺符合上述所有的关键因素，陶寺成为新政权都城的不二之选。

第四章

陶寺早期都城遗址

第一节　早期都城遗址概况

据考古发掘与研究，陶寺早期都城遗址由宫城、外城或称"下城"构成，总面积大约 20 万平方米。宫城东、西两侧为普通居民区。东部普通居民区的东侧为仓储区。早期王族墓地位于宫城的东南部。遗址的北端为祭祀地祇的"地坛"（图八）。陶寺早期遗址面积大约 160 万平方米，年代为至少距今 4 300～4 100 年，是当时中国境内名列前茅的超大型遗址。

如果考虑到陶寺都城选址的初衷，陶寺郊天祭日的天坛应该在早期已启用。遗憾的是目前未能找到陶寺观象台始建于陶寺早期的直接证据。因而，暂且按照最保守的估计，陶寺早期都城遗址总面积为 160 万平方米。

陶寺早期都城遗址虽然有宫城与"下城"两座城圈，但是下城的北墙借用了宫城南墙，因而城址整体形态呈"曰"字形。由于早期城址没有外郭城，因此，即使陶寺早期确实存在宫城与下城两座城圈，它也不是典型的"宫城—外郭城双城制"。显然，陶寺早期都城遗址在城墙的制度方面尚处于探索阶段。城墙保卫的核心是统治集团，包括王室与贵族。

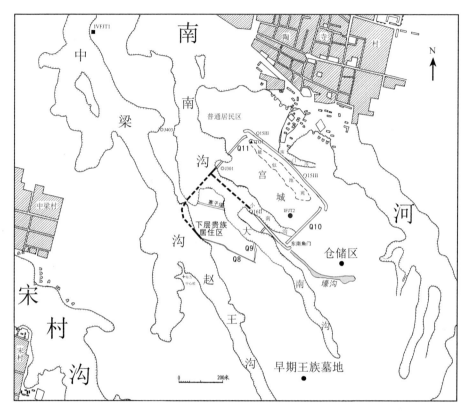

图八　陶寺文化早期遗址平面图

第二节　早期宫城

宫城位于遗址的中部偏北。陶寺文化早期，宫殿区确立之后，首先用堑壕将宫殿区围护起来，平面呈长方形，方向225°。南北约270米，东西470米，面积近13万平方米。据了解，宫城东北角、东南角各有一个结构复杂的曲尺形生土过道式角门，南墙偏东处有一座早期的礼仪性门址。

一、早期宫城围壕与城墙

陶寺宫城城垣由北墙Q15、东墙Q10、南墙Q16和西墙Q11构成。建筑方法

Q15I陶寺晚期基槽

Q15II陶寺中期基槽

Q15III陶寺早期基槽

图九　陶寺宫城北墙 Q15 沟墙基础剖面

是在底部填 1～2 米厚的土，然后其上再打夯土基础（图九）。早期沟槽现存开口宽 7～12 米，个别残宽 5 米左右，底宽 3.5～4 米左右，残深 1.5～5 米左右，复原深度 8～9 米。

根据考古解剖情况判断，陶寺宫城最初并没有城墙，仅设计为环壕，故而深可达 9 米，以达到阻隔外人随意进出宫殿区的目的。据环壕底部基本不见淤土推测，环壕平常并无积水。

需要指出的是，宫殿区的南壕在早期最初一个阶段与来自遗址东南部的一条人工渠相连通，可能在一定程度上起到了给宫殿区南部供水的功能。

陶寺早期宫殿区环壕使用期间，其局部沟壁上还有窑洞式房子、炮炙炉等使用遗迹，证明环壕确实曾经开放过一段时间，而并无墙体。

但是，当陶寺早期略晚一段时间内，陶寺早期下层贵族居住区被用城墙保护起来成为"下城"，并计划借用宫殿区的南壕沟作为北墙，陶寺宫殿区环壕就必须填平并起墙，封闭成为真正的"宫城"。

实事求是地讲，宫城沟墙的所有解剖处均未发现地表以上的夯土墙体。基槽沟底的下部，一般填充 1～2 米的填土，填土之上再版筑夯土。夯土质量大多数不高，许多夯土层夹杂灰土甚至较多陶片。于是，部分专家认为，陶寺宫城只有环壕，没有夯土基础，更没有地表以上的夯土墙体。理由是沟槽过深，完全超过了墙基槽的深度需求；所谓夯土质量太差，更像是沟中堆积；没有地表以上墙体的证据[1]。

发掘者认为，宫城防御系统最初是环壕，后来环壕被回填，再作为宫城城墙的夯土基础，地表以上应当是有夯土墙体的。理由一是陶寺宫城墙槽内的夯土版块清晰，与沟内垃圾堆积和淤土自然堆积有明显区别；理由二是陶寺早期外城即下层贵族居住区的东墙 Q9 是接在宫城南墙 Q16 上的。

为了解答上述分歧，发掘者首先对陶寺宫城基础里的夯土进行了密实度测试。2017 年陶寺宫城基槽夯土及生土采样和测试工作由谢礼晔博士承担。采样的地点集中在陶寺宫城东墙 Q10 的解剖段和宫城南墙 Q16 在东南角门部位拐角的基槽内。采集到 54 个夯土有效样品、3 个淤土和 5 个生土样品。

从检测数据分析来看，真正超过生土密实度的夯土样品只占夯土样品总数的16.67%，剩下的 83.33% 的夯土样品与生土的密实度区别不大，其中甚至有 11.11% 的夯土样品密实度达不到生土的密实度。有 14 个夯土样品的密实度甚至低于淤土最低密实度 1.28，占夯土样品总数 25.92%。有 22 个夯土样品的密实度与淤土基本接近或相同，占总数的 40.74%。

足见，原来认为干密度超过生土的夯土特征判别标准是行不通的。夯土的干密度与淤土没有多大的区别。那么判断夯土的标准，还是要看版筑或夯打的痕迹。好在陶寺宫城基槽内的夯土版块比较清楚，因此，可以认为基槽内上部填充的是夯土。但是，陶寺宫城基槽内夯土的干密度为何绝大多数与生土和淤土差别不大呢？

从行为上看，陶寺宫城城墙基槽内的夯土属于人工垫土，有工程学上的行为意义，而不是随意填沟的堆积。其干密度低，首先不能也不想解决地表以上墙体荷载问题，那就必须考虑陶寺城址所处的生土地基性质了。

陶寺城址坐落在山西的临汾盆地、汾河以东塔儿山山前的高阶地黄土塬上。生土地基土质为第四纪新近沉积黄土，土质松散，压缩性高，湿陷性不一，可在一定压力作用下受水浸湿，土结构迅速破坏而发生显著下沉，被称为湿陷性黄土。这类黄土多为自重湿陷性黄土，厚度多在5～10米，湿陷等级以II～III级为多，对工程建设有一定的危害[2]。陶寺宫城城墙基槽内的人工地基处理有出于消除黄土湿陷的目的，首先考虑的是消除附加压力所造成的湿陷。因为要消除附加压力，必须做基槽换土填充处理，由此产生垫土自重压力[3]。因此，这一系列因果逻辑关系表明，陶寺城墙基础上应该是有墙体的，有可能陶寺城墙墙体材料就是土坯，且土坯墙体还可以只垒砌挡土墙，中间填杂土，墙总厚度达4米左右，在当时是很难在短期内攻破的。

在以往的陶寺发掘中，经常在陶寺晚期灰坑和灰沟垃圾，甚至文化层堆积中发现所谓的"夯土块"，有些可能就是土坯残块。2002年陶寺早期外城南墙东端Q8发掘解剖时，在IT3402窖穴IJX7内堆积层第⑥层表界面上发现一大块倒塌的土块，很可能就是土坯墙的倒塌残迹（图一〇）。

目前，陶寺宫城内核心建筑基址——陶寺晚期大房子IF37门口残留了一块形态完整但被压扁的土坯，长32、宽15、残厚1～7厘米。IFJT3基址清理过程中，曾发现较多的见棱见角的红烧土块，原本以为是夯土块失火被烧烤，现在来看，大约是过火的土坯残块（图一一）。

二、宫城城门

陶寺宫城的东北角门和东南角门是陶寺宫殿区环壕构筑时便设计预留的曲尺形生土过道，宽度大约4～5米。其防御功能比较明显。

1. 东南角门

陶寺宫城东南角门基本揭露完整。

图一〇　陶寺遗址 IT3402JX7 ⑥表界面"墙面"残块

图一一　陶寺遗址 IFJT3 出土的疑似过火土坯残块

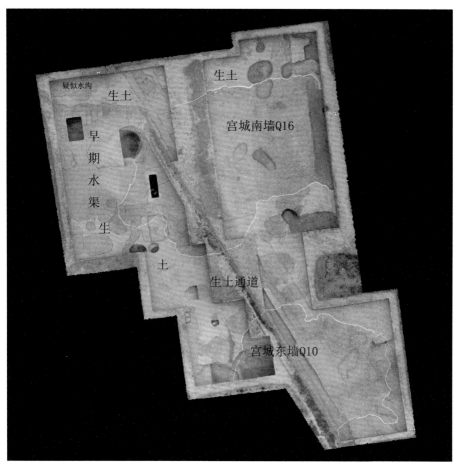

图一二　陶寺宫城东南角门平面基址（上为南）

　　东南角门的宫城南墙东端将原来的早期水渠封堵，筑成曲尺形墩台拐角（图一二）。生土过道的北侧为宫城东墙的南端，是在陶寺中期才增建的内墩台。

　　陶寺宫城角门的这种形制设计并非陶寺文化首创，早在姜寨遗址围壕的东出入口上即可见到类似的结构。

2. 宫城正门南东门

　　陶寺宫城的南门仅保留了偏东的南东门（图一三），正中的南正门和偏西的宫

图一三　宫城南东门全景（上为北）

门如果原来确实存在的话，现在也被大南沟所侵蚀掉，而了无踪迹。

　　宫城南东门始建于陶寺早期，原在环壕期并无此门，大约是建筑宫城南墙时增建的，并另行开挖门阙基槽，墙体与宫城南城墙相接。根据地层单位叠压打破关系判断，宫城南东门在陶寺中期被废弃，原因不明。陶寺晚期偏晚，陶寺政权昙花一现复辟时曾经复建，最终再次被夷为平地。

　　陶寺宫城南东门位于南宫墙 Q16 的偏东处、正对核心建筑 IFJT3 的部位，带有东西两阙基址，平面如同一对足尖外撇的靴子，中间为宽 4～5 米的甬道[4]。甬道被陶寺晚期灰坑严重破坏，仅留有孤岛状残片，厚约 40～50 厘米，大约有 5 层路土（图一四）。

　　打破陶寺宫城南东门东阙基础的陶寺晚期大灰坑曾出土过大柱础石。据此推测，南东门东阙至少在陶寺晚期时，地表以上的阙台之上是有阙楼的。

图一四　陶寺宫城南东门甬道残留的路面

陶寺宫城南东门形制颇类东周时期曲阜鲁国都城南东门。已有学者对中国古代都城门阙遗址的形制与制度做过很好的学术总结，认为中国考古发现最早的门阙实例为东周曲阜鲁故城的南东门，属于 A 型阙门[5]。有学者认为，殷墟乙二十一建筑基址为宫殿区门阙建筑，是当时所知最早的门阙建筑[6]。然而，殷墟乙二十一建筑基址即便是"门阙"，也是汉代独立门阙即 B 型阙门之先河。早于东周曲阜鲁国都城东门、晚于陶寺宫城南东门的例子，是河南新郑望京楼商城东一城门，实际上是一座向内"凹"的反向门阙，阙与墙体相联属[7]。可见，陶寺宫城南东门阙的发现，将宫城高等级礼仪性门阙制度的先河推到了陶寺文化早期。陶寺宫城南东门是中国考古发现最早的成型的阙门，属于部分学者分类的 A 型阙门。北京故宫的午门，就是这类宫城门阙保存至今的实例。

三、早期"凌阴"

经局部解剖发现，陶寺宫城内最大的核心建筑基址 IFJT3 的北部有一部分始建于陶寺早期，后被陶寺中期夯土基址覆盖。IFJT3 上局部残留有陶寺早期的白灰面半地穴式单间大房子。遗憾的是，陶寺中期时其破坏过于严重，看不到完整的房子形态与布局。因此，陶寺早期的宫殿建筑目前阙如。

但是，2002～2003 年曾经发掘过一个陶寺早期的坑状建筑。它被叠压在陶寺中期 IFJT3 夯土基址下，确切说是被 IFJT3 中期夯土填埋，可能是陶寺早期宫殿的附属建筑——凌阴。

该基址位于陶寺宫城内东部，大约呈长方形坑状，经钻探长约 29、宽约 12、深 9 米，总面积约 348 平方米。坑中心有长方形储冰池。储冰池内有木桩栈道便于冰块的存取。栈道连接冰窖南侧之字形夯土坡道。顶部原来很可能有草拌泥顶盖顶，用于保温（图一五）。

若将陶寺 IFJT2 作为凌阴建筑，附属于陶寺文化早期宫殿建筑在背景关系上更为合理，与陶寺城址早期宫殿区的宫廷生活方式也更加匹配。纳冰，是大贵族才能享受的生活和祭祀特权，是大贵族奢靡生活方式的重要组成部分，涉及祭

图一五　陶寺早期凌阴建筑基址 IFJT2（西视）

祀、丧葬、宴宾、食品保鲜等领域，因此凌阴建设才引起陶寺统治者的高度重视。《周礼·天官》记载："凌人掌冰，正岁十有二月，令斩冰，三其凌。春始治鉴。凡外内饔之膳羞，鉴焉。凡酒浆之酒醴亦如之。祭祀，共冰鉴。宾客，共冰。大丧，共夷槃冰。夏颁冰，掌事。秋，刷。"足以反映出制冰和储冰这种宫廷生活中特殊的水资源利用方式所拥有的仪礼意义。两周时期所形成的这一制度，陕西凤翔秦雍城的东周时期凌阴建筑[8]，河南郑韩故城的战国时期大型凌阴建筑[9]，可兹为证。制冰储冰的制度很可能有更早的先河。河南偃师二里头一号宫殿基址主殿背后的所谓"大墓"H80，很可能是一处旱井[10]，原本用于藏冰。

《礼记·月令》曰："季冬之月……冰方盛，水泽腹坚，命取冰。"杜金鹏先生推测偃师商城宫内池苑冬季结冰，可以取冰纳于大水池南侧的"凌阴"当中。陶寺早期宫城内北部的池苑，在季冬之月，水泽腹坚，也很方便凿冰，纳之于池苑南侧的凌阴。

第三节 早期"下城"

一、早期下城城墙

陶寺早期下城由东墙 Q9 和南墙 Q8 构成，北墙借用宫城南墙 Q16，西墙尚在探索中。早期外城围护的下层贵族居住区，面积大约 10 万平方米。

下城东墙 Q9 基础残长约 567 米，宽 4～8 米，残高 2 米左右，兴建并使用于陶寺文化早期偏早，兴建前没有清理地基，于是保留了淤积层第⑨层。与 IT3402Q8 建筑基础处理技术不同，IT3404-IT3504Q9 没有做基槽，而为平底起建，采用了"直立挡土墙式"建筑技术，使用平夯方法建筑而成（图一六）。这种省时省料、因地制宜的"直立挡土墙式"建筑技术在现代工程建设中仍被普遍采用[11]。陶寺当地今天仍普遍将其用于梯田地埝的修补，土话称"帮埝"，就是在生土陡坎外侧包筑直角梯形夯土墙。陶寺早期城墙已广泛使用帮埝式墙基础技术，不需要挖

图一六　Q9 剖面

图一七　IT3402Q8 剖面

墙基槽，大大减少了工程量，再于帮垛式墙基础之上，建筑地表以上城墙墙体，足见陶寺夯土建筑工程技术的先进性与科学性。

早期下城南墙 Q8 基础残长约 274 米，西端被中梁沟冲断，宽 4～8 米，残深 2 米左右，兴建并使用于陶寺文化早期偏早，残存部分从基坑底部至保存地基顶部最高 2.95 米。基槽部分堆积较为松软，有大块生土。墙体夯层为平夯技术，夯层明显，厚 5～45 厘米，一般厚 15 厘米。夯层均由两侧向中心略微倾斜。基槽部分夯层堆积倾斜度较大，有较大的起伏（图一七）。

值得指出的是，下城东、南城墙基槽宽度明显窄于宫城城墙基槽，深度也远不及宫城城墙基槽，可以从侧面反映出陶寺宫城城墙的基槽最初并非用于建筑城墙，而是用于环壕防御，后变更用途为宫城城墙的基槽。

下城的城墙基础夯土质量不高，地表以上也未见墙体，故推测也当为土坯夹心墙体。

二、下层贵族居住址

陶寺早期下城范围内，已探出面积较大的夯土建筑多座。其形制简单，多为正方形或长方形。该外城内，建筑相对周匝密集，房子周围灰坑环绕，打破关系复杂。居住环境相对较差，等级似乎不高。但是，大型基坑的建筑方式、相对考究的白灰面房子表面处理、有最大白灰面的浅半地穴式单体房子和双连间房子，以及小区内和 IT2017F9-F11 周围灰坑里浮选出弥足珍贵的大米粒等信息，都说明该区的居民不是普通的平民，而更有可能是早期小城外东南 600 米远的早期墓地中丙种中型墓和甲种小型墓的主人，即下层贵族。

IT2017 解剖的房子 IF9-F11 年代为陶寺文化早期，基坑为长方形，总面积为 300 平方米，中央是两间并列的半地穴式圆角方形房子 IF9-F11，可能是一套双连间的房子，边长各 5 米，两间室内总面积约 50 平方米（图一八）。房子周围有踩踏面，似为主人活动的院子。

图一八　陶寺下城内下层贵族住宅 IF9-F11（西望）

第四节　早期王族墓地

一、早期王族墓地的概况

陶寺早期王族墓地是指 1978～1985 年发掘的大型墓地，位于陶寺宫城以南 600 米处，钻探总面积约 4 万平方米。经钻探，该墓地估计有墓葬近万座。实际发掘 4 926.76 平方米，在发掘区内发现墓葬 1 379 座，清理 1 309 座。其中一类大型墓葬，即相当于王墓者仅有 6 座，均属于陶寺早期[12]，因此我们称之为"陶寺早期王族墓地"，以便同陶寺中期外郭城东南部外城内的"陶寺中期王族墓地"相区别。

考古报告将早期王族墓地定性为家族墓地，使用时间为陶寺早期和晚期，未能分辨出中期墓葬。其中绝大部分墓葬不出随葬品，给分期断代带来极大困难。报告根据 42 座出土陶器墓的器物类型学组合分析，将其分为六组，一至五组为陶寺早期，六组为陶寺晚期[13]。没有能够辨别出陶寺中期的墓葬。然而，陶寺遗址的居址是早、中、晚期连续的，陶寺早期王族不可能只在早期和晚期有人去世，而中期没人去世。自陶寺中期开始，早期王族可能失去了统治陶寺政体的王权，整个家族社会地位衰落，绝大多数人沦为普通居民，因而该墓地里的中期墓葬应该隐藏在那些无随葬品、没有地层叠压关系的墓葬中，因而无法分辨出来。

另一方面，1978～1985 年陶寺遗址发掘过程中发现的陶寺中期遗存很少，当时对于陶寺中期陶器的特征形态认识十分有限，也造成了判断中期墓葬的困难，即便是极少数陶寺中期陶器墓，也因对中期陶器特征把握不全面，而难以辨识。

1999 年至今，随着陶寺遗址持续发掘，陶寺中期遗存大为丰富，使得我们对陶寺中期陶器形态特征的认识大大加深，重新审视陶寺早期王族墓地的陶器墓，可辨识出部分陶寺中期的墓葬[14]（后详）。所以，所谓陶寺早期王族墓地实际上早、中、晚三期均在使用，与居址的使用时期同步。

二、墓葬的等级再分析

贵族与平民墓葬的等级差别早在陶寺文化之前便已经出现，如崧泽文化中期东山村墓地[15]、庙底沟文化灵宝西坡墓地[16]、良渚瑶山和反山墓地与平民墓葬[17]等，但是陶寺王族墓地的丧葬制度表现的更加突出。陶寺早期王族墓地共发掘清理了 1 309 座墓葬，其中 770 座墓葬的信息可供墓葬等级分类，发掘者通过反复细致的分析，将其分为六大类。一至三类墓还细分了若干型[18]。发掘者也坦称，这样的分类仅具有相对的合理性，只能反映墓群的概貌而已，分类越细，问题和矛盾越多。

下表根据发掘者提供的墓葬的等级划分信息（表一），忽略了发掘者划分的一至三类墓中的各型，对各类墓主的身份进行一些推测。

表一　陶寺早期王族墓地墓葬等级归类表

类别	数量/比例%	墓圹尺寸(米)	葬具	随葬品数量	随葬品基本组合	备注	身份推测	等级
一类	6 / 0.78	长3、宽2	木棺	残余10～200件	龙盘、鼍鼓、陶器、彩绘木器、日用陶器、彩绘陶器、彩绘木案等家具、红彩绘木质俎、案等家具、王石钺、成组骨匕(报告称蚌)、镞、石厨刀、斧、锛、凿、磨盘、磨棒、组合头饰和绿松石镶嵌腕饰、猪头、磨盘、磨棒、猪下颌骨等	甲型5座、乙型1座、无鼍鼓、石磬	王	一级
二类	30 / 3.9	长2.5～3、宽1～2	木棺或麻织物裹尸	20～47件	日用陶器、彩绘陶器、彩绘木器、红彩绘木质豆形器、仓形器和仓形器、骨、牙(报告称蚌)、镞、石厨刀、斧、锛、凿、磨盘、磨棒、组合头饰和绿松石镶嵌腕饰、猪头、猪下颌骨等	甲型13座、乙型7座、丙类1座、随葬陶鼓、丁类4座、无法分型5座	后妃、王室成员及高级贵族或高官	二级
三类	149 / 19.35	长2～2.5、宽0.6～1	木棺或麻织物裹尸	10件左右	玉石璧、琮、钺、刀、尖匕、削发器(报告称梳)、组合头饰和绿松石镶嵌腕饰、猪下颌骨、M2384随葬小口折肩罐和双耳肩陶瓶随葬陶瓶	甲型125座、M3296随葬铜铃归入此型、随葬猪下颌骨、4座乙型18座、丙型6座	下层贵族及普通官员	三级
四类	29 / 3.77	长2.1、宽0.7～1	木棺	1～3件	M3419随葬陶浅腹盆、双耳罐、M3106随葬陶头饰、M1268随葬石镞、其余墓葬无随葬品		?	四级
五类	254 / 32.99	长1.9～2.4、宽0.5～0.8	麻织物或草编物裹尸	数件至10余件	大多数墓葬随葬头饰或蚌指环、5座随葬工具、7座随葬玉石、骨、蚌饰、9座随葬猪下颌骨、6座随葬陶器		一般平民,包括个别"殉从"	四级
六类	302 / 39.22	长1.8～2.2、宽0.4～0.7	草编物裹尸	0			穷苦平民	五级

第一类墓葬即最高等级，为王墓，数量占770座可分等级墓葬总数的0.78%，不足1%。王生前居住在宫城里。

第二类墓葬即第二等级，墓圹规模与王墓接近，随葬品组合比照王墓缺少龙盘、鼍鼓、特磬、陶鼓等礼乐器组合，随葬品数量也大为减少。墓主身份可能为后妃、王子女、高级贵族或高官。他们可能也是王室成员，占比约3.9%。王室成员生前居住在宫城里。

第三类墓葬即第三等级，墓圹规模比第一等级王墓明显要小，随葬品也少了许多，在10件左右。随葬品以玉石礼器为主，有头饰和腕饰等装饰品，包括玉石削发器（原报告称玉石梳）[19]，缺少陶器。该等级墓葬中有两墓出土尖首圭，可能为委任官员的凭信瑞玉[20]。进而推测，该等级的墓主身份大约是下层贵族及普通官员，占比约19.35%，数量比第二等级大为增加。第三等级的墓主生前居住在下层贵族居住区。

第四类墓葬比较特殊，墓圹规模与第三类相差无几，均用木棺作葬具，却很少有随葬品，仅有3座墓葬随葬少量器物，其余墓葬皆无随葬品。该类墓葬的数量远远少于第三等级墓葬，占比约3.77%。一时难以判断这类墓葬主人的身份。由于缺乏第三等级墓葬的玉石礼器组合，很难将这批墓主归入官员行列。鉴于第四类墓葬墓圹规模比第五类墓葬大不了多少，而第五类墓葬多数随葬了一些随身佩戴的装饰品，因此第四类墓葬的等级划分可能有些勉强，故将第四类墓葬与第五类墓葬合并为同一等级即第四等级更为合适。

第五类墓葬的墓圹规模略小于第三、四类墓葬，不用木棺，但是用麻织物或草编裹尸，随葬品有数件至10余件，大多数墓随葬头饰或蚌指环，个别墓葬随葬工具、镞、猪下颌骨、陶器。可将第五类墓葬与第四类墓葬归为第四等级，其墓主身份很可能是王族的普通平民，合计占比36.76%。这些普通平民生前住在普通居民区里，同宫城里的王室和贵族居住区里的贵族官员住宅相区隔。

第六类墓葬即为第五等级，墓圹最窄小，仅用草编裹尸，无随葬品。该等级墓主身份为社会的最底层贫民，占比约39.22%，数量略多于第四等级的普通平民。

这些贫民生前也居住在普通居民区里。

陶寺早期王族墓地的墓葬制度是针对整个王族墓地而制定的。非王族的家族墓地，基本都埋葬在居址内，或住宅区的边上。经过考古钻探，这些非王族普通家族墓地一般为10～20座墓葬为一小群，迄今没有进行完整墓地的发掘，仅在普通居民区发掘过程中偶尔遇到这样的墓葬，若对比早期王族墓地的等级，大约相当于第四、五级，绝大多数没有随葬品。

诚然，无论是陶寺早期王族墓地发掘者的六类划分法还是本书的五等级划分法，都是考古学家对于陶寺早期王族墓地墓葬等级制度的合理推测，不等于陶寺文化当时社会的实际等级划分。但是，这样的划分至少有四点合理性。

其一，从本质上说，陶寺墓葬的等级制度应当是墓主生前在社会等级制度中的反映，这就是《荀子·礼论》所谓的"事死如事生，事亡如事存"。这一观念成为中国古代历朝历代的丧葬制度的指导思想，尽管后世的墓葬制度随着时间、社会、文化的变化而不断发展和变迁，然而这种指导思想没有变[21]。

其二，陶寺文化墓葬的等级制度是进入国家社会之后的墓葬等级制度，反映了社会实际阶层最大概率可划分为君王、贵族和官僚、平民三大层次。虽然商周时期除了王陵之外，还出现了方国王墓、各诸侯国的"公墓""邦墓"等新的丧葬制度现象，但终究没有超越王陵、贵族与官僚、平民三大等级制度的框架[22]。

其三，作为王墓，除了墓圹规模和棺椁制度之外，一定有王权的物化载体作为随葬品。比如陶寺早期王墓王权的物化载体随葬品是陶鼓、鼍鼓、石磬等实用礼乐器，为与先王灵魂沟通特制的彩绘龙盘[23]，排列有序的厨刀。陶寺中期王墓的物化载体从礼乐器和龙盘转变为"獶豕之牙"上政图示公猪下颌骨与列钺、次政图示"弓与矢"[24]、权柄圭尺以及圭表测量用的玉配件游标、垂悬和景符工具套[25]。后世历代王陵或帝陵，要么没有经过发掘，要么被盗一空，但是，从南京富贵山冲平陵（东晋末代皇帝恭帝）前残留的刻有"宋永初二年太岁辛酉十一月乙巳朔七日辛亥晋恭皇帝之玄宫"的碣石[26]、成都永陵（前蜀王建墓）残留的谥宝和玉哀册及谥册来推测[27]，后世帝陵内应当有明确说明帝王名号身份的文字载体。这也是帝陵的固定制度。

其四，贵族官僚墓葬中，应当随葬与其官职和身份等级相对应的随葬品。如陶寺早期王族墓地的第二等级墓 M2200 随葬立表、17 枝箭杆、18 枚骨镞（实际上有部分是牙壳质的）和 132 副猪下颌[28]。该墓墓主应当是掌握立表的天文官，地位很高。第三等级 M1700 随葬玉尖首圭、玉琮、项饰等[29]，墓主当为普通官员。前文已述，陶寺中期的中型墓 IIM26 残留的彩绘陶和"辰"字刻文骨耜，证明该墓葬当为陶寺中期的农官。

三、裸祔礼器组合

陶寺早期王族墓地里的一、二类大贵族墓葬随葬了一种高柄木豆，形制极为特别，而在其他级别的墓葬中不见。高柄木豆整体呈高柄烛台状，通高 25～50 厘米，盘径 10～20 厘米，但是豆盘深度极浅，容量极小，实心的高柄豆足在整器形体中占比很高，可以肯定没有实用承器的价值。M2018：19、M2001：76 和 M2001：75 甚至没有豆盘口沿，外观就剩木柱柄。木豆高柄皆束腰，造型优雅，特别是高柄的近上盘部均有一道凸箍或折棱。器表涂朱甚至有精美的彩绘[30]（图一九）。

学界一直未能对这种造型奇特的高柄木豆的功能进行令人信服的解释，仅仅推测其礼仪价值大于实用价值[31]，称为"木豆"只是无奈之举。仅从高柄木豆的形制本身出发，已无法参透其实际功能，但若从高柄木豆在墓葬当中的考古存在背景关系（contexts）着眼，深入剖析"高柄木豆"的实际功能，可推测其为"苞茅木帝主"，因已有专文发表[32]，不再赘述。

纵观陶寺早期王族墓地，可资统计的出土裸祔礼器组合的墓葬有 16 座，均属于一、二类大贵族墓葬。残留有木帝主的墓葬仅有 5 座，可能是因为一、二类墓葬绝大多数于陶寺晚期遭到了不同程度的捣毁。根据残留木帝主墓葬的裸祔礼器组合，可以推断陶寺文化早期裸祔礼器标准组合为苞茅木帝主若干、大口罐 2、单耳

1、2、4~15. 0 _____ 25厘米   3. 0 _____ 15厘米

图一九　陶寺早期一、二类墓随葬高柄木豆"木帝"

小罐 1、浅腹盘 1、大木盘或盘（大圈足木豆）1 件。即使没有随葬或不能确定随葬木帝主的墓葬，裸祭礼器组合下葬时，大多摆放在一起，仅个别有离散现象。这 16 座墓的墓主，除了无法鉴定性别者外，M2092 为女性，其余墓主均为 30～50 岁的男性。他们应该掌握着祭祀先帝的主祭权。

四、龙盘上蟠龙的解读

陶寺早期大墓的龙盘具有裸祠礼承盘的功能，那么陶寺龙盘所绘蟠龙的含义呢？

笔者曾提出，陶寺的龙盘中蟠龙嘴里所衔的仙草为麻黄草。野生麻黄草在黄河中上游地区广泛分布。陶寺遗址孢粉分析结果中也曾发现过麻黄花粉。麻黄草含麻黄碱，在古代被用作致幻剂。陶寺蟠龙嘴里衔麻黄草，就是象征着蟠龙通神。因而笔者曾认为陶寺龙盘用于帮助祭祀者的灵魂升天[33]，即用作裸祠礼当中的承盘，那么蟠龙图案的象征意义就需要从裸祠礼的角度深入发掘与完善。

1. 蟠龙图形介绍

陶寺 M3016 龙盘，灰褐色陶胎，口沿及盘内施褐色陶衣，磨光，盘外壁施绳纹。盘口径 36.6、底径 15、腹深 6.2、盘高 6.8 厘米。盘口沿以陶衣为地，间断绘出五至六处红色条带。盘底用红彩涂成圆面，应当象征着下界。盘身内，以陶衣为地色，绘红彩蟠龙图案。蟠龙蛇身，尖尾起自下界圆面的外侧，龙身向上螺旋盘旋，龙头止于近盘口处，象征着龙盘旋而上升天，可称为"登龙"。龙身以陶衣为地色，红彩间隔描绘"横焰状"龙鳞，"焰头"趋向与龙头同向，增加了蟠龙螺旋向上的动感。龙头无角，没有表现眼睛。龙头有明显的额头，似鹅头上的瘤疣状。龙吻上下圆唇，嘴里没有表现列齿，却衔着一枝松枝样的仙草[34]（图二〇）。

M2001 龙盘，灰褐色陶胎，器表深灰色，盘口沿及内壁施黑陶衣并磨光。盘口径 40.9、底径 12.6、腹深 10、通高 11.6 厘米。内壁用红、白两色绘

图二〇　陶寺 M3016：9 龙盘

图二一　陶寺 M2001：74 龙盘

制蟠龙纹。红色绘龙身与龙头，白色绘横焰状龙鳞，焰尖与龙头趋向一致，攀天而上。龙蛇身尖尾，起自盘底空心下界。龙头近似 M3016 蟠龙头部，无眼无列齿，长吻，上下圆唇，口中衔麻黄草一枝。与 M3016 蟠龙头部细节略有不同者，M2001 蟠龙龙头上额头与下颚皆有角。上额瘤疣后部向后生长一角，下颚后部向后长出一角。龙嘴里的麻黄草从咽部"长"出来。盘口沿上以黑陶衣为地色，画出五段红色彩带装饰。盘外壁上部施绳纹[35]（图二一）。

M2001 蟠龙龙头的形象，显然是 M3016 蟠龙的进化，龙头长双角，完全从蛇头脱离出来，更加具有"龙"的特征。麻黄草从龙的咽部"长"出来，更加强调通神的麻黄草与龙本体的关联性，而 M3016 蟠龙仅仅是口衔麻黄草，并未从咽部"长"出麻黄草。

M3072 龙盘，褐色陶胎，器表深灰色间灰褐色，盘内壁施黑色陶衣并磨光。盘口径 40.7、底径 15、腹深 7.8、通高 9 厘米。陶盘口沿及内壁以黑陶衣为地色，唇与边缘涂朱。盘外壁上部施绳纹。盘内

图二二　陶寺 M3072：6 龙盘

彩绘红色蟠龙纹，以黑色陶衣为留白，表现双列横焰状龙鳞片。蟠龙蛇身，尖尾及盘底"下界"红彩圆面均已漫漶不清。龙头不见瘤疣，而表现了圆眼。龙头上下各有一个耳转角。龙嘴中有清晰的列齿，麻黄草也从龙嘴的咽部"长出"（图二二）。M3072 蟠龙的形象，显然是 M2001 蟠龙形象的另一个版本，出现了眼睛和列齿，长吻也变为尖唇，像鳄鱼

头，更显凶猛。但是蟠龙图像的核心意义应该没有根本性的变化。

由于 M3073 龙盘已脱离了原位，已经不与大口罐、苞茅木帝主、单耳小罐为伍，但是比照 M2001 完整的裸祭礼用器组合，可以推测 M3073 原本也有比较完整的裸祭礼用器组合[36]。

M3073 龙盘，褐色陶胎，器表灰色，沿面及内壁施黑色陶衣并磨光（图二三）。盘口径 34.4、底径 12.5、腹深

图二三　陶寺 M3073：30 龙盘

7.6、通高 8.7 厘米。盘口沿涂朱。盘外壁上部施绳纹。盘内壁以黑陶衣为地色，用红彩绘蟠龙纹，以黑陶衣地色留白表现横焰状龙鳞，焰头与龙头朝向趋同。白彩起描边补白和装饰龙鳞圈点的作用。蟠龙蛇身，但是尾部从盘底"下界"呈条带状向上盘旋。龙头有些漫漶，尖头无瘤疣，头上下各有一角，嘴里有列齿，麻黄草从龙嘴咽部"长出"。是否有眼睛已经看不清楚了[37]。M3073 蟠龙总体形态与 M3072 蟠龙相近，其象征意义也应相同。

通过上述分析，可知陶寺龙盘彩绘的蟠龙是陶寺文化裸祭礼环节中，祖先神帝的魂灵在享用完祭酒郁鬯之后攀天而上返回天界与天帝沟通情节的艺术表现。但是，为何祖先神帝的魂灵以动物蟠龙来表现？中国古人认为活人是魂魄的结合体，魂为灵魂，魄为肉身体魄，人死后魂魄分离，尤其是下葬后，肉身体魄会经腐烂而归于尘土，灵魂则要升天或转世。魂是无形的，魄是有形的。既然陶寺的蟠龙象征祖先神的魂灵，却为何是有形的龙呢？岂不违背中国古代有关魂魄观念的基本认识？

其实更准确地说，陶寺的蟠龙应该是裸祭礼中祖先神帝魂灵升天的"坐骑"——龙蹻。比如在《史记·孝武本纪》记载的"黄帝乘龙升天"的神话故事里，龙是黄帝升天的蹻。萨满教中，萨满穿梭于天地之间与鬼神沟通，往往需要借

助动物坐骑，如鹿、鹰或马，这些动物称为蹻[38]。有学者认为，良渚文化玉琮神人兽面图像表现的就是良渚大巫师驾驭着动物蹻穿梭于天地之间[39]。陶寺蟠龙图像里，祖先神帝无形的魂灵，已经内化于或者附身于龙蹻，攀天而上。由是，并不违背中国古代灵魂无形的基本认识。

陶寺龙盘作为裸禘礼的盥器之一，而蟠龙象征祖先神帝魂灵回天的蹻，因而严格说它不是陶寺文化的图腾。所谓图腾，是指人类社会启蒙阶段，一定的人群将自然界的某种动物、植物或事物，与本社群建立"亲缘"关系，以求得该动植物或事物神性的保护与福佑[40]。陶寺文化早期已超越了图腾崇拜阶段，进入祖先神帝及人祖崇拜，并非将人造的动物龙蹻作为自己的祖先神。更何况陶寺文化的偶像崇拜极不发达，苞茅木帝主也不具有完全的偶像之形，充其量只是作为裸禘礼中象征缩酒的一个道具。正如陶寺宫城内，很可能在祖庙前用楔形陶板搭建"且"（音 zǔ）形"祖宗塔"，象征收族团结宗族的宗法制度精神，"祖宗塔"本体恐非直接崇拜的对象[41]。

陶寺的蟠龙作为蹻，是用蛇身与其他动物元素拼凑创造出来的，既非鹿，也非鹰，更非马，自然界并不存在这样的动物。陶寺人选择了哪些动物元素来创造自己的祖先神帝魂灵升天之蹻，动机如何？若要回答这些疑问，需要从陶寺文化蟠龙形象的来源入手。

2. 陶寺蟠龙形象从何而来？

陶寺龙盘的蟠龙形象的来源，在学术界存在不同的认识。中国学术界普遍认为陶寺蟠龙的年代并非最早。郭大顺先生提出龙出辽河源的观点，认为辽河流域考古发现的龙有八种形式，陶寺彩绘蟠龙源于红山文化彩陶龙[42]。红山文化的"C"形玉龙，又称之为"玉猪龙"（图二四）。不论是猪头还是马头，红山文化玉猪龙龙头与陶寺蟠龙龙头还是区别较大的。玉猪龙龙头耳、鼻、嘴俱全，双耳而非双角。其双眼正面看为横"8"字，这些特征陶寺蟠龙都没有。玉猪龙虽呈"C"形，但是正如朱乃诚先生所指出的那样，严格说更像玉玦，通身没有蛇身特征的任何表现。

而且，根据朱乃诚先生分析的红山文化玉猪龙形制变化轨迹，最初的玉猪龙的"玦口"并没有完全锯断，只是逐步发展到最后的形制才出现了"C"形尖尾的玉猪龙[43]，足见红山文化的玉猪龙的原型并不是蛇身，暂不论其头部像什么动物。还有学者提出，玉猪龙造型的原型可能来自金龟子的幼虫——蛴螬[44]。实事求是地看，蛴螬形态更像红山文化玉猪龙的原型。因此，暂认为陶寺蟠龙与红山玉猪龙之间的源流关系尚无明确的证据与线索。

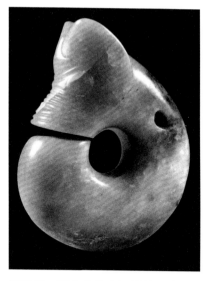

图二四　红山文化牛河梁第 2 地点 1 号积石冢 4 号墓出土玉猪龙

朱乃诚先生根据良渚文化刻画黑陶片上的无头蟠蛇纹和龙潭港第 12 号墓宽把杯身刻画的形似带鱼的动物，认为陶寺文化蟠龙纹应源自良渚文化[45]。笔者认为，良渚文化黑陶刻画的蟠蛇纹确实为蛇身尖尾，陶寺蟠龙的年代也比良渚文化黑陶刻画蟠蛇纹略晚，因此陶寺蟠龙纹受到良渚文化蟠蛇纹启发，是一个合理的推测。至于浙江海盐龙潭港第 12 号墓宽把杯身刻画的带鱼似的长体动物，为横直延展身体，并不盘体，有圆眼和列齿，更像带鱼而不像蛇。况且陶寺蟠龙象形最初并无圆眼及列齿，所以陶寺蟠龙的龙头应该有其他源头。

与陶寺蟠龙龙头形象最为接近的艺术造型是湖北天门石家河城址外东南的肖家屋脊遗址瓮棺葬 W6：36 玉句（音 gōu）龙玦[46]，年代属于肖家屋脊文化，距今 4 200～3 900 年，大致与陶寺文化时代相当[47]。肖家屋脊 W6 玉句龙玦呈"C"字形，直径仅 3.8、厚 0.8 厘米，总体造型显然是红山文化玉猪龙的孑遗，但是龙头有了重大变化，上吻长似鹅嘴，由于龙嘴位于玦口，以致下吻短，张小口无列齿，无龙眼，龙头额部有一条凸起的条带似疣鼻天鹅头部瘤疣的艺术化（图二五）。引人注意的是，肖家屋脊 W6 玉句龙的"额带"后侧，用浮雕法表现了长长的角。

笔者推测，陶寺的蟠龙形象最初受到良渚文化黑陶刻画蟠蛇纹的启发，以蛇为龙身，嫁接了一个受到肖家屋脊文化玉句龙疣鼻天鹅头的启发而改造的"天鹅头"，创造了陶寺文化自己的蟠龙形象，以陶寺M3016蟠龙为最初蟠龙形象的典型代表，龙头就像天鹅头，有明显的瘤疣，长吻，变形处为长吻上下圆唇外翻，与真实的天鹅喙唇子母口形不同，应当属于艺术变形。陶寺M2001蟠龙龙头则在"天鹅头"瘤

图二五　肖家屋脊 W6：36 出土玉句龙

疣后部长出了长角，与肖家屋脊 W6 玉句龙"天鹅头"上长角更像。后来，陶寺 M3072 和 M3073 蟠龙的龙头，则从天鹅变为了鳄鱼并长双角，长吻尖唇，口中有列齿。需要说明的是，陶寺蟠龙形态的变化轨道，只是按照艺术形式发展逻辑推导出来的结果，并不是墓葬年代实际先后的反映。

3. 陶寺蟠龙象征意义分析

前文分析，陶寺蟠龙象征着祖先神帝的魂灵享用祭酒郁鬯之后回升天界，最初为何选用了蛇身和天鹅头两种重要的动物元素呢？陶寺文化可能只是借鉴了良渚文化蟠蛇纹和肖家屋脊文化玉句龙疣鼻天鹅头的艺术灵感，但是对于蛇与天鹅的象征意义，陶寺文化很可能有自己的解读。

（1）赤链蛇身做龙身

先说蛇身，显然取材于自然界的蛇。有关蛇的崇拜广泛流行于新旧大陆。美索不达米亚、古埃及、印度等古文明中，蛇被视为兼具善恶两重性的神物来崇拜。奄美和冲绳群岛的人们认为，毒蛇饭匙倩是连接神界的媒介。西伯利亚通古斯的萨满，将蛇视为自己的助手，灵魂附体时装扮成蛇的样子。中美洲和南美洲的古代文化中，蛇崇拜也极为重要[48]。可见，人类对蛇的崇拜似乎有较强的共同心理。蛇为水陆两栖类爬行动物，无足而行于水陆和树、梁，令人称奇，因蜕皮而变化，因冬眠而复苏，既可伤人，也可家养保护婴儿，很容易被人们视为能够下水、入地、缘木登天，善恶兼备，能够变形和转生的神物。加之多数人天生对蛇有畏惧心理，转而成为敬畏之心。陶寺人选择蛇身作为龙蹻，主要基于人们对蛇的敬畏与崇拜的基础心理。不过，当进一步分析陶寺蟠龙的蛇身具体模仿自什么蛇，陶寺文化对于龙身原型蛇的选择便显出个性化的文化象征意义。

陶寺龙盘 M3016：9、M3072：6、M3073：30 蟠龙蛇身上的斑鳞画法，均以盆内黑色陶衣为地色留白，用红彩间隔绘制火焰形的斑鳞，留白黑地斑鳞与红彩斑鳞相互间隔反衬，是自然界中赤链蛇身体的艺术化表现，将赤链蛇的窄红横斑夸张为火焰状大斑鳞。

赤链蛇学名称为 *Dinodon rufozonatum*，是一种常生活于丘陵、山地、平原、田野村舍及水域附近的蛇，广泛分布于中国大部分地区，包括山西。蛇身黑褐色，有红色窄横斑，间断围出黑色斑块，故称赤链蛇。腹面灰黄色，腹鳞两侧杂以黑褐色点斑。赤链蛇身斑纹特点与陶寺蟠龙蛇身斑鳞特征最为接近。陶寺文化青睐用赤链蛇来作为君王祖先神帝之蹻，皆因赤链蛇一系列特殊的习性。

赤链蛇的红黑色斑纹色彩对比强烈，让天敌以为它有剧毒。其实赤链蛇系微毒蛇，其毒腺为达氏腺（*Duvernoy*），攻击对象被咬后通常无激烈中毒反应。人被赤链蛇咬伤后，通常会中毒过敏，表现为伤口红肿，出现皮疹和荨麻疹等，但过敏体质患者可能会有生命危险。赤链蛇不主动攻击人，平素不好动，白天蜷曲不动，常将头部盘缩在身体下面。在受到惊吓时行动敏捷，捕咬攻击目标时稳、准、狠。遇到敌害时，先将头部深深埋于体下，摇动尾巴警告，如警告敌害无效，会弯成 S 形发起凶猛攻击。一旦被抓住会乱咬，尤其喜欢咬柔软处，且有"咬定青山不放松"的特点[49]。

陶寺文化是个以自然经济为基础的农业社会，人们重土慎迁，好静不好动，君王追求社会安定，百姓安宁，正如《尚书·尧典》所谓"曰若稽古，帝尧，曰放勋，钦、明、文、思、安、安"，"安安"意为"安天下之当安者"。赤链蛇好静的特性，符合陶寺文化的社会心理。

中国古代圣贤君王都讲究"韬光隐晦"，藏而不露，不惹事，不怕事。赤链蛇平素蜷曲静卧，将头埋在身下，这就是在"韬光隐晦"，不惹事。一旦被攻击或骚扰，则不怕事，奋起反击。

赤链蛇有利齿，有微毒，但是一般不主动攻击，这就是"修兵不战"，"成而不用"；用黑红强烈对比的斑纹色彩威吓吓退对手或敌害，此乃"不战而屈人之兵"，"威之谓也"。赤链蛇遇到敌害，首先藏头露尾，摇动蛇尾示警，可谓"笑里藏刀"地威胁，此乃"有笑而后刀兵相见"；示警无效，则展开稳准狠的反击，这便是采用"次政"，"囊弓矢以伏天下"。赤链蛇采取的战争策略完全是中国人崇尚的"人不犯我，我不犯人。人若犯我，我必犯人"的原则，一旦反击，则有"咬定青山不放松""百折不挠"的韧劲，更加符合陶寺文化君王上政和次政的治国用兵理念。陶寺文化的君王崇尚"獠豕之牙上政"（后详），表达的就是这样的理念。

基于赤链蛇的上述习性特征，陶寺君王选择赤链蛇身作为祖先神帝魂灵回天的龙躏之身，是陶寺君王秉持"上政"和"次政"文德之治理念的另外一种表现形式。

M3072蟠龙在黑地留白斑鳞与红彩斑鳞之间，增加一黑地留白、白彩勾边、内填红心白圈斑点补白，似将赤链蛇腹部的斑点艺术化地转移到背脊上来。这样的艺术夸张，使蟠龙的画面更加丰富多彩。

M2001蟠龙则在黑地留白斑鳞内用白彩填心，留出一窄条黑地留白边线。自然界中的赤链蛇没有这样的斑纹，同样是陶寺艺术家别出心裁的艺术创造，增强了艺术装饰效果。色彩较M3016和M3072蟠龙仅有黑红两色，增加了白色，使画面色彩更加丰富。

（2）天鹅龙头变鳄头

M3016和M2001蟠龙形象中龙头长喙，额头带瘤疣，应是"疣鼻天鹅"头的艺术变形。前文已述，陶寺蟠龙的"疣鼻天鹅"龙头，很可能受到肖家屋脊W6玉句龙的天鹅头启发。然而，最早的玉天鹅却是红山文化牛河梁第16地点4号墓出

土的完整"玉凤"。该墓是第16地点的
中心大墓，墓主为40～45岁男性，"玉
凤"横枕在墓主头下[50]。"玉凤"长
20.4、最宽10.7厘米。仔细观察牛河梁
第16地点4号墓"玉凤"的造型，背
面平而素面，除了三道加工痕迹外，上
下两排对称凡4组对钻隧孔用于缝缀。
"玉凤"正面减地法雕刻出回首的凤头，

图二六　红山文化牛河梁第16地点4号
墓出土玉天鹅

扁长喙，喙尖略下勾，疣鼻，圆眼[51]，明显是疣鼻天鹅的头部特征。只不过这件
玉天鹅的大眼后上部凸起一圆耳，试图向玉猪龙的双圆耳靠拢，显然是艺术夸张。
牛河梁第16地点4号墓玉天鹅的整体形象是凫于水面的疣鼻天鹅，回首用喙梳理
翼羽，尾羽下垂，翼羽与尾羽之间的下边缘凸出四个小乳突，表现天鹅的足（图
二六）。玉天鹅在红山文化中仅此一件，肯定具有特殊的象征意义。牛河梁第16地
点4号墓墓主除了头枕玉天鹅外，原本左手握玉人1件，左臂戴玉环2件。这3件
玉器后位移至左胯部。右胸处放置玉斜口筒形器1件，右臂戴玉环1件。该墓出土
的玉人，被学者解读为巫师作法时的形象[52]。玉斜口筒形器也应是巫师沟通神灵的
法器。余下的玉天鹅，则以动物的形象作为墓主大祭司上天入地与神沟通的蹻。

　　红山文化牛河梁第16地点4号墓玉天鹅的出土，证明中国史前时期除了常见
的鹰之外，疣鼻天鹅也成了重要的动物蹻。陶寺文化有可能也认同这一点。当然，
陶寺文化将疣鼻天鹅头部嫁接在赤链蛇身上，创造出陶寺文化的蟠龙，很可能也基
于疣鼻天鹅习性特点与陶寺文化精神文化的价值观有共情之处。

　　疣鼻天鹅学名 *Cygnus olor*，脖颈细长，前额有一块瘤疣的突起，因此得名。
全身羽毛洁白，体态优雅。善游善飞，不善走。疣鼻天鹅很少发出叫声，故又得名
"无声天鹅"。疣鼻天鹅为候鸟，每年9月底至10月中旬迁往南方越冬，春季多在
2月中下旬北迁，主要繁殖在新疆中部和北部、青海柴达木盆地、甘肃西北部、内
蒙古。越冬在长江中下游、东南沿海和台湾岛，迁徙时经过东北、华北和山东部分

地区。山西省是疣鼻天鹅迁徙路线上的中转地。疣鼻天鹅性成熟之后，雌雄开始结对偶繁殖。新对偶的形成多在第一次繁殖前的秋天和冬天，繁殖对较为固定，一旦形成终生不变，很少中途解体。疣鼻天鹅领域性极强。疣鼻天鹅对偶顾家，共筑爱巢，分工合作承担养育后代的任务，对幼鸟照顾备至[53]。

疣鼻天鹅水中善游，长空善飞，最大飞行高度可达 9 000 米，尚无其他飞禽可及，完全符合动物蹻的通天的技能特征。有"无声天鹅"之称的疣鼻天鹅，比较符合中国传统的"多干事实，不尚空谈"为人处世之道。疣鼻天鹅为候鸟，每年准时迁徙，象征着"守信"，一到季节，它们必定会出现在预计地区。守信也是中国人崇尚的传统美德。疣鼻天鹅配偶对"婚姻"和"家庭"的负责感，对幼鸟的细心养育，是动物界中罕见的。这些特性都符合中国传统的婚姻家庭人伦道德价值取向。再加上疣鼻天鹅洁白的外观与优雅的体态，更容易被作为圣洁高贵的道德模范象征性动物——洁身自好，少言实干，守信忠贞，顾家爱幼。所有这些美德价值观，都是陶寺文化所秉承和倡导的，所以陶寺的君王采用疣鼻天鹅头的形象，加以夸张长角，并嫁接在赤链蛇身上，成为陶寺文化祖先神帝灵魂回天的龙蹻。

陶寺 M3072 和 M3073 的蟠龙头部，用鳄鱼头形象取代了疣鼻天鹅头形象。这一改变的原因，有可能是这两位陶寺君王不想韬光养晦了，有必要对外"秀肌肉""露牙齿"，震慑外部的敌对势力。其他龙盘里蟠龙的疣鼻天鹅头像过于敦厚、仁慈、优雅，于是用凶猛的鳄鱼头取代疣鼻天鹅头与赤链蛇身相结合。十分耐人寻味的是，与此同时，陕西延安的芦山峁中心聚落已经兴盛一时，神木石峁城址的核心皇城台开始蓄势待发[54]。陶寺早期邦国可能感到了来自西部和北部的压力。

4. 陶寺蟠龙——中国龙核心价值的根祖

陶寺蟠龙的造型，经后来的河南新砦文化、二里头文化、殷墟晚商文化、两周、秦汉，直至发展到今天的中国龙造型，可以说陶寺蟠龙是中原龙创造的起点，是今天以中原龙为主脉的中国龙诞生之始。

中国龙的观念起自何时？在中国古代文献传说中，龙出现很早。《帝王世纪》

云，神农氏姜姓，其母称任姒，少典的妃子，在华阳游玩，遇到龙首神，怀孕而生神农炎帝。《史记·孝武本纪》记载了一则"黄帝铸鼎荆山成后，乘龙升天"的神话故事。长沙子弹库战国楚墓出土的《楚帛书创世章》里传说，大地尚未成形的宇宙洪荒之际，大熊氏伏羲降生，开始了创世之举，大熊氏即为龙氏[55]。文献中的上述传说，成为我们今天中国人自称"炎黄子孙，龙的传人"的基础。

秦汉以来中国龙的形象基本定型，发展的脉络也十分清晰[56]。主流的造型元素为虎头、鹿角、蛇身、鳄爪。中国青铜器研究专家将商周青铜器上蛇身带角的玄幻动物形象称之为"夔龙纹"和"龙纹"，是商周时期装饰纹样中的重要类别。所谓夔龙纹多为侧身剪影状，蛇身虎头，张嘴，一角一足上卷尾，在此母题的基础上有各种变形。所谓龙纹亦蛇身虎头，但多为双角无足，部分龙纹为双身共首[57]。商周青铜器纹饰里的夔龙和龙纹的角，均非鹿角，而是杏鲍菇状的角。甲骨文和金文里的"龙"字都表现了这种角，符号化为倒△头，仍为蛇身[58]。而亚龚父丁尊族徽中的龙图像更加接近青铜器的夔龙纹[59]，表明青铜器专家们判定的夔龙纹和龙纹，确实就是甲骨文和金文里"龙"字的写照。

2002 年，二里头遗址 3 号宫殿院落 V 区贵族墓葬 M3 出土的绿松石龙牌，引起了学术界对于二里头遗址"龙文物"的讨论热潮，将商周青铜器纹样上的龙上推到了夏王朝[60]。这件长 64.5 厘米的绿松石片镶嵌龙牌，蛇身卷尾，蛇身上可隐见绿松石有意拼出的菱形斑纹。菱形蛇头伏于方形头板上，圆眼睛，蒜鼻头。二里头遗址出土的绿松石铜牌饰，被认为是这种绿松石龙牌的发展形式。二里头陶塑和陶片上的龙纹图案，大多以蛇的形象出现，蛇身刻画菱形斑纹，绝大多数龙无足，仅二里头遗址 V 区探方 212③层：1 陶片上刻画的兽爪曾被有的学者视为"龙爪"[61]，但由于过于残破，且未与龙身相接，因此很难断定即是龙爪。

笔者认为，二里头 02 年 V 区 M3 出土的绿松石龙牌和二里头遗址出土的绿松石铜牌饰，都是祭祀仪式中跳"萬舞"祭祀大禹的道具。该道具就是大禹的化身，即蛇形的龙。金文"禹"字就是手臂怀抱蛇的象形，也就是祭祀大禹时跳萬舞过程中，舞师要手持绿松石龙牌或绿松石铜牌，上下翻飞，迈着"禹步"，表现大禹

（龙蛇）在云水天地间自由穿梭。蛇为水兽，以蛇为龙作为大禹的化身，跳萬舞，颂扬大禹治水的丰功伟绩，再恰当不过[62]。

而且学者们一致认为，二里头文化的龙形象与陶寺遗址出土的龙盘中蟠龙的形象非常接近，甚至认为二里头文化的龙就来自陶寺文化的蟠龙[63]。

陶寺的蟠龙所创造的中国龙之主文脉，瓜瓞绵绵，延续至今已逾4 300余年，其如此长寿的秘诀，并非在于其龙躅的宗教祭祀功能，也不在于其帝王皇家的身价，而在于其所蕴含的一系列核心价值观，造就了中国传统文化的政治、道德、伦理等诸多方面的核心价值观体系、基本原则与社会心理基本取向，诸如文德之治上政，弓矢次政，先礼后兵，不战而屈人之兵，蛰伏时韬光养晦，不惹事，不怕事，"人不犯我，我不犯人，人若犯我，我必犯人"，"咬定青山不放松"，重土慎迁，尊祖敬宗，洁身自好，少言实干，守信忠贞，爱家孝悌，等等，构成了中国龙精神文化的先进核心价值体系，即中华民族的灵魂，贯彻于"齐家、治国、平天下"之中。因此我们说，中国龙是中华民族的"精神图腾"，而不是祖先崇拜意义上的"龙图腾"。中国人世世代代传承的是中国龙精神文化的先进核心价值体系，因此我们称自己是"龙的传人"！中国龙拥有如此先进的、富有生命力的精神文化核心价值体系，是我们文化自信的充分理由和文化资本！

五、墓志石分析

陶寺早期王族墓地发掘过程中，发现了一些墓葬被准确捣扰的现象[64]。高江涛先生还进行过具体分析，认为被捣毁的墓葬以大型墓葬为主[65]，而《陶寺报告》编写者认为墓上有标志，或封或树[66]。陶寺早期和中期王族墓地发掘过程中，考古学家们一直注意封土遗迹，但是没有明确证据说明有封土的存在。如果以树为墓葬的标志，则无法留下遗痕，因而陶寺早期王族墓地大墓有"封树墓上标志"的推测，没有实际的证据。然而，受到中期王族墓地大中型墓葬有墓志石的启发（后详），翻检陶寺早期王族墓地发掘报告，我们发现了一些墓志石的线索。

M3343 被 H3034（原报告称为祭祀坑）捣毁至底，墓底的四个壁龛皆空，女性墓主骨架基本完整，但是缺失右手，斜仰于墓底中部，墓底头端和脚端各放置 5 块大小不等的砾石[67]。根据中期王族墓地捣扰坑的发掘经验判断，陶寺早期王族墓地的 H3034 就是 M3343 的捣墓坑，四壁龛皆空，证明该墓已被捣扰。墓主斜仰墓底，很可能是将尸体拖出来重新扔回墓坑底部。所谓的 H3034 底部的羊骨架，应是一种"厌胜"亵渎，同样属于政治报复[68]。那么，该墓墓底头端和脚端堆放的石块，有可能是从其他墓口挖来的墓志石，集中填埋，用被亵渎过的尸体和厌胜巫术"羊"来厌胜这些墓志石。

M2125 虽未在现场判断出捣墓坑，但是在墓室中部距墓底 3 厘米处的陶寺晚期填土中发现散乱人骨，从骨殖呈现的状态判断回填时筋骨尚在；距墓底 20 厘米处填土中，残留另一成年人个体的残骨[69]，显然该墓的捣墓坑与墓室等大，所以现场根本辨别不出捣墓坑的存在。M2125 墓底有一块大石头，长约 60、宽约 30 厘米[70]，应当也是将墓口的墓志石扔到墓底。

M2124 也是同样情况，它被彻底捣毁，墓底残留有尸骨的盆骨和下肢，还有一块长约 40 厘米的石块，填土为陶寺晚期。

M3318 也被彻底捣毁，回填了一具半腐状态的人骨架，腰椎和骨盆上方压一块大石头[71]。

M2124 和 M3318 回填的大石块原本也是墓口上的墓志石。据此认为，陶寺文化早中期，王族墓地都遵循着墓志石的制度。M3343 三等墓，M3318 四等墓，M2124 和 M2125 等级难辨。也就是说被政治报复捣毁的墓葬以贵族墓为主，也有个别的平民等级的墓葬。以陶寺中期王族墓地里小墓 IIM33 "扈从"墓葬被一同捣毁来看[72]，陶寺早期王族墓地里被捣毁的个别小墓也可能是扈从身份。

六、毁墓现象

另外，《陶寺报告》所称墓祭人牲遗存，也是毁墓政治报复的结果。

《陶寺报告》称陶寺早期王族墓地中的人牲迹象仅有两例，其中 M3231 比较明确，M1410疑似为人牲，但不能完全排除扰入的可能。人殉人牲的有无，关系一个考古学文化丧葬制度、宗教信仰和社会组织的判定，是个很重要的问题。陶寺文化究竟是否存在人殉人牲，是个不容回避的关键问题。总体上说，陶寺文化不流行人殉人牲，这是有目共睹的。唯一一例人牲M3231便非常值得深究。

《陶寺报告》将M3231定为三类甲型墓葬，根据填土内的鬲、高领罐、扁壶残片将其定为陶寺晚期[74]。据描述，M3231"用考究的四柱式木棺，墓主为56岁以上男性，骨殖凌乱不全，存头骨、部分脊椎和肋骨、盆骨及残断的长骨，似半腐状态下捡回，又经火烧烤后连同木炭、烧土一起入棺，棺壁有烧灼痕迹。距墓口0.56米深填土中，有一35~40岁女性骨殖，头骨反折在胸部，肢骨缺失严重，显系非正常死亡，乃用刑后杀害或活埋于填土中"[75]。

根据《陶寺报告》的这段描述，可以推测M3231在陶寺晚期同样遭到政治报复式捣毁，由于捣墓坑几乎等于墓坑，因而在田野发掘中很难辨认出来。M3231不仅遭到彻底捣毁，半腐状态的墓主尸体被扯烂，而且连棺带尸体残块一同被焚烧。捣墓坑回填时，在距墓口0.56米处，埋入从其他捣毁墓中拖出来的半腐状态的女尸，以厌胜巫术的形式对M3231进行亵渎。这种政治报复行为，在陶寺中期王族墓地中极为普遍[76]。2005年在陶寺中期王族墓地中型墓清理过程中，辨识出这种厌胜巫术式的政治报复行为[77]，纠正了以往对IIM22人牲和人殉的错误认识。经过如此分析，陶寺早期王族墓地M3231女性人牲需要打个大大问号，而判定M3231为晚期的填土陶片也是需要存疑的。

第五节　早期仓储区

陶寺王权直接控制的仓储区即国库位于宫城的东南部，早中期一直沿用。仓储区面积并不太大，只有1 000多平方米。目前虽然没有发现仓城城墙遗迹，但经钻探仓储区周边好像有空白隔离带。除了大型窖穴，这个区域没有其他任何遗迹。

仓储区的窖穴都是锅底坑状的，小的直径有5米，大的直径有10米，深度都在4～5米。多数窖穴锅底形的坑底有一些石头。对比唐代含嘉仓窖穴同样的锅底形坑，可复原推测陶寺的仓储区大型窖穴，也是在锅底坑的上部垫上木板隔潮，下面是空的，然后在木板上铺席子，再放粮食，比如粟黍等。窖坑口以上没有墙，但是很可能有苫顶。清理陶寺仓储区窖穴内废弃堆积时发现很多草拌泥块，厚度在10厘米左右。

有的窖穴发现有门洞（图二七）。个别窖穴的门洞的正上方地面上，有白灰面房子，直径大约1.5米，看着就像岗哨一样，守着出入口，显然是守卫设施。

值得注意的是，早期彩绘木器仓形器，造型奇特，在一类大墓中往往多件成组摆放，却常各配1件骨匕。发掘者认为其外形似仓廪，故暂名之"仓形器"，但认为其是某种食器之模型[78]。按理说，食器完全可以制成陶器或木器来下葬，全无必要做成木质的实心疙瘩来象征。于是卫斯先生提出"仓形器"为纺织器械说[79]。笔者认为，骨匕还是用来吃饭的，仓形器应该与粮仓有关。陶寺早期大墓里随葬的成

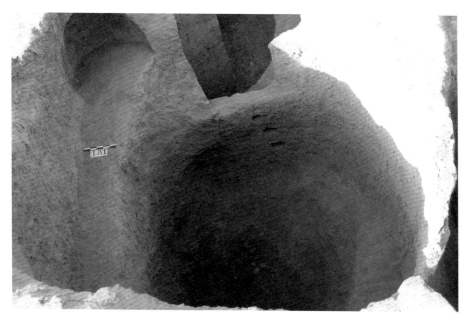

图二七　陶寺大型仓储区里的大型窖穴

组的"仓形器"，很可能是把守粮仓的岗亭模型。仓形器立面的三个竖"龛"，就是三个便于观察守望的三个门户。

这个大型仓储区，不附属于任何家族，也不附属于任何贵族，所以它应该是王权直接控制的、一个国家的储藏和行政设施，即国库。可以推测，这个陶寺仓储区主要储藏的物品还是粮食。史前时期，粮食可用于国家税收和备战备荒再分配，是最重要最基础的资源。

第六节　早期普通居民区概况

陶寺早期平民居址主要分布在陶寺早期宫城的东、西两侧。居住区内有大量的垃圾坑，和少量的陶窑与水井，出土了大量的日常生活陶器、石器等。

陶寺的居址以单间的地穴式或半地穴式（图二八）、窑洞式（图二九）住宅为主，面积约 16～25 平方米。大多不做地基处理，地面经烧烤或做白灰地坪，多数在居室中央或一角有一个圆角方形灶坑。

陶寺早期普通居址还有一种小规模"地坑院"式的窑洞群居住形式，即在"天井"周边生土断坎上掏若干窑洞[80]。今天山西芮城地区和河南三门峡地区仍保留有这种"地坑院"式窑洞群民居。

陶寺早期日用陶器组合为釜灶、缸、斝、扁壶、大口罐、小口折肩罐、盆、盘、钵、罐、甑、豆等（图三〇）。

陶寺遗址出土的石制工具数量很大。生产工具多用来自大崮堆山的变质砂岩（旧称角页岩）制作，器类包括铲、锄、斧、锛、凿、楔、刀等，网坠、石球、纺轮、"钻盖"则用砂岩或泥岩制成。加工工具多用砂岩或石英砂岩为原料，器类包括砺石、环砥石、石磨盘、石磨棒、锤杵、钻等。餐厨加工工具有厨刀和鏊子两种，厨刀主要用变质砂岩，鏊子用砂岩或大理岩。陶寺遗址还出土有大量的矛形器石坯，材质皆为大崮堆山变质砂岩，主要用于三棱箭镞的制作。

图二八　陶寺早期地穴式
房子

图二九　陶寺早期窑洞式
房子

图三〇　陶寺早期普通居址出土日用陶器

1. 釜灶 M2079：15　　2. 盆形斝 83JS62T2127：1　　3. 斝 84JS62 Ⅱ T1 ③ B：10　　4. 陶缸 83JS62T321H334：23
5. 小口折肩罐 82JS62H438：37　　6. 大口罐 78JS62 Ⅱ T1H4：21　　7. 深腹罐 81JS62T404H406：4
8. 扁壶 82JS62 Ⅳ H448：26　　9. 豆 78JS62 Ⅱ T2：3C：34　　10. 折腹盆 78JS62 Ⅱ T1H4：28
11. 甗 78JS62T112H6 ⑤：30　　12. 陶钵 83JS62T355 ④：12　　13. 盘 H1102：23

96

陶寺早期骨质工具有耒（即铲）、耝、凿、匕、针、锥等。武器只有骨镞一种。骨质装饰品包括簪、指环、梳等。卜骨有牛或鹿肩胛骨，一般经过简单整治，个别牛肩胛骨灼点处有预先挖浅窝的痕迹，多数灼点只灼不凿钻。蚌器主要是装饰品，包括项饰、腕饰、指环等。武器只有蚌镞一种。角器主要是鹿角，器类为镞、大挂钩。

陶寺早期人们的主食为粟和黍，水稻占比很少，可能不是普通人能吃得到的。

F321 为窑洞式普通民居，由于窑顶塌落，室内保留了日用陶器和石器，包括釜灶、单耳夹砂罐、小口折肩罐各 1 件，火池边炊器、石斧各 1 件。室内东南壁下压死猪一头。据此可以推测，陶寺早期普通民居单间房屋可能居住一个核心家庭。核心家庭可以养一头猪，但猪与人同住。这应该就是陶寺文化普通家庭的居家模式——人豕同住始为"家"。

第七节　陶寺早期都城的水系概述

1. 陶寺早期都城选址对南河的利用

全新世以来，宋村沟与南河便存在，水量和流量稳定。陶寺都城位于宋村沟与南河之间。陶寺早期遗址偏重利用南河，宫城设置也偏向南河，并在宫城北墙 Q15 中部很可能由人工开挖水渠，今称"南门沟"，向宫城内引水。宫城两侧的普通居民区、东部的仓储区、王族墓地与西北的祭地地坛 IVFJT1，显然沿南河延展。可见，陶寺早期城市基本依赖南河的自然河流给排水，宫城引水很可能使用了局部的人工沟渠"南门沟"，而离南河稍远的遗址南部则使用水井取水。

2. 陶寺早期对于井水的利用

陶寺遗址里目前仅发现陶寺早期和晚期的水井，水井的形制和结构早晚差别不大。井口和井底部大致呈圆角方形，中部井筒呈椭圆形，均有原木构建的井字形护壁井框。底部均有收集水的凹穴，周边的井框原木之间塞大量的陶片，以利于地下水的析出。水井井口原本可能有木框井台。井口地表以下 1 米左右便是厚达数米的山前洪积扇砂石层，地下水可以在此处析出。J403 位于宫城外西南部今南沟两岸的普通居民区，远离南河，表明宫城外西部的陶寺早期普通居民主要依靠水井解决生活用水问题，不仅解决了远离南河水源的困扰，更可避免饮用水污染，更健康。这一点类似埃及阿玛纳的公共水井。

J301 位于早期宫城内西南角，这里距南河也较远，暗示宫城内的饮用水很可能也用井水，这样更加清洁卫生，而远离南河可能是有意避开南河水渗入地下对井水造成的潜在污染。这一点类似埃及阿玛纳的高级豪宅内的水井。值得一提的是，J301 最深处至井口 13.7 米，大致能表明陶寺早期南沟两岸的地下水位[81]。当时陶寺人的找水与打井技术已十分成熟。

从目前所发现陶寺早期水井所在的位置可以初步推断，陶寺早期无论宫城还是普通居民区的饮用水很可能依赖井水，并主要出于健康目的。水井远离南河，可能是有意避开南河水下渗对井水造成的潜在污染。因为南河既是陶寺早期城址水源的主要地表径流，同时也被作为污水排泄的主要河道，水质应该不很理想。因此南河向早期城址主要提供生产用水。这便引出一个问题，宫城北侧"南门沟"从南河引来的水要做什么用？

3. 陶寺早期宫城供水系统

从总体上看，陶寺早期宫城大概有两条重要的供水系统，其一就是前文提到的宫城北侧的"南门沟"，其二是宫城东南角门的供水渠。

很明显"南门沟"是向宫城内北部供水。根据宫城内普遍钻探和局部考古试掘，可发现宫城内北部沿北墙 Q15III 内侧有大片的沙石水域堆积，因没有大面积揭露，因而具体范围和面积尚未廓清，但是大致可知占据了宫城北部沿北墙内侧大部分地段。对比偃师商城宫城内北部池苑和郑州商城宫殿区东北部的池苑遗迹[82]，可推测陶寺南门沟将南河水引入宫城北部，主要用于池苑供水。根据杜金鹏先生的研究，偃师商城宫城池苑和郑州商城宫殿区池渠的具体功能为营造景观、改善微环境、供君王游乐、抬高地下水位、提供消防水源和制冰等，宫殿区生活用水则依靠井水[83]。陶寺宫城内北部池苑也应当具有相同的功能。所不同的是，陶寺宫城内北部池苑主要依靠人工引入南河水，利用宫城北部原来的低洼地块形成自然的池苑景观，除了南门沟为人工引水外，其余池苑很少有人工建设痕迹。偃师商城和郑州商城的宫内池苑则是人工精心修筑的长方形池苑，石板铺底，十分考究，人工建设程度远高于陶寺的池苑，从礼仪制度的角度说，也远高于陶寺的池苑。足见，陶寺的池苑开创了宫内池苑的先河。尤其值得注意的是，陶寺宫内池苑位于宫城内北部，与偃师商城和郑州商城宫内池苑所在位置大致相同，不仅说明宫内池苑制度化发端于陶寺早期宫城，而且池苑占据宫城北部，也符合北为水方的宇宙观秩序。于是池苑水资源利用方式，不仅是宫廷生活环境奢华需求的使然，还受到宫城宇宙观稳定秩序的作用。

陶寺早期宫城的另一条供水渠道位于宫城东南角门外。通过钻探和局部解剖得知，陶寺早期阶段仓储区南侧有一条人工渠，总长约300米，宽约10米，深约3～4米，引到陶寺宫城东南角门附近，可能向宫城内供水。但令人不解的是，在建设宫城东南角门时，该水渠已经淤平，早期宫城东南角门的东南侧外墩台的夯土基坑打破该水渠的填塞土。由此可以大致推测，早在陶寺早期宫城城墙修建之前，便有一条水渠向宫殿区供水，稍后在宫城城墙修建时，该水渠的功能已废弃。或者也有可能在营建宫城南墙之时在宫城东南部将水渠改道，从宫城南墙外绕城而过。因为在发掘陶寺宫城南东门址时，发现此段宫城南墙Q16外侧残留了一段沟渠，时代不晚于陶寺中期。

由于发掘区域的限制，目前尚不清楚陶寺早期宫城东南角的引水渠是在何处进入的宫殿区的。鉴于这条引水渠的沟槽最初是与宫城南墙基槽Q16II连为一体的，推测有可能最初这条引水渠通过宫殿区南侧壕沟向宫殿区南部供水。稍后仍然是在陶寺早期修筑宫城南墙时，将这条引水渠堵死。Q16II段壕沟清淤，作为宫城南墙的基槽使用。以致在解剖宫城南墙Q16时，未在基槽底部发现淤积土，而是厚达 2～3 米的回填土。

目前尚不能判断陶寺早期宫城北部南门沟引水系统和东南角引水渠谁早谁晚，或基本同时，仅知道北部引水系统于陶寺早期就存在，中期继续使用。而宫城东南角的引水渠，在陶寺早期宫城南墙修建之后便不再向宫城内供水。

值得注意的是，陶寺早期 160 万平方米的城市面积内，仅有宫城建设了人工引水工程。这意味着水资源的人工利用优先服务于宫城内的君王，为宫廷生活提供高品质即高等级的服务，间接为彰显王权效力。

第五章

陶寺中期都城遗址

第一节　中期都城遗址概况

在陶寺中期（距今 4100～4000 年），陶寺城址的聚落形态有了巨大的发展变化。虽然宫城继续使用，但是早期下城即下层贵族居住区被废弃，增建了面积至少 280 万平方米的外郭城。假如宋村沟以南的夯土墙遗迹今后能够确认为陶寺中期，则陶寺中期外郭城的总面积将达到 300 万平方米。

陶寺中期都城的朝向承袭了早期城址的朝向，依然为 225°。中期时所有都城功能区划一应俱全，包括宫城、祭天祭地礼制建筑区、中期王族墓地、国库仓储区、工官管理手工业区、普通居民区，完成了宫城—郭城"都城双城制"的华丽转身，奠定了中国古代都城"双城制"主流模式的制度基础，完整构建了卫君与卫民相结合的国家都城规划政治理念，开中国历代都城规划政治理念制度之先河。中期都城的功能区划，完整体现了"天、地、山、泽、火、水、风、雷"八卦宇宙观的指导思想。这在东亚地区史前城址当中尚属首见。

地质地貌专家实地勘察后认为，今赵王沟—中梁沟在陶寺城址存续期间是一条大道，恰好将陶寺中期外郭城分为南北两大部分。进而，我们认为这条大道就是陶寺中期外郭城的中心"纪念性"大道，连接外郭城的东门和西门（图三一）。

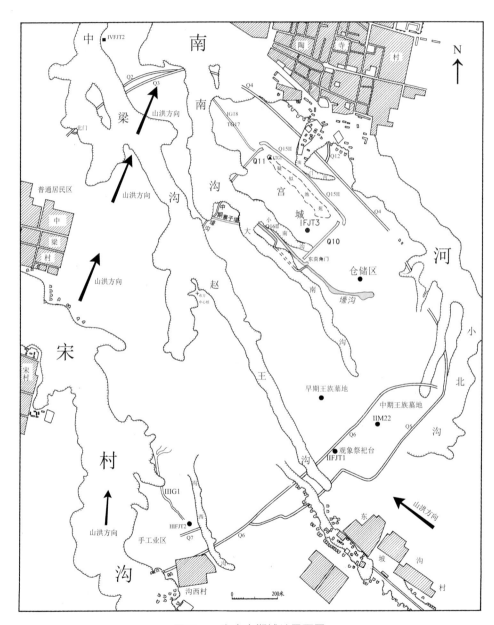

图三一　陶寺中期城址平面图

第二节　中　期　宫　城

一、中期宫城城墙的改建与扩建

陶寺中期宫城虽然沿用早期宫城，但是宫城北、南、西墙皆有改建迹象。

根据 ITG32 的解剖结果，在陶寺中期，陶寺早期宫城北墙 Q15 基槽 III 的上部被下挖至 3 米深，基坑口有拓宽的可能性，现存上口宽 20.5 米，底宽 12.2 米。以黄花土及水浸土为主，采用大面积版筑法将基坑填满处理，形成 Q15 基槽 II。ITG35 解剖宫城东北角门处 Q15 宫城北墙，中期改建情况也大致如此，表明宫城北墙在陶寺中期被大规模改建过（图三二）。

根据 ITG36 的解剖情况，在陶寺中期，陶寺宫城西墙 Q11 的墙基槽也经过改建。中期墙基槽在早期 Q11 基槽 II 的上部向下挖 2.5 米左右，基槽开口也有扩大的迹象，底部在 10 米以上，开口在 13 米以上，且基槽整体略向西偏移 1.5 米。大版块夯筑填平基槽，形成 Q11 基槽 I（图三三）。

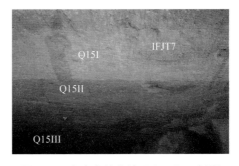

图三二　陶寺宫城北墙 ITG35Q15 剖面

根据 ITG34 的解剖结果，宫城南墙 Q16 在东南角门处没有中期改建迹象。但是从小南沟自然剖面上，发现宫城早期南墙 Q16 基槽 III 内侧被中期墙基槽 Q16 基槽 II 打破口部，遗憾的是 Q16 中期基槽的内侧（即北侧）被小南沟侵蚀，开口原宽度已不知，深度 2.5 米左右，底宽 3 米。这表明在陶寺中期宫城南墙 Q16 西段有改建现象，且墙基槽向北偏移 5 米左右（图三四）。

图三三　陶寺宫城西墙 ITG36Q11 剖面

图三四　小南沟 Q16 自然剖面

陶寺宫城于陶寺中期较大规模地改建北、南、西墙基槽，其主要动因有可能是因为陶寺早期的宫城城墙基槽部分地基处理并不理想，历经陶寺早期 200 年的岁月，大部分地段的宫墙地基都出现了问题，于是在陶寺中期将出现问题的地基重新处理，相应地，重建了地表以上的夹心土坯墙体。由于中期宫墙基槽开口均有拓宽的迹象，暗示中期的宫墙地表以上夹心土坯墙厚度有可能较早期加宽，宫城显得更加庄严。

陶寺宫城的角门在陶寺中期变化不大，仅在东南角门南墙 Q16 东端加筑了外墩台。

令人不解的是，陶寺早期具有礼仪性的带双阙的南东门在陶寺中期却被废弃，甬道和门阙基础被几个陶寺中期的大灰坑打破，而南东门的位置却正对北侧的核心建筑 IFJT3 大台基。

二、中期宫城的给排水系统

陶寺中期宫城继续大体沿用早期宫城的给排水系统。因此，宫城内北部的池苑仍然继续发挥作用。但是宫城南侧的供水系统有所改变。早在宫城南墙 Q16 建筑地表以上墙体时，陶寺早期宫城东南角门处的供水渠便被封堵，有迹象表明宫城南侧的供水渠有可能改为向外侧拐再向西延伸，部分被大南沟侵蚀。

2014～2017 年揭露宫

图三五　陶寺中期宫城南墙外侧的水渠（示意）

城晚期南东门时，发现了宫城南墙 Q16 南侧的水渠残迹（图三五）。基于陶寺晚期南东门西阙夯土基槽打破这条水渠，由此判断这条水渠至迟沿用至陶寺中期。

初步判断，宫城南侧的这条供水渠很可能是改建于陶寺早期稍晚、中期继续沿用的水渠。它夹在宫城南墙 Q16 与宫城前的纪念性大道"大南沟"之间，向中期宫城南部供水。至于它是否与宫城西南角排水渠相通，由于大南沟的侵蚀，而无从得知。

虽然尚未发现陶寺中期宫城内的水井，但是基于早期宫城主要以井水解决饮水问题，陶寺中期宫城南侧的供水渠很可能也是供应景观用水。

陶寺中期污水排放控制系统主要用于陶寺中期宫城。排水渠有两支。一支出宫城西墙 Q11 北段向西北而去，趋向南河。这支排水渠实际为并行的两条渠。前一条渠 IG18 在陶寺中期开凿后不久便壅塞，陶寺人便在其北侧再开一条排水渠 IG17（图三六）。IG17 和 IG18 残存长度约 300 米，开口宽约 3～4 米，深约 2 米。陶寺中期宫城西北角出现的排水渠很可能与宫城内北侧的池苑相通，同时也应与宫城内北部的宫殿建筑群内的污水排放系统相连通，兼有宫城北部池苑水宣泄和宫殿建筑生活废水的排泄的功能。

宫城内另一支排水渠从宫城西南角出现，在宫城西南角向西南拐，趋向今中

图三六　陶寺中期宫城西北向排水渠 IG17 与 IG18 关系剖面

梁沟即陶寺中期外郭城中央的纪念性大道。这条排水渠残存约 200 米长，宽约 6 米，深约 1.5～2 米。估计该大道两侧也有排水渠，与宫城西南角这支排水渠相通。中期宫城西南角出现的排水渠，是否与宫城南墙 Q16 南侧的水渠相通，尚未可知，但其主要功能很可能是排泄宫城内南部及西部的污水。

对比陶寺早期宫城未见明显的排水渠，可以推知陶寺早期宫城可能没有规划好的污水排放设施，造成了一定的问题。陶寺中期才着力开挖了宫城西北角和西南角出口的两套排水系统。

三、核心建筑 IFJT3 的基本情况

陶寺宫城内最大的核心建筑编号为 IFJT3，位于宫城内东部。该建筑基础大致呈长方形，采用削高垫低方式进行夯土基坑处理。夯土基础长约 100 米，宽约 80 米，钻探总面积约 8 000 平方米。面向正西南（图三七）。

目前揭露的 6 400 平方米的 IFJT3 基址为陶寺中期完成的，陶寺晚期曾经利用。而 IFJT3 局部如东北部、中部可能始建于陶寺早期，西北角下则叠压陶寺早期"凌阴"建筑坑。因此，陶寺中期 IFJT3 有可能是在陶寺早期两至三个小夯土基址的基础上连片覆盖扩建出来的。

IFJT3 中部偏西的部位，发现被中期"前殿"夯土基础破坏的早期大房子墙基和白灰面地坪，由于破坏过于严重，早期大房子的结构和规模均不清楚，从残留的边角推测，面积有可能在百余平方米。这些可能就是陶寺早期的宫室建筑了。

陶寺中期时，IFJT3 的布局轮廓大致清楚。基址的前半部（即南半部）为空场

图三七 陶寺宫城 IFJT3
平面俯瞰（上为东北）

（广场）。基址的南边正中央有一条宽约 3 米的夯土基础条带，向南延展出发掘区外，存在施工道或者台基步道基础这两种可能性。由于 IFJT3 地表以上部分的台基被夷为平地，无法判断是否有门、廊庑等建筑结构。

基址的中部偏西为"前殿"基础及其柱网结构所占据。"前殿"的东侧基址上残留四个东西向排列的大柱坑，表明台基上原本还有"东殿"，惟破坏极为严重，已无从知晓其规模与结构。

"前殿"的背后即北侧为另一空场，也可能是"庭院"，无建筑遗存，夯土基础很薄，生土露头很高。

"庭院"背后即北侧为"后殿"基础，残留两个大柱础石，南北间距与"前殿"柱网相近。"后殿"基础的规模同"前殿"大致相仿佛，近 500 平方米。

"东殿"背后、"后殿"东侧又是一片空场，无建筑遗迹。再往后即基址的东北角，很可能是当时的一座小水池，嵌入基址。

"前殿"柱网结构于 2007 年便基本揭露完毕。柱网覆盖范围长 23.5、宽 12.2 米，面积 286.7 平方米。方向 225°，三排 18 个柱基础构成柱网结构，大致可复原

图三八　陶寺 IFJT3 "前殿" 平面俯瞰（上为西南）

为三开间（图三八）。

陶寺 IFJT3 前主殿柱基础由柱坑、柱洞、柱础石构成。柱坑直径在 0.8～1 米左右，残深 0.4 米左右。柱洞直径在 0.4～0.5 米。柱洞底部垫柱础石，直径在 0.3

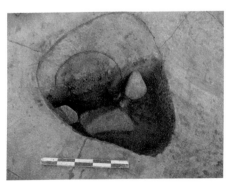

图三九　陶寺 IFJT3 主殿柱基础 ZD5

米左右（图三九）。夏商时期宫殿建筑柱子直径在 0.3 米左右。陶寺主殿 IFJT3 柱子直径 0.3 米应当是宫殿柱子直径规制的奠定阶段。

树种鉴定表明，柱洞里出土的木材为柏木。二里头遗址和殷墟宫殿区的木材也以松柏为主，足见松柏作为宫殿建筑特殊用材是一种宫室制度，肇端于陶寺中期。

IFJT3 主殿内东南部夯土版块内出土一件铜器口沿残片。从器形推测，很可能为一件铜盆的口沿残块。

IFJT3 陶寺中期"前殿"有一个奠基坑 IH50，从地层上判断大约为陶寺文化中期，很可能是在 IFJT3 前殿台基建好不久，紧贴柱子 IZD14 北侧做的一个祭祀坑，打破夯土台基，回填土内包含大量夯土块，出土有打碎的石璧（图四〇）和散乱人骨（图四一）。它有可能是在立主殿立柱过程中的奠基祭祀遗存。

IFJT3"前殿"夯土基址里，还埋葬了十分特殊的墓葬 IM14 和 IM11。

IM14 打破 IFJT3 前殿东南部。IM14 为圆角梯形竖穴土坑，长 0.8、宽 0.4 米～0.65、残深 0.1 米。墓内填黄花土，土质略硬。未见葬具，墓圹内放置一具只存盆骨以上的骨架（图四二）。头向东北，头向 20°，面向上。左臂骨佩戴玉璧一个。玉璧风化比较严重。

IM11 位于原 IFJT3"前殿"北边外侧。IM11 为长方形土坑竖穴，长 1.74、宽 0.46、深 0.42 米。无葬具。墓主仰身直肢。头向东南，面向上，头向 124°。左手搭在左大腿根。右肘横捂在腹部。

图四〇　IH50 填土中碎石璧

图四一　IH50 底部散乱人骨

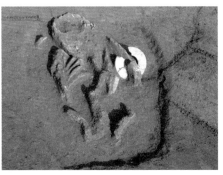

图四二　陶寺 IM14

图四三　陶寺宫城 IM11

图四四　陶寺宫城 IM11 腹部玉器叠摞

双腿髌骨及其以下部分下葬时缺失（图四三）。

随葬物品总计 5 件。绿松石珠 1 件，完整，出自右耳际。玉凿残余刃端 1 段，出自腰际。右肘下捂着残玉璜 1 件，玉璜下叠压玉片 1 件，玉片叠压石钺 1 件（图四四）。石钺已断裂，但不残缺。玉璜的断茬稍加磨平。玉片周边被磨平。

IM11 虽属小墓之列，无葬具，但是有玉器和石钺随葬，与陶寺遗址绝大多数一无所有的平民小墓存在较大差别，其等级显然要高一些。墓主小腿缺失，不能确定是生前致残还是断肢导致非正常死亡，但是下葬却是正规埋葬，且有随葬品，可知墓主绝非人牲、奠基之属。其形制类似 IM14，但拥有石钺，属于下层贵族或武将，可能因为曾做出了双腿牺牲，死后被埋在前殿北边以示褒奖。据此推测 IM11 的时代大约为 IFJT3 主殿使用期间，陶寺文化中期。IM14 戴玉璧的半身墓主，也应该是这类褒奖性质的墓葬。这种重要宫殿建筑群内埋葬褒奖墓葬的制度，后来被二里头遗址所继承。二里头 3 号宫殿基址发掘过程中，在南院发现宫殿使用时期的 I 级墓葬 2002VM3，出土绿松石龙牌、铜铃以及斗笠形器等，墓主身份为祭祀夏禹跳萬舞的伶官[1]，也是一种对身份特殊的伶官的特殊褒奖。

值得注意的是，IFJT3 "前殿" 的柱网布局存在很大问题。"前殿" 南排和北排的柱洞，东半部分与西半部分不在同一条直线上。很多建筑学家均认为这样的柱网结构几乎不可能建起地面以上的建筑体。南京大学历史文化学院专攻建筑史的马晓老师指出，这种南、北两排柱洞，东、西两侧不在同一条直线上，极有可能不是同时的，可能有早晚关系。2021年6月，我们对"前殿"所有的柱洞进行解剖，的确发现柱洞年代有中期和晚期之分。可见"前殿"始建于陶寺中期，陶寺晚期政权复辟时曾经在原址重建过，导致中期和晚期的"前殿"位置大致不变，结构不变，但是柱网系统不同，由于晚期最后的破坏和后世的平田整地，将中晚两期"前殿"不同柱网系统中埋深较深的柱洞保留在同一个破坏界面上，误导发掘者认为只有中期"前殿"而无视了晚期的"前殿"。

四、东厨

陶寺宫城内核心建筑IFJT3外侧东南角约50米，曾发现过一处陶寺中期小型夯土基址，面积大约200平方米，东边接到宫城东墙Q10上。

该建筑基址南侧有一个椭圆形的陶寺中期坑，挖在生土上。坑北壁上有一串竖窑，大约有四至五个（图四五）。清理了三座，其中两座已经被严重破坏，另一座IY7保留最好，分上下两层。上层为窑室，直径40厘米左右，高度只有60厘米，下

图四五　陶寺宫城炮炙炉群及其操作坑IH94（侧视）

层为火室。这些竖窑发现的时候，都在坍塌的窑室或火池抑或是储灰坑里发现有被烤过的石头。所有竖窑最大的特点是有十字形镂空火道。上部窑室正面开一个窗口，用作取放物品的窑口。窑窗口的周缘比较光滑，但局部附着有泥块，很显然是经过封窑的。这种竖窑是直焰窑，火焰直接灼烧陶器坯，极易烧流陶器，废品率极高，不能用于烧制陶器。所有窑室里都出烧过的石头，表明这些竖窑首先是加热石头的。所以很可能是把这些石头架到竖窑十字形镂空火道上来烧热，烧热之后把火室里的明火撤掉，把包裹着泥皮、掺有佐料的肉块放到石头上，封上窑，用石头的热量将肉焖熟，类似"叫花子鸡"的做法，也更像新疆的"馕坑肉"制法。

《礼记·礼运》载："以炮以燔，以亨以炙。"郑玄注说："炮，里烧之也。"这种烹调方法可称之为"炮（音 páo）炙法"，这种竖窑可称为"炮炙炉"。这种烹调方式的好处在于人们可以把很多香料与盐掺和在泥里，包在肉外面，然后再放到石头上去焖熟，肉的味道特别的鲜美和独特。这种炮炙炉只在宫城范围内有发现。

准确地说，这种烹调方式本不是中原地区的烹调传统，而是北方草原民族的生活方式，引入陶寺宫廷"御膳房"，显然带有异域风情，有点像今天的土耳其烤肉。在陶寺，这种异域风情的"馕坑肉"式烹调方式，被标榜为高等级的生活方式，作为文明的象征来炫耀。通过特殊的美食来诱导世俗社会一致认同，只有作为天下之中的陶寺王才能享受这样的美食。这种烹调方式后来被作为文明的教化甚至礼制化，成为美食政治的一种手段[2]，被中原后世文明所传承。据此判断，这个 200 平方米的夯土基址及其南侧操作坑边上的一串炮炙炉，应该是陶寺宫城内的宫廷厨房。

第三节　外　郭　城

一、外郭城城墙

陶寺中期增建的外郭城城墙复原周长约 7 000 米，由北墙 Q4、东墙 Q5～Q6、西墙 Q3～Q2 围成，钻探显示南墙大约在宋村沟一带可能还有线索。Q5 与 Q6 合围成中期东南小城，用于"鬼神区"——中期王族墓地和郊天祭日礼制建筑群。西墙 Q3 建于陶寺中期偏早，不久毁于洪水，在其外侧另建 Q2。假如宋村沟南侧的城墙遗迹能够被考古确认为陶寺中期外郭城南墙残迹，则陶寺中期外郭城面积达 300 万平方米。陶寺中期外郭城城墙的多处解剖地层显示，外郭城城墙在陶寺晚期彻底平毁，推测平毁的行为发生在中晚期之际，与陶寺中晚期被石峁邦国征服、遭到残酷的政治报复有关[3]。

陶寺外郭城全部仅剩地基部分，地表以上部分墙体荡然无存。地基处理技术采用了两种方法，一种是直立挡土墙式技术，当地土话称为"帮堎"；另一种就是基槽换土技术。墙基槽宽 8～19 米。夯土技术依然是小版块"曌土为垚"和平夯技术并用。

陶寺中期外郭城帮堎式墙基础以桃沟大断面 Q4 为例。桃沟自然断面 Q4 是中期外郭城的西北拐角处，Q4 内侧为夯土版块城墙，外侧为"碎石素填土"墙体。Q4 夯土墙体亦是"直立挡土墙"式城墙，但夯土部分采用小版块错缝技术夯成。夯土版块共分三层堆砌，底层平铺 7 块，其中北外侧的第 1、2 块作为墙趾；中层有 5 块；上层有 5 块，总计 17 块。剖面上暴露底长约 7、顶宽约 3、总高 3 米（图四六）。每块夯土体积大小不等，最大者约 1×0.5×1 立方米，最小者约 0.5×0.5×1 立方米。夯土版块之间界面留有夹板痕，宽 15～20 厘米。中层第 9 块版块发现南北向的横木穿棍痕一处，直径 16 厘米，其长度在 50 厘米以上，留有木灰。桃沟剖面 Q4 夯土坚硬致密，经测定，其夯土密实度为 1.9 吨／立方米。夯层明显，有密集的集束圆形夯窝，夯窝直

图四六　桃沟断面 Q4 剖面

径 3～5、深约 1～2 厘米。

根据钻探和自然剖面调查，陶寺中期外郭城北墙 Q4 部分段落的夯土地基曾经被洪水摧毁，而今桃沟断面上暴露的中期外郭城西北转角 Q4 夯土墙基外侧为补筑的平夯淤泥碎石素填土，进一步保护夯土墙基不受水患[4]。这段城墙的水患，很可能来自南河的特大洪水。

根据考古解剖分析，陶寺中期城址外郭城内道西墙 Q3 始建于陶寺中期偏早，因洪水毁坏而在建成不久便废弃，在其外侧另建陶寺中期的外郭城外道西墙 Q2。

陶寺中期外郭城修筑之后，北墙 Q4 外侧的南河与城南内河宋村沟，均因为浅窄无法疏导特大洪水，使得外郭城城墙某些地段遭到洪水冲毁。

根据钻探和解剖，陶寺中期外郭城西墙 Q3 曾被来自宋村沟的特大洪水摧毁，部分基槽被洪水回旋掏空（图四七），无法重建，补救的办法是在其外侧另修筑一道城墙 Q2 替代这段水毁城墙。莫多闻先生调查后认为，中梁村东宋村沟北岸有大面积的洪积层堆积，里面包含陶寺文化陶片，可以大致判定宋村沟特大洪水的走向

图四七　陶寺中期外郭城西墙 Q3 水毁段揭露平面

114

有奔向中期外郭城西墙 Q3 水毁段的趋势。故而推测摧毁 Q3 的洪水很可能来自宋村沟特大洪水。来自宋村沟特大洪水到达 Q3 段时，已成强弩之末，因而以缓慢的流速漩掏城墙基础，并在孔洞内形成静水沉积。

此外，2014 年北京大学莫多闻教授来陶寺遗址实地勘察时，发现陶寺中期城址外东北的小北沟较直，似有人工开凿因素的影响。莫先生结合古河道情况和陶寺中期外郭城北墙 Q4 东段与东墙 Q5 北段结合部紧贴小北沟，认为陶寺中期之前，原本有一条南河的支流古河道直奔陶寺城中心位置，如果建陶寺中期外郭城的话，极易将南河上游的洪水引入中期外郭城内造成灾害，因而陶寺中期兴建外郭城时，很可能人工开凿了今小北沟，将南河支流的古河道导入陶寺外郭城北墙外的南河主河道。换句话说，小北沟是陶寺中期人工开凿的导洪渠。这样一来便解决了山洪直接入城为害的隐患，同时确保外郭城东墙 Q5 北段不受洪水侵害。

二、西城门

据推测，陶寺中期外郭城东、西、南、北四面城墙中部原本都应有城门。东城门位置被今赵王沟头全部侵蚀掉了。外郭城南墙露头线索在宋村沟以南，尚未发掘确认，南门的具体位置也就无从谈起。今南门沟北侧台地里有一道类似瓮城城墙的夯土基槽 Q12，大致可兹判断为外郭城北门。

在中梁沟自然剖面上，可以看到结构比较完整的外郭城西门瓮城基础（图四八）。

外郭城西门位于陶寺中期外郭城西墙 Q2 的中段。主城墙 Q2 被后期发育的中梁沟岔沟所冲毁，在岔沟东岸断崖壁上仍可见 Q2 墙基槽断面，与中梁沟断面城门主城墙基槽断面遥相对应。

外郭城西门瓮城平面结构呈"横躺"的"h"形。一道弧形夯土墙从 Q2 主城墙上分支出来，向东南方主城墙靠拢，但是留下一个 4～5 米宽的缺口，形成半包围态势的小瓮城。

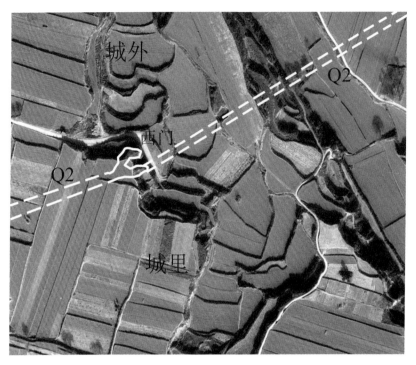

图四八　陶寺中期外郭城西城门瓮城结构（航片示意图）

陶寺中期外郭城西门瓮城虽然仅剩地基部分，但是夯土质量很好，夯窝明显，基槽内夯土深达 3 米，有大版块夯土，版筑痕迹十分清晰。

这是中国迄今考古发现最早的瓮城之一，虽然远不及石峁城址外城东门"内外瓮城"结构复杂[5]，但毕竟开后世中国古代都城外郭城瓮城形制之先河，在都城制度以及中国古代建筑史上都具有重大意义！

值得注意的是，陶寺中期外郭城中心"纪念性"大道赵王沟—中梁沟笔直向西北延伸，直奔外郭城西墙北段中期偏早的 Q3，而不是中梁沟断面现存的 Q2 西门，Q2 的西门略往南偏，似原本并不在主干道上。从这种"奇怪"的大道趋势推测，最初的外郭城西门很有可能是开在 Q3 的南端，中心大道直通该西门。随着 Q3 水毁废弃，估计该中期偏早的西门或被水毁或被废弃，接着在 Q2 补建了一个西门，位置略向南偏移，试图躲过来自宋村沟的特大洪水。

第四节　中期王族墓地

一、中期王族墓地的基本概况

陶寺城址的王族墓地分为早期王族墓地和中期王族墓地两个不同茔域。其余普通居民的墓地大致以家族为单位，邻近居址分布。陶寺中期的王族墓地位于中期城址东部的小城北半部。总面积约1万平方米。未经大规模发掘，局部经过试掘和抢救性发掘，共清理了二十余座墓葬。墓地以中期墓葬为主，少量为晚期墓葬，无早期墓葬。经钻探显示，中期王族墓地里墓葬比较密集，大致分南北两片区。北片区以小墓为主，大中型墓葬集中在墓地南片区。

二、王墓标本 IIM22

陶寺中期王墓清理一座，编号 IIM22，位于陶寺中期王族墓地的南端。

1. 墓圹

IIM22 的平面呈圆角长方形，形制十分规整（图四九）。墓圹开口长5、宽3.6、自深7米，加上后期堆积层，现在深8.4米，是陶寺文化已发掘的最大墓葬，在中国新石器时代大墓中也处于前列。

IIM22 墓壁陡直，四壁有五周手抹草拌泥宽带，带宽15厘米，间距100厘米，厚1厘米，用途不明，但视觉装饰效果很好。

2. 船形棺

IIM22 的棺是由一根整木挖凿出来的船形棺（图五〇），长约2.7、宽1.2、残高0.16～0.3、板厚0.03米。头端挡板与壁板、底板连为一体，系整体挖凿一次成型。脚端挡板向里缩回0.9米，嵌入棺体成为挡板。棺底两边横截面为弧形。棺内外皆施红彩。船棺底上平嵌一层衬板做尸床，墓主尸骨与残余绿松

图四九　陶寺中期王墓 IIM22（上为南）

图五〇　陶寺 IIM22 棺底部残留

石嵌片、玉钺碎块、木柄、货贝等总计46件随葬品，凌乱地散布其上。棺底与墓底之间有厚约0.1厘米的絮状朽灰，面积略大于棺体，经科学鉴定为树皮纤维。

3. 残余的主要随葬品

IIM22残留的随葬品十分丰富，玉器、漆木器、彩绘陶器质量精美。墓室未扰动部分出土随葬品72件，包括彩绘陶器8件、玉石器18件套、鹿角镞8组、漆木器25件、红彩草编物2件、猪10头、公猪下颌骨1具。

IIM22的彩绘陶器组合为小口折肩罐、圆肩盖罐、双耳罐、带架陶盆、陶簋、大圈足盆（图五一、五二）等。

IIM22出土的玉钺、玉璧、玉兽面（蚩尤像）、玉璜形佩等（图五三至五五）均表现出王者气派。

陶寺IIM22出土玉兽面产自江汉平原肖家屋脊文化（距今4 200～3 900年）。其狰狞的面目、夸张的双角，表明这类兽面神格很接近传说中对兵主战神"蚩尤"的描述。陶寺IIM22出土的一对蚩尤神像，大概也是作为兵主神像"进口"或接受"国礼"得到的。

图五一　IIM22彩绘陶组合出土现状

图五二　彩绘陶簋

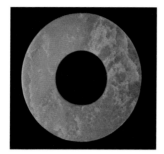

图五三 玉璧 IIM22：18

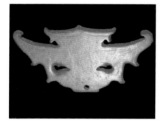

图五四 玉兽面 IIM22：136

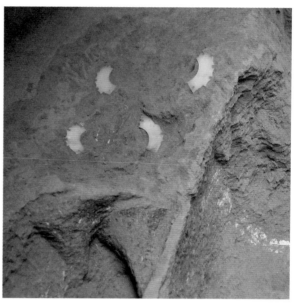

图五五 玉璜形珮出土现状

陶寺 IIM22 的扰坑、棺床上残留了大量的绿松石片、管等。绿松石管很可能原本是墓主身上佩戴的串饰。而大量绿松石片，有规则的矩形，也有大量不规则形状，厚薄也不统一，大小也有差别，可能是墓主身上佩戴的绿松石镶嵌的佩饰，被捣毁后散乱成一片。

IIM22 随葬的四柄青石厨刀，大小依次排成一列，摆放在木棺的南侧，下面全有木案板（图五六），部分刀下还残留着猪肋骨与大椎骨，表明下葬时举行过猪肉献祭仪式，而后一同埋葬。IIM22 的四柄厨刀由大到小，显示出"列厨刀"的观念开始出现。列厨刀不仅展示了君王奢侈饮食生活的豪华阵容，更显示王者生活方式的尊贵、奢华、殷实，令人向往。

IIM22 的彩绘漆礼器皆为木胎彩漆绘，器类皆为祭祀用礼器，包括大漆箱及其漆沙漏、脸盆架、枕、豆、盒（图五七至五九）。制作精美，等级很高。史前漆器外观精美，但其制作费工耗时、工艺水平要求高，是当时贵族生活中的奢侈品。随葬漆器的数量与精美程度标志着墓主的身份等级与地位。陶寺中期王墓 IIM22 随葬

图五六　厨刀与案板现状

图五七　木胎漆柷（乐器）
保存现状

图五八　墓室东圹壁龛内
的两件漆豆

图五九　墓室东南壁放置的
木胎黑漆弓以及鹿角箭镞

图六〇　大漆箱 IIM22：25

的漆器在数量（27件）和制作工艺上都在陶寺文化墓葬中独占鳌头，彰显了其王者的身份与地位。

漆柷是一种木胎漆彩的筒状漆器，桶内置木棍一根，通过摇动桶身，使桶内木棍撞击桶壁，发出有节奏的声音，成为一种特殊的乐器，属于金、石、木、土（陶）、革（皮）、丝、匏、竹等八音之一的木质乐器。陶寺漆柷应是迄今考古发现中最早的木柷的实物资料。

陶寺 IIM22：25 大漆箱，长60、高40、宽25厘米，体量为陶寺文化漆器中最大的。内外皆髹漆彩绘，制作精美。内盛的 5 件喇叭口形的漆器，经实验考古分析，当为沙漏，其制作与彩绘也十分精美（图六〇）。下葬时，该漆箱顶部和背后还随葬了玉璜一组 2 件、玉璜形珮两组 4 件、玉蚩尤一组 2 件，足见该漆箱及其内盛漆器的重要性与高规格。

IIM22：17 漆木脸盆架，应是目前考古发现最早的家具实例，对于中国古代家具起源探索具有重要意义！同时生动形象地展示出 4 000 年前陶寺王室宫廷生活的精致化与高大上。

IIM22 墓室东南角竖立一根漆杆 IIM22：43，通过研究和实验证明，其是陶寺文化测日影立中的圭尺，将在第七章相关部分详述。

IIM22 头端墓壁上，以公猪下颌为对称轴，两侧各摆 3 柄带彩绘漆木柄的玉石钺，表现"豮豕之牙"、成而不用的用兵与治国理念，墓主当为一代君王。相关内容，也将在第七章里详述。

IIM22 墓壁东南部挂着 8 组去杆的鹿角磨制的三棱箭镞，箭镞头原本装在布箙

（盛箭的器物）内。鹿角镞的西侧摆放一张折断的木胎黑漆弓。这些箭镞均去杆，箭镞锋端多数被人为折断后下葬（图六一），连同折断的漆木弓，可能表达的是

图六一　鹿角镞 IIM22∶3

"毁器葬"的理念，同时也配合墓葬头端"猰㺄之牙"图示营造"次政橐弓矢，以伏天下"的氛围。还有一种可能是这些去杆损锋的箭镞与折断的弓，为配合"猰㺄之牙"图示表达"成而不用"上政理念而故意损坏。

　　䐁辛一词出自《周礼》，指一劈两爿的整猪，风干肉。陶寺 IIM22 脚端墓室摆放的 20 爿䐁辛，肋骨均被砍一刀，是风干肉的证据之一。䐁辛骨骼下往往有白色的痕迹，尚不知是何物质，应与猪肉有一定的关系。IIM22 墓室西端那 10 头 20 爿猪，个别处还用小木棍支撑，推测很有可能是放在木架子上陈列着的"肉林"，非常奢侈。

三、官僚墓葬标本 IIM26

　　陶寺中期的中型墓，长 3、宽 2、深 3 米左右，多位于中期王族墓地的南部，围绕着中期大墓分布。已经清理 5 座。这些中型墓在陶寺晚期被捣毁。除了少数彩绘陶器残留在墓室的壁龛外，多数随葬品被掏出来，同拆散的骨架一起随意扔进覆盖捣毁墓葬的堆积层里。发现的遗物有彩绘折肩罐、盆、双耳罐，玉器有钺、牙璧、镯等，甚至发现有红铜环[6]。中型墓的随葬品数量与等级虽明显低于陶寺中期大墓 IIM22，但是比起一无所有的小墓，仍高贵许多。因此推测中型墓很可能是王陵内后妃或臣子等大贵族的墓葬。

　　IIM26 的墓口长约 3.38、宽 1.9～2.24、深 3.75 米。墓室在陶寺晚期被彻底捣毁。底部中央残留有板灰，表明原本有葬具。板灰范围内残留有少量人骨。墓室内及葬具内的随葬品被洗劫一空（图六二）。

图六二　陶寺中期中型墓 IIM26

　　北侧墓壁底部挖有 5 个壁龛，自西向东分别摆放双耳罐 2 件及陶盆 1 件（组成一套）、小口折肩罐 2 件、动物肋骨 1 件、骨耜 1 件。

1. 刻字骨耜

骨耜出土时，骨壁内面朝上，刃部朝向墓主葬具。

IIM26∶4 骨耜，长 16.4、刃宽 3.4、尾宽 4.6、尾端厚 1.4 厘米。骨耜用牛肢骨磨制而成。

内面尾部保留部分骨松质和骨腔壁（图六三，1）。骨耜外面利用原肢骨外壁，有粗磨砺痕（图六三，2）。尾端平钝。

骨耜外壁近远端靠一侧有一个锐器锥点式人工刻痕，运用了耕作农具的象形，指示农事，会农业之意，据此判定陶寺 IIM26 骨耜刻文为文字（图六四）。同商代

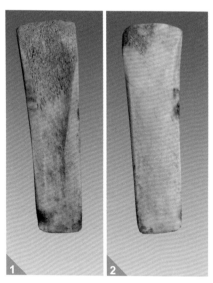 

图六三　陶寺 IIM26∶4 骨耜双面照片　　图六四　IIM26∶4 骨耜刃部痕迹细部
1. 骨耜内壁　2. 骨耜外壁

甲骨文"辰"字对比，二者有惊人的相似之处。陶寺 IIM26 骨耜上的刻划符号极有可能就是"辰"字，也就是说，陶寺骨耜上契刻的"辰"字，以犁耕之器的具象，抽象指示包括蜃壳、蚌镰在内的耕作之农具，会农事之意。IIM26 的墓主为农官，也为骨耜"辰"字刻符提供了背景关系。可见，陶寺 IIM26 骨耜契刻的"辰"字，即为后来孳乳出来的"農""㽥""蓐""辱""槈""薅"等具体农事行为之字的鼻祖初字。比如甲骨文"農"字象形为"摆弄犁头行为"，"㽥"象形"犁耕林地农事"，"蓐"象形"翻犁草地或田草农事"等，皆本于耕作农具"辰"。陶寺文化的"辰"字，尚未分出如此细化的文字特指，乃笼统包含上述农事行为的文字表达[7]。

2. IIM26 彩绘陶丧葬礼器

IIM26 在陶寺晚期遭到彻底捣毁，残留在壁龛里的礼器组合为彩绘小口折肩罐 1 对（图六五）、双耳罐 1 对（图六六）、陶盆 1 件（图六七）。

玉璧 IIM26∶8，下葬时盖在小口折肩罐 IIM26∶2 口部，用途不明（图六八）。

图六五　小口折肩罐 IIM26：2

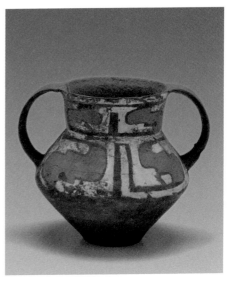

图六六　彩绘陶双耳罐 IIM26：5

图六七　彩绘陶盆 IIM26：7

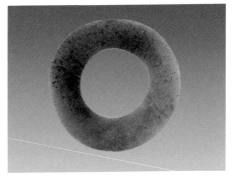

图六八　玉璧 IIM26：8

3. IIM26 装饰品

陶寺中型墓 IIM26 残留部分装饰品，如步摇坠饰（图六九）、绿松石串饰（图七〇）、绿松石大珠（图七一）。

四、墓葬的等级

陶寺中期王族墓地未经全面揭露，只清理了 20 余座墓葬，虽然所有贵族墓葬

图六九　步摇坠饰 IIM26　图七〇　绿松石珠串 IIM26　图七一　绿松石 IIM26：22
棺底：1　　　　　　　　棺底：12　　　　　　　（扰坑 IH35 出）

被悉数捣毁，但是仍可大致分为大、中、小型三类墓葬。由于 IIM22 王墓超级大，所以只能将 IIM22 归为大墓。其实中型墓的规模与早期大墓相同，然而中期中型墓均遭到彻底的捣毁，随葬品几乎捣扰一空，尸骨被扬弃甚至故意错乱回填墓坑，所以仅能从 IIM26 残留的"辰"字刻字骨耜判断该墓为"农官"，推测中期中型墓当中有一部分应当为官僚和大臣墓葬。

而另一方面，陶寺中期延续 100 年，不可能只有一代君王，且从 IIM22 的随葬品特征为中期偏晚，棺底残留的极可能是墓主的头骨判断，其为年龄约 50 岁的老年男性，由此推断陶寺中期王族应不止一位君王，即不只有 IIM22 一座王墓。故而陶寺中期王墓很有可能混在中型墓中，无法分辨出来。

陶寺中期王族墓地中的部分小型墓葬，埋葬在中型墓周围，个别小墓虽然没有陶器随葬，但是随葬有质量上乘、制作精美的玉镯，身份地位比较特殊，有别于无任何随葬品的小墓，他们有可能是中型墓葬贵族的马弁扈从。他们的墓葬也遭到捣毁。

以 IIM33 为例，该墓位于"农官"IIM26 的西北角外侧。距探方西壁 1.2 米。开口于第③层下，被 IIH32 和 IIM27 打破，打破 IIM26。坑口距地表 1.8 米。

IIM33 为圆角长方形竖穴土坑墓。坑口长约 1.9、宽 0.44～0.52、残深 0.24米。坑壁加工不规整，坑底不平。单人仰身直肢葬，无葬具。头向东，方向为230°。面朝北，人骨被严重扰毁，保存质量极差（图七二）。右手腕部套一件琮形玉镯（图七三）。此外再无他物。IIM33 的年代大约为陶寺文化中期。等级地位很低，但是有玉装饰品，又下葬于高级官僚 IIM26 的西北角（脚端）。由此推测，其

图七二　IIM33"庶从"小墓

图七三　IIM33 玉镯

身份等级不属于高级贵族，也不属于普通平民，而属于 IIM26 的庶从，是一个比较特殊的社会阶层。陶寺文化晚期 IIM33 作为大贵族的庶从也因被视为"鹰犬"而遭到报复性捣毁。

据此，尽管陶寺中期王族墓地里的墓葬按照规模大致可分为大、中、小三个级别，但是社会身份大致可分为王及后妃、大臣官僚、庶从、平民四个等级。这仅仅是根据现有资料的初步判断，有待今后考古发掘的进一步修正。

五、墓志石现象

2005 年，我们在清理陶寺中期王族墓地的过程中，开始初步意识到陶寺中期王族墓地里大中型贵族墓葬几乎都遭到了出于政治报复目的的彻底、全面的捣毁[8]。由于这些捣墓坑挖得非常准确，所以陶寺中期王族墓地里的贵族墓葬在墓口很可能有明确的标志。果然，清理 IIM26 的捣墓坑 IIH35 填土中发现一块长约 50、宽约 20 厘米的砾石（图七四）；在 IIM28 的捣墓坑 IIH30 的上部填土中，也发现一块长约 40、宽约 30 厘米的砾石；在 IIM31 的捣墓坑 IIH34 填土内发

图七四　IIH35 出土"墓志石"

图七五　IIH34 出土的"墓志石"　　　　　　图七六　IIH16 近口部大石块

现四块稍小的砾石（图七五）。2002 年清理中期王墓 IIM22 的过程中，在其捣墓坑 IIH16 的开口 1 米以下，发现一块 80 厘米见方的大石块（图七六），当时并未在意。看来，这些捣墓坑里出土的砾石，都应是被捣毁墓葬墓口的标志石，可称为"墓志石"，这在陶寺文化中已经形成一种制度。

特别需要强调的是，陶寺早中期王族墓地里被捣毁的墓葬里所回填的人骨与器物包括墓志石，不一定都是从原墓坑中挖出来的，存在将其他墓里的尸骨、器物包括墓志石回填到该墓的可能，目的就是捣乱和亵渎。不过，可以根据陶寺早中期王族墓地里，在陶寺晚期遭到政治报复捣毁的以贵族墓葬为主的现象，推断墓志石制度很可能主要用于贵族墓葬，具有一定的等级标志意义。

二里头文化和商代早期二里岗文化墓葬，未见有墓志石等墓上标志物的例证。殷墟妇好墓有墓上建筑[9]，晚商至西周时期墓葬没有封土[10]。东周时期，墓葬封土开始大行其道，秦汉时期封土成为贵族墓葬的标配[11]。值得注意的是，东汉时期大贵族墓葬除了有封土之外，还出现了在墓园入口处立墓阙的现象，起到墓表的功能，也成为墓上标志之一。东汉以后墓表逐步取代了墓阙[12]。此外，汉代还流行墓前立石碑之风[13]，墓表和墓碑可以说是陶寺文化贵族墓葬墓志石制度的回潮。墓碑在魏晋时期遭禁，转入地下成为墓志[14]，南北朝时期墓碑再度流行，成为墓葬在地面上的重要标志。正因如此，可回溯性地将陶寺文化早中期王族墓地贵族墓上石块标志称之为"墓志石"。

第五节　观象祭祀台

一、建筑结构

2003～2005 年，中国社会科学院考古研究所山西队与山西省考古研究所、临汾市文物局合作，发掘了陶寺中期小城大型建筑基址 IIFJT1。该遗迹以陶寺中期大城内道南城墙 Q6 为依托，向东南方向接出大半圆形建筑。整个建筑由半圆形外环道和半圆形台基基础构成（图七七）。台基基础由夯土台基和生土台芯组成。外环道在台基的东北角以豁口横穿城墙 Q6。外环道直径约 60 米，总面积约为 1 740 平方米。台基直径约 40 米，总面积约 1 001 平方米。台基大约可分为三层。第一层

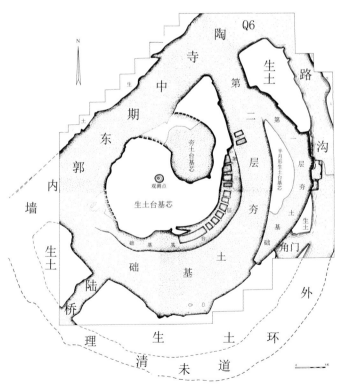

图七七　陶寺中期观象台祭祀台平面图

台基基础位于台基正东，呈月牙形。生土半月台基芯被第一层台基的夯土版块所包护。第二层台基基础呈半环状，东、西两端接在城墙 Q6 上。第三层台基呈半圆形，由夯土挡土墙、夯土观测柱缝及台基芯构成。第三层台基芯以生土为主，还有部分夯土台芯、观测点等遗迹。

现存的陶寺晚期的台基破坏界面上发现了一道弧形夯土墙基础，人为挖出 10 道浅槽缝，形成 11 个夯土柱基础。夏至观测柱缝系统向东错位，设置在了第二层台基上。在最北观测柱 D1 与夏至观测南柱之间搭上一根门楣就成为一个面向东南、内宽 1.8 米的小门。估计此门为"迎日门"。从观测点经"迎日门"向东看去，又可形成一条宽 50 厘米的观测缝。据此，陶寺 IIFJT1 上用于观测的柱缝系列共计 13 个柱子 12 道缝。经垂直向上复原，这 12 道缝分别对着崇峰的某处山头或山脊。其中主峰塔儿山在东 5 号缝内。

陶寺观测点夯土标志位于第三层生土台基芯中部，打破生土。该夯土遗迹共有四道同心圆。中心圆直径 25 厘米，二圈同心圆直径 42 厘米，三圈直径约 86 厘米，外圈同心圆直径 145 厘米。解剖结果显示，陶寺观测点基础残深 26 厘米[15]。

蔺长旺在《浅析陶寺古观象台系统与〈尚书尧典〉的相关性》一文中认为，陶寺观象台观测点核心圆直径是陶寺 1 尺，也等于"太阳目视直径"；42 厘米是陶寺当地夏至影长，145 厘米是陶寺当时春秋分影长，86 厘米是陶寺当时夏至与春秋分之间的一个分界时令，长度与 145 厘米比值为 1.68，也是第二圈直径（1.68尺）；一、二圈直径比 25/42=1.68。《周髀算经》说周地至北极 508 000 里 / 至南极 302 000 里，比值也是 1.68，"无疑表明《周髀算经》之宇宙模型与陶寺天文历法标准尺度之间的基因关系"[16]。蔺长旺的看法有一定道理。

赵永恒通过天文学计算，推测公元前 2100 年陶寺夏至日正午日中心晷影长度为 1.692 423 尺，合 42.25 厘米，即陶寺圭尺 No.12 刻度 42.3 厘米折 1.69 尺，误差 0.05 厘米，折合 0.2 分即 2 毫，误差微乎其微。足见，陶寺观象台观测点第二圈圆直径确实象征了陶寺当地夏至影长。

公元前 2100 年陶寺春分 4 月 9 日正午日中心晷影长度为 5.705 569 尺，合

142.75 厘米，即陶寺圭尺 No.34 刻度 142.6 厘米折 5.7 尺，误差 0.05 厘米，折合 0.2 分即 2 毫。公元前 2100 年陶寺秋分 10 月 9 日正午日中心晷影长度为 5.699 722 尺，合 142.5 厘米，即陶寺圭尺 No.34 刻度 142.6 厘米折 5.7 尺，误差 0.1 厘米，折 0.4 分即 4 毫，误差微乎其微。足证陶寺观象台观测点最外圈圆（基础坑）直径与陶寺当地春分和秋分晷影长度相吻合，象征陶寺春秋分晷影长度。

陶寺圭尺 No.18 刻度 86.2 厘米，折 3.45 尺。

根据黎耕的研究，陶寺圭尺 No.18 的刻度相对于谷雨节气，今 4 月 20 日前后。

根据陶寺观象台 20 节令历法，最接近今天 4 月 20 日前后谷雨节气的只有东 10 号缝日出的夏始（4 月 26 日）和秋始（8 月 14 日）。据此推测，观象台观测点第三圈直径大约象征夏始和秋始之晷影长度，是播种春谷与迎夏仪式和春谷粟秋收季节的重要标志。显然，第三圈直径象征夏始和秋始节令晷影长度，实际上是标志春谷粟种植和收获的重要农时。

至于核心圆 25 厘米，为陶寺标准 1 尺，与 20 厘米为一天文尺（十步远看 20 厘米宽恰好是两个视觉太阳轮廓宽度）的"量天尺"并无关联，王玉民早有专门关于"量天尺"的研究，此处仅彰显国家长度基元的法度，同时限定立足观测点中心观测的标准位置，并无晷影意义。

至此，陶寺观象台观测点四重同心圆的直径象征意义基本全部解读清楚。

中国社会科学院考古研究所于 2005 年 10 月 22～24 日在北京举行了"陶寺城址大型特殊建筑功能及科学意义论证会"。来自中国科学院自然科学史研究所、国家天文台、国家授时中心、北京古观象台、北京天文馆、上海交通大学人文学院、南京紫金山天文台、西安美术学院中国艺术与考古研究所等单位的 15 位天文学家基本肯定了该大型建筑为天文观测遗迹[17]。尽管考古学界仍有部分学者持怀疑态度，但是越来越多的专家学者开始认同陶寺观象台的天文观测功能。

根据考古地层学与类型学分析，可以将陶寺观象台的始建和使用年代定为陶寺中期，平毁于陶寺晚期。

赵永恒先生通过计算陶寺观象台观测缝天文指向线，认为陶寺观象台的始建年代为公元前 2159～前 2019 年之间，很可能是公元前 2089 年[18]。尽管陶寺观象台的始建考古年代不可能准确到天文学年代的某年，但是赵永恒先生计算的陶寺观象台始建年代，落在了考古学年代陶寺中期的范围之内（公元前 2100～前 2000 年）。

二、地平历历法分析

作为发掘者，笔者始终认为台基的功能集观象授时与祭祀于一身。观测系统由观测点、观测缝以及所对应的崇山上的日出点构成。为了证实观象授时的假设，自 2003 年 12 月 22 日冬至至 2005 年 12 月 23 日，考古队进行了两年的实地模拟观测，总计 72 次，在缝内看到 20 次。不仅大致摸清了陶寺文化冬至到夏至再到冬至一个太阳回归年的历法规律，并且获得了十分珍贵的第一手观测资料，为探索陶寺IIFJT1 的天文功能提供重要依据。模拟观测报告已发表[19]。根据模拟观测的初步结果，并结合天文学家的天文学计算与陶寺当地气候环境和民族志资料，对于陶寺观象台观测得到的太阳历各节令所包含的意义进行一些初步的总结[20]，以期初步复原陶寺观象台地平历历法的基本框架。

陶寺观象台总计 12 道观测缝，从观测点可观测到冬至—夏至—冬至一个太阳回归年的 20 个节令的缝中线日切或日半出。这 12 道缝中 1 号缝没有观测日出功能。7 号缝居中，为春分、秋分观测缝。7 号缝向南间隔 5 道缝至冬至日半出，向北间隔 5 道缝至夏至日半出。除 2 号缝观测冬至、12 号缝观测夏至各用一次之外，其余 9 道缝皆于上半年和下半年各用一次，总计 365 天或 366 天（图七八）。

实际上一个太阳回归年是 365.242 2 天，余数 0.242 2 积 4 年约为 1 天，必须加一天为闰日以校正，则闰年总计 366 天。《尧典》云："期三百有六旬有六日，以闰月定四时成岁。"注曰："周匝四时曰期。"但是实际上余数 0.242 2×4＝0.968 8天，不满 1 整天，若视为 1 天置闰，则久而久之累积误差会导致阳历与实际天象即节令日出日期不符，而陶寺正是以观测实际天象来制定历法的，于是观测就成为不断校正历法的必要手段，而不是四年加一个闰日便了之那样简单。《尚书·胤征》就说："羲和废厥职，酒荒于厥邑，胤后承王命徂征。告于众曰：……'惟时

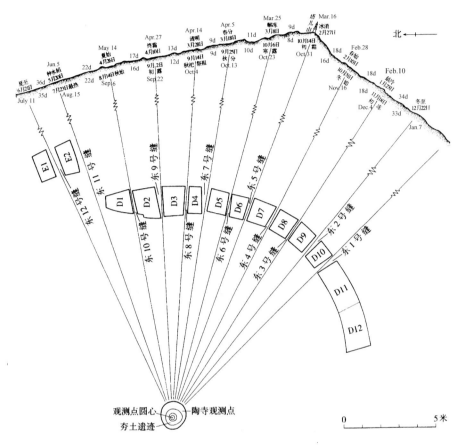

注：观测点至崇山距离为示意。E1、E2、D1～D11 为夯土柱基础。英文日期和天数表示四千年前的日期和间隔天数。

图七八　陶寺观象台实地模拟观测得到的 20 个节令太阳历

羲和，颠覆厥德，沉乱于酒，畔官离次，俶扰天纪，遐弃厥司，乃季秋月朔，辰弗集于房，瞽奏鼓、啬夫驰，庶人走，羲和尸厥官，罔闻知，昏迷于天象，以干先王之诛，《政典》曰：先时者杀无赦，不及时者杀无赦。'今予以尔有众，奉将天罚。"羲和氏乃自唐尧虞舜至三代时的世系天文官，由于嗜酒渎职，不观测天象，导致天象与历法发生错乱，犯了历法先于天象或落后于天象的大罪。足见尧舜至三代时观象对于制定历法的不可替代的作用。

　　陶寺观象台可以观测确定一个太阳回归年中的 20 个节令，以一个太阳回归年

134

中四季气候变化的节令为主，兼顾陶寺当地的宗教节日和农时，但多数为节令结合农时或节令结合宗教节日，很少是三位一体的（表二）。

表二　陶寺观象台太阳历历法

实测公历	四千年前#	观测缝	对应山头	时　令	宗教节日	农　时	间隔
2005－12－22	1 月 7 日	东 2	S8	冬至	郊天祭日，小年，祀先		33 天
*2005－1－23	2 月 10 日	东 3		最冷			34 天
推算	2 月 28 日	东 4	S6	春始	迎春，咬春		18 天
*2005－2－27	3 月 16 日	东 5	塔儿山	冰消	祀大社		18 天
2005－3－8	3 月 25 日	东 6		解冻，终雪		备耕	9 天
2005－3－18	4 月 5 日	东 7		春分		酿酒醋，校度量衡	11 天
2005－3－28	4 月 14 日	东 8			清明节，春播仪式	治蚕室	9 天
推算	4 月 27 日	东 9	N15	终霜		种麻，封姜	13 天
*2005－4－26	5 月 14 日	东 10	N20	夏始	迎夏	种春谷	17 天
2005－5－20	6 月 5 日	东 11				春播水稻插秧	22 天
2004－6－21	7 月 11 日	东 12		夏至	祭地示	种黍、夏谷	36 天
2004－7－23	8 月 15 日	东 11		最热			35 天
推算	9 月 6 日	东 10	N20	秋始	迎秋，尝新	收春谷	22 天
2004－9－2	9 月 22 日	东 9	N15	初露		夏谷抽穗	16 天
*2004－9－14	10 月 4 日	东 8			秋祀节祭祖		12 天
*2005－9－25	10 月 13 日	东 7		秋分		收黍，校度量衡	9 天
*2005－10－6	10 月 23 日	东 6		寒露		收夏谷、水稻	10 天
*2004－10－14	10 月 31 日	东 5	塔儿山	初霜	秋祀敬天地		8 天
*2004－10－31	11 月 16 日	东 4	S6	冬始	冬祀节祭祖，迎冬		16 天
2004－11－18	12 月 4 日	东 3		初冻	祈年	农闲，猫冬开始	18 天

* 根据近期观测数据推算的邻近日期。本计算阳历蓝本依据儒略历，2 月份平年 29 天，闰年 30 天。

\# 系赵永恒天文学计算日期。

显而易见，陶寺的四时不可能靠均分天数来得到，必须通过天文观测日切定点来判定。因此陶寺观象台的作用非常重要，陶寺的历法不可能完全依赖计算步推天数来制定，天象观测是最首要的。天文观测官员的职责重大。《礼记·月令》中还能看出一些蛛丝马迹：孟春之月，"乃命大史，守典奉法，司天日月星辰之行，宿离不贷，毋失经纪，以初为常"。每年孟春，告诫天文官员忠于职守，不能失于观测导致历法与天象错乱不符，通过观测以校准到初始和谐的状态为法则，也就是所谓季冬之月，"日穷于次，月穷于纪，星回于天。数将几终，岁且更始"，历法与天象合璧状态。足见，当时观象仍是制定历法的最主要的手段之一。没有天文观测，历法就无从谈起。

陶寺观象台所显示的陶寺太阳历法是根据当地实际需要，以观测日出定节令的地平历（Horizonal Calendar）或定点历（Positional Calendar）。这是世界上许多原始民族曾经使用过的比较原始的历法，每个节令的间隔天数并不相等，差别较大。而我国今天使用的二十四节气是成熟于秦汉之际的平气历，是按照太阳在黄道运行的位置等分计算得到的，每个节气大约 15 天。陶寺历法与二十四节气本属两个不同的历法系统，二十四节气早不到 4 000 年前的陶寺文化时期。尽管如此，二者在节令意义上还是有一些相近之处的。我们认为，二者 59.3% 的相异性证明陶寺的历法 20 节令不是二十四节气，但是 40.7% 的相似性表明陶寺历法却应是后来秦汉时期二十四节气的主要源头。二十四节气将陶寺观测太阳视运动的日出定点改为太阳在黄道上运行的点定为节气交节的平气临界点，将太阳回归年平分，每段 15 天左右，对陶寺太阳历的 20 节令继承、益损、变化，发展出二十四节气。

二十四节气中继承陶寺太阳历节令的有：冬至、夏至、春分、秋分、惊蛰（相当于解冻）、小满（相当于种稻）、大暑（相当于最热）、白露（相当于初露）、大寒（相当于最冷）、小雪（相当于初冻）。

二十四节气新发展出来芒种、小暑、处暑、大雪、小寒 5 个节气，废除了陶寺历法 9 月 14 日没有时令和农时意义的秋祀祭祖宗教节日。

二十四节气将陶寺的春始提前 6 天改为立春，用雨水取代陶寺的冰消，将陶寺的清明节和终霜合并为清明节气，以谷雨取代陶寺的夏始，另用 5 月 5 日标志立夏，将陶寺的秋始推迟 7 天改为立秋，将陶寺的初霜推迟 9 天改为霜降，将陶寺冬始推迟 7 天改为立冬。

从二十四节气的角度考量，只有新创建的 4 个节气和 1 个废除节令是对陶寺历法的真正否定，约占二十四节气总数的 20.8%，其余 79.2% 的节气均属于陶寺太阳历法的流变。传统观点认为，秦汉时期成熟的二十四节气起源于黄河流域，流行于黄淮地区。陶寺历法的确定，更证明二十四节气的主要源头是黄河中游的陶寺文化。

陶寺观象台测得的 20 个节令太阳历历法，是迄今世界范围内考古发现确定的最早且缜密的地平历历法，不仅在四千年前走在世界天文历法科学的前列，更重要的是成为陶寺邦国王权的科学软实力的一部分，从把握陶寺邦国农业经济命脉、社会生活节律，到表达天赋王权、君权神授的意识形态，都具有重大的实用性，奠定了中国后世历代王朝统治者特别重视天文历法的政治传统的强大基因。

第六节　工官管理手工业区

一、手工业区基本概况

陶寺中期的工官管理手工业作坊区位于城址内东南部，面积大约 20 万平方米，由一处带回廊和门塾及庭院的夯土基址 IIIFJT2 统领。

手工业区内大约有六个工业园区，分别从事石器制造业和陶器制造业。所谓工业园由管理用房夯土基址、工作场所、工匠房屋甚至墓地构成。园区内还有一些沟墙用以分割与封闭，显现出明显的监控态势。

工官管理手工业是中国历代都城手工业的主流体制，相当于"国企"，是计划经济的产物，主要服务于王权、宫廷生活，以控制与国家命脉相关的关键工业。陶寺工官管理手工业体制与管理制度，开创了中国历代王朝都城工官管理手工业制度的先河。开创之功不可磨灭。

二、核心总领建筑 IIIFJT2

IIIFJT2 面积约 1 300 平方米，是手工业区最大的夯土建筑基址，规格很高，大约是工官管理手工业区的衙署性质的建筑基址。

IIIFJT2 选址在陶寺中期手工业区地势最高处，可以俯瞰整个手工业区。夯土基础平面大致呈回字形，面向东南。南北两翼夯土基础呈长条状，似为廊庑或"厢房"基础。南翼基础东端与中期外郭城南角小城内的城墙基础 Q7 相接（图七九）。

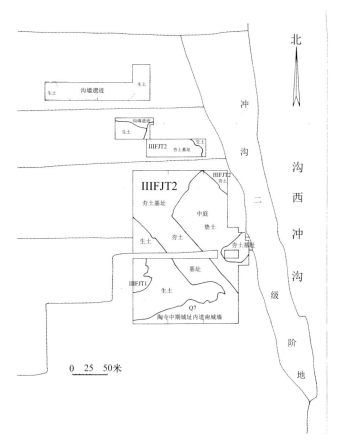

图七九　陶寺 IIIFJT2 平面图

北翼基槽东端可能向南勾回，将东部出口封闭，仅留南侧通道，最终合围出"中庭"院子。总体上判断，主体殿堂应该在中庭西北侧宽基址上。遗憾的是，后期的平田整地将 IIIFJT2 上所有的柱洞都破坏了，未发现一个柱洞和柱础石[21]。但就目前 IIIFJT2 的规模和基础形制看，足以判断其功能应该是陶寺中期手工业区最大、最重要的建筑基址，有理由判定为手工业区最高首脑机关所在地。

三、陶寺中期工官管理手工业分析

陶寺中期都城的手工业区，不是家庭手工业，而是"国营"的社会化生产，生产的产能巨大，管理严格，是计划经济的产物。陶寺政权之所以要工官直接控制手工业，其产业必定与陶寺政权关系密切。

根据钻探与试掘，陶寺中期手工业区内的产业主要有两大类，一类是制陶，一类是石器制造。

1. 制陶业

陶寺中期手工业区南部小城（即 Q7 与 Q6 围出的小城）直接靠在"工官管理衙署" IIIFJT2 基址的门前（即东侧），区位显得格外受重视。通过钻探发现，该小城内有制陶产业，主要生产大贵族墓葬埋葬和宫城内祭祀用低温彩绘陶，有些类似后世宫廷的御用手工业。当然，该小城区内还钻探出一处夯土基址，大约也是管理用房，面积大约 200 平方米，钻探遗迹编号为 30，推测是彩绘陶制作的直接管理者治所。

手工业区北部还有一大片制陶工业区，由钻探遗迹编号 12 的夯土基址管辖，陶窑集中，但是未经发掘，不知生产什么样的陶器。

2. 石器制造业

早在 2006 年，严志斌先生便发表了《陶寺文化石制品研究》一文，从陶寺晚期宫殿区灰沟 IHG8 出土的石制品入手，管窥陶寺晚期发达的石器制造业之一斑[22]。

此后，翟少东博士致力于陶寺文化石器工业研究，发表了一系列重要成果。翟少东博士首先从陶寺遗址石器工业考古调查入手，分析后提出陶寺遗址石器加工是经常性的生产行为，大多是在大崮堆山石料粗加工之后的生产链环节，石料以变质砂岩为主，石坯种类有矛形坯、斧形坯、锄形坯、锛形坯、铲形坯、楔子、盘状器、石刀坯。陶寺石器工业制造点的分布范围，从陶寺早期至晚期在逐步扩大，早期仅限于赵王沟和大南沟之间，中期集中在外郭城内南部手工业区，表明陶寺中期精英阶层可能加强了对石制品生产的管理，晚期则扩散到遗址的中部和西部[23]。为了证实对陶寺遗址石料来源主要为大崮堆山变质砂岩的推测，翟少东博士专程调查了襄汾县沙女沟村的大崮堆山石料场遗址，通过对比陶寺文化其他遗址出土的石料，认为只有陶寺遗址从大崮堆山获取石料制造石器，反过来说意味着陶寺遗址垄断了大崮堆山变质砂岩石料资源，并促进了自己的快速发展[24]。翟少东博士进而通过实验考古分析认为，陶寺石器工业打片制坯的工艺技术要求甚高，但耗时不多；而磨制和抛光技术要求不高，只是比较耗费时间，尤其是变质砂岩材质的磨制需要花费大量的时间[25]。翟少东博士还通过实验考古分析认为，陶寺遗址的石器工业产能大大超过本遗址的石器消费量，大量的剩余产品很可能用于出口和交换，尤其是其变质砂岩石器强大的生产能力，很可能为其向外换取自身发展所需的物资提供了帮助，对维持陶寺遗址在临汾盆地的中心地位发挥了应有的作用[26]。

严志斌与翟少东博士的研究，使我们初步看到了陶寺石器工业的发达程度，变质砂岩主打产品的特点，社会集权控制石料与工业的特征，石器工业商品生产的特质。

根据山西队历年发掘和翟少东博士的调查，陶寺遗址出土的石制品除了海量的打制石片系石器加工过程中的废片之外，石坯的主要种类有矛形坯、斧形坯、锄形坯、锛形坯、铲形坯、楔子、盘状器、石刀坯[27]，还偶见石磬坯、厨刀坯。在翟少东的调查中，矛形坯的出土概率最高[28]，其中早期遗存中1次，晚期遗存中7次，假如中期遗存中原报告判定的楔子（TS2008PM01H1∶4）实为矛形坯的断头，则中期遗存中也有1次，矛形坯的概率总计为9次，明显高于其他石坯。

从上述调查分析不难发现一个奇怪的现象，那就是陶寺石器产品中最重要的矛形坯不知最终产品是什么。其余斧、锄、锛、凿、刀、铲（或钺）、厨刀、磬等石坯均可在遗址中见其成品[29]。这些能见到成品的石器除大型厨刀和石磬为礼器之外，均为日用工具。产品出现的概率表明，陶寺石器工业产品中礼器和日用工具都不占首位，也就是说陶寺石器工业的主打产品不是日用工具，大厨刀和石磬仅为王权服务，也没有旺盛的产品需求，于是矛形坯作为陶寺石器工业的主打产品成为问题的关键。

在陶寺发掘出土的石器成品中，未发现其相应坯料的只有石镞了。经过分析，农具和木作工具不是陶寺石器工业中的主打产品，而主打产品为石镞，这便意味着陶寺城址工官管理的"国企军工石器工业"是"计划经济体制内的商品生产"，生产出来的穿甲镞和片叶镞，除了武装陶寺遗址自己之外，其余大量剩余产品主要用于出口贸易，所以陶寺遗址内部发现的石镞并不多。而另一方面，陶寺穿甲镞以其优越的穿透性、片叶镞以其优越的耐用性，在军工商品市场中更易占得先机[30]。

笔者曾提出石峁邦国社会的商品经济特征[31]。石峁城址自身就是介于中原农业社会与北方草原游牧社会族群之间的大市场、大都会，即商业中心。石峁邦国的军事实力强大，石峁城址的军事防御功能极为凸显，这是因为作为中心市场的城址，必须以强大的军事实力保卫商品、市场和商人的安全。不论是石峁邦国自身军事的需要还是城市中军事商品市场的需求，陶寺出产的变质砂岩穿甲镞或片叶镞，都应是颇受欢迎的商品。希望今后在石峁城址能够发现来自陶寺的变质砂岩穿甲镞或片叶镞，以证明笔者的推测。

第七节　陶寺中期城址普通居民的生活

陶寺中期城址内的普通居民区集中在外郭城西南角今中梁村一带，没有进行过考古发掘，但根据中梁村周边以及宋村沟边暴露的多处自然剖面可见大量陶寺中晚期灰坑和部分房子遗迹，可以初步判断这里就是陶寺中期城址内的普通居民区，面积大约 20 万平方米。

陶寺中期普通居民区的外侧即城外西部，是地势平坦的大片土地，经植物考古采样分析推断为农田的可能性很大，主要种植粟和黍，有很少量的水稻植硅石。据此推测，陶寺中期城址内的普通居民主要是农民，与城址内东南角手工业区内的工匠存在身份差异。

虽然陶寺中期的普通居民区未经考古发掘，但是在陶寺中期城址的北部地区经过大规模的考古发掘，也能管窥到陶寺中期日常生活的基本状况。

陶寺中期的日用陶器组合为釜灶、圈形灶、缸、斝、扁壶、小口折肩罐、高领罐、单耳罐、浅腹盆、折腹盆、圜腹盆、大口罐、豆、敛口折肩瓮。双耳罐、圈足瓮、圈足罐、鬲、单耳小杯（图八〇），标志着一个新时代的开始。特别是双鋬鬲和单把鬲的出现，表明北方肥足双鋬鬲对陶寺文化中期的强烈渗透和陶寺文化对客省庄二期文化部分因素的吸收。陶寺中期突然出现的双鋬肥足鬲，显然是老虎山文化小口肥足鬲与陶寺中期釜灶结合的产物。在陶寺甚至发现了一件中晚期之际的肥足鬲裆部为"炮弹头"状尖底，这是以石峁邦国为代表的老虎山文化双鋬肥足鬲的典型做法。分裆双鋬鬲则与老虎山文化杏花村类型的同类鬲有着十分接近的特征。

陶寺中期的石制武器主要有石钺和石镞两大类。石质工具除了常用的石掐刀、石斧、石锄、石凿外，还有砺石、石杵、石钻头、石钻盖、石臼。此外，还有少量细石器工艺的燧石刮削器。

陶寺中期的骨质工具有耒（即铲）、耜、凿、匕、针、锥。骨质和鹿角质的武器只有骨镞一种。骨质装饰品包括簪、梳。蚌器里有货贝。

图八〇　陶寺中期日用陶器组合

1. 釜灶 82JY16T301M2：1　2. 圈形灶 IT5026 ⑨：5　3. 大口罐 T404H406：4　4. 罐形鬶 T377H3421：3
5. 缸 VIT352H354：13　6. 小口折肩罐 IIT7464H30　7. 扁壶方城 H2001　8. 簋 IT5025 ④：1
9. 桶腹鬲 T358H3421　10. 双鋬鬲 2001IT1H4　11. 双鋬鬲 IT3504H24：2　12. 单把鬲 2000IIT2H22：4
13. 单耳杯 2000IIH22：8　14. 浅腹盆 IT5126H38 ⑥：33

第六章

陶寺晚期遗址殖民地社会

第一节　陶寺文化与石峁邦国关系的简单梳理

韩建业、邵晶二位先生通过对考古学文化面貌和文化因素的分析，认为在陶寺文化早期陶寺与石峁的来往并不密切，但已开始接触[1]。邵晶先生认为这种接触可能是远程贸易的结果。笔者则根据两地互见的文化因素以陶鼓、石磬、石厨刀为主，这些器物在陶寺文化早期王族墓地里均属于礼器组合，且陶寺文化早期，不论是陶寺还石峁，都着力营建都城的核心区——"宫城"，推测在陶寺文化早期双雄的接触还在于"社会上层交流网"的"触网"，彼此相互欣赏、相互吸引。

陶寺文化中期，随着陶寺文化重要炊器釜灶被老虎山文化系统的肥足鬲变种（老虎山文化肥足鬲与陶寺文化釜灶的结合体）所取代，双雄都开始营建"巨无霸"大城，石峁开始大行玉器，并向陶寺渗透。双雄的相互交流进入实质性的密切阶段，双方关系步入"蜜月期"[2]。

陶寺文化晚期，从陶器文化面貌上看，石峁邦国的老虎山文化因素对陶寺文化进行了强烈的冲击，催生了陶寺文化晚期文化面貌的巨变[3]。韩建业先生将这一现象解读为"稷放丹朱"[4]；笔者直接认为是石峁邦国征服了陶寺文化[5]；戴向明先生认为，虽然目前还不能确定陶寺晚期的衰落是否与石峁的南下冲击有关，但这种可能性是存在的[6]。显而易见，陶寺文化晚期，陶寺与石峁双雄"反目"了[7]！

一、都城的沦陷

陶寺中晚期之际，陶寺宫城城墙及城内夯土基址、外郭城城墙、观象台等被彻底平毁，普通遗迹和遗物的分布面积却可达 300 万平方米（图八一）。于是我认为，陶寺文化晚期，陶寺遗址失去了都城的地位，遭受了残酷的政治报复。

在解剖陶寺中期宫城北墙时，发现 ITG32 段 Q15II 和晚期 Q15I 之间有一颇令人费解的现象，即宫墙—墓地—宫墙—墓地之间兴废和功能的频繁转换（图八二）。

在被平毁的陶寺宫城北墙中期墙基的小墓地里发现了陶寺文化中晚期之际的小型墓葬，出现了用筒腹肥足鬲扣头部的葬俗（图八三），其与陶寺文化早、中期传统葬俗迥异。

陶寺宫城东北角门生土豁口南部，被陶寺文化中晚期之际的地穴式房子破坏。房子的居住面灶坑部位，残留一件大口肥足鬲（图八四），裆底呈炮弹头尖状凸起。这是典型石峁肥足鬲裆底的做法。

假如这些破坏宫城的行为全系陶寺城址内部居民所为，实在于理难通。更合理的解释似乎是，对中期陶寺政权及其都城聚落实施政治报复的是一拨人，复建陶寺宫城、城北"地坛"的则是另一拨人。后者秉承陶寺早中期城址的余脉，很可能是陶寺中期政权后裔在晚期偏晚时段的复辟，因而是陶寺本城人的可能性更大。前者作为后者的敌对势力，摧毁了陶寺中期政权，并对陶寺实施政治报复，很可能是外来人。

赵春燕博士对陶寺遗址出土人牙进行锶同位素分析后认为[8]，陶寺晚期非本城出生人口即外来移民比例可占到 50% 左右。博凯龄对陶寺出土动物骨骼做动物考古分析后认为，陶寺晚期绵羊饲养（可能用于羊毛纺织业）显著增长，成为家畜饲养的主业[9]。绵羊饲养成为主业，尤其是以羊毛纺织业为特色的生业方式，显然不是中原地区传统的生业方式，却是中国西北地区游牧或半游牧史前部族的传统生业方式。陶寺文化早中期一直以猪为家畜饲养的主业。陶寺晚期外来人猛

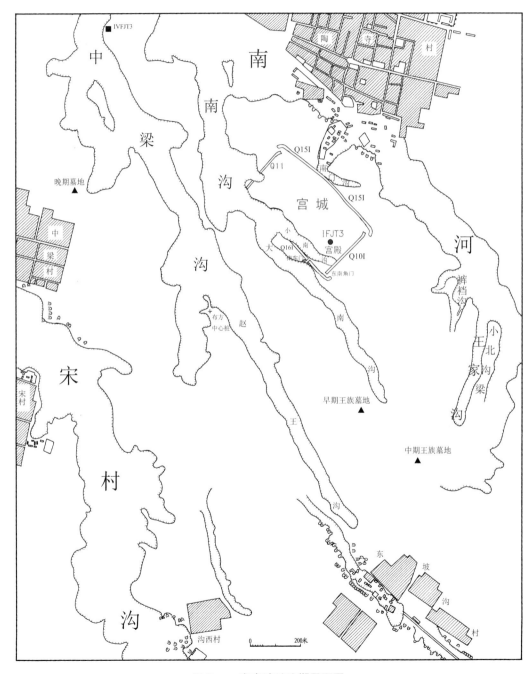

图八一　陶寺遗址晚期平面图

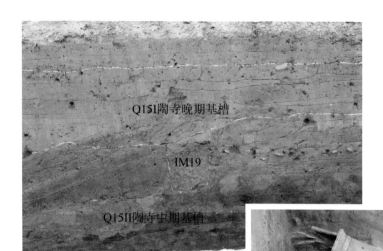

Q15I陶寺晚期基槽

IM19

Q15II陶寺中期基槽

图八二　陶寺宫城北墙 Q15 解剖剖面

图八三　陶寺宫城北墙
中期基础上的小墓

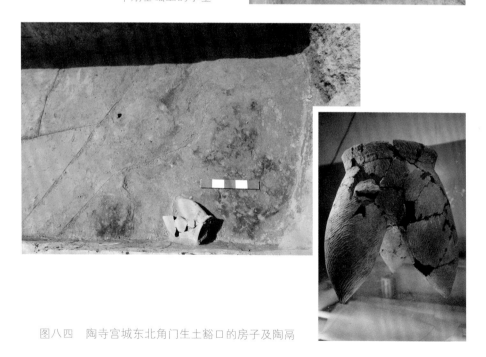

图八四　陶寺宫城东北角门生土豁口的房子及陶鬲

增且占主导地位，与以羊毛纺织为目的的绵羊饲养激增，可以说是相辅相成，能够间接支持"陶寺晚期外来人对陶寺实施政治报复"的推测，并明显指证这些外来人来自西北或北方地区。这些外来人曾对陶寺遗址长期实际占有，并将自身的考古学文化因素与陶寺遗址本地原有的陶寺早、中期文化进行有机的融合，形成了陶寺晚期文化。

据分析，陶寺文化核心器物组合为斝、扁壶、小口折肩罐、侈口折肩罐、浅腹盆、圜腹盆、深腹盆、豆、敛口折肩瓮、圈足瓮、圈足罐、鬲、甗。新出现的形式有侈口折肩罐、深腹盆、Bb 型圈足罐、甗、斝式鬲、肥足鬲、高直领单把鬲。其中肥足鬲、深腹盆、甗、斝式鬲、高直领单把鬲、高直领双鋬鬲很可能受到外来因素的影响。而侈口折肩罐和 Bb 型圈足罐是中期小口折肩罐的变异。肥足鬲（图八五，1）显然是晋中杏花村四期有领双鋬鬲 III 式 H7：3（图八五，2）[10] 与陶寺中期筒腹鬲（图八五，3）结合的产物。高直领双鋬鬲（图八五，5）明显受到杏花村四期薄唇有领双鋬鬲 III 式 Y301：2（图八五，6）的影响[11]。深腹盆（图八五，7）受到杏花村四期侈沿盆 H110：1（图八五，8）的影响[12]。显然，陶寺文化晚期对陶寺都城聚落、社会政治造成巨大冲击的势力，从考古学文化因素的角度考量，直接来自晋中杏花村四期类型遗存的可能性比较大。

正因如此，《晋中考古》在结语中，以双鋬鬲为判别标准，将陶寺文化纳入了所谓"晋中 V 期类遗存"。该类遗存西起晋陕境内汇入黄河的诸支流，北达阴山脚下，南至侯马、河津一带，东北深入洋河和桑干河，北京昌平是这一遗存分布的东部端点，占据了整个冀西北。可见，它以汾河为中心，广布于黄土高原东半部。当然，内部也存在地域差别，典型遗址包括陶寺、白泥窑子、老虎山、朱开沟、黛山口、大口、石峁（图八五，4）、筛子绫罗、岔沟等[13]。

韩建业先生将这类遗存归结为老虎山文化。他将龙山前期的老虎山文化分为老虎山、游邀、永兴店三个类型；将龙山后期的老虎山文化分为白草塔、筛子绫罗、游邀三个类型。白草塔类型包括石峁遗址，游邀类型包括杏花村遗址。晋南地区与此同时的是临汾盆地的陶寺晚期类型和运城盆地的三里桥类型。他认为，

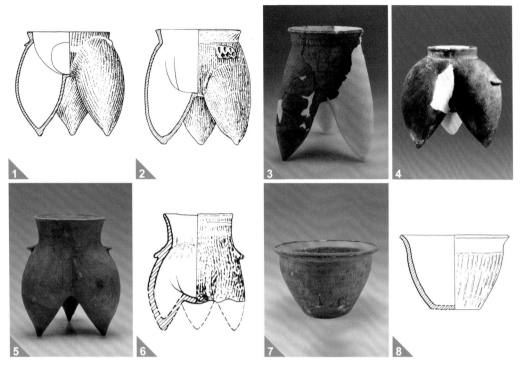

图八五　陶寺文化晚期新出现文化因素与周边文化对比

1. 陶寺肥足鬲 IH6：36　2. 杏花村有领双鋬鬲 H7：3　3. 陶寺 IM21：1 筒腹肥足鬲
4. 石峁后阳湾 W2 出土矮领双鋬鬲　5. 陶寺高直领鬲 T404④：11
6. 杏花村薄唇有领双鋬鬲 Y301：2　7. 陶寺深腹盆 H303：24　8. 杏花村侈沿盆 H110：1

相当于中原二里头文化一、二期的朱开沟文化早期，包含了石峁遗存，是从当地老虎山文化白草塔类型发展来的[14]。韩建业总结道："龙山前期该地区（指北方地区——笔者按）在变革的基础上开始活跃起来，对晋南、豫北冀南等地施加影响，但还不足以改变当地文化格局；龙山后期对西部以外的周围地区施加强烈影响，引起了相关地区文化格局的程度不同的变化和进一步的连锁反应。"[15]

　　不论考古学文化和类型具体如何划分，在龙山时代晚期和二里头文化一、二期前后，内蒙古南部、陕北、晋中、晋南，确实存在一个双鋬鬲文化圈。在陶寺文化中期，晋南地区原本具有庙底沟二期文化传统的陶寺文化，显然是被老虎山文化强行介入双鋬鬲文化因素，才被纳入这个双鋬鬲文化圈的。陶寺文化晚期，北方地区的老虎山文化诞生了一个政治中心，这就是陕西神木石峁城址。石峁城址的横空出世，不仅将老虎山文化变成朱开沟文化，而且很可能彻底改变了陶寺文化晚期陶寺遗址的都城地位与国家命运。

陕西神木石峁城址的发现，似乎为寻找颠覆陶寺中期政权、摧毁陶寺中期都城、造成陶寺晚期社会动荡的策源地，提供了一些重大线索。

二、政治报复

新政权对旧政权进行挑战与摧毁，并以挖祖陵、扒城墙、毁宫庙为最主要行为，表现出新政权对旧政权在意识形态领域里的彻底否定与根除，并以此作为确立新政权统治合法性基础之一[16]，是正统思想的一种异化观念。

本着社会存在决定社会意识的原则，政治报复形成的根源在于国家社会当中存在着新旧政治势力角逐政权胜败的结果，存在着新政权对自己"胜者王侯"的完全肯定、对旧政权"败者寇"的全面否定之政治需要。而不同的政治势力代表着因不同经济利益而形成不同阶级的政治利益，从本质上说并非代表血缘集团的政治诉求，才会出现对旧政权祖庙和祖陵的侵害与否定（新政权并不认同旧政权的祖先神）。这与分层的酋邦社会在分支的宗族（血缘集团）内部通过角逐原始宗教控制权力达到获取整个社会管理控制权力的斗争有着本质的区别。这便是政治报复观念为国家社会独有的根本原因。

龙山时代晚期，晋南比较流行政治报复，尤以陶寺文化晚期表现最为突出。

1. 扒城墙

陶寺城址中期城墙所有解剖段的地层关系都可以证明[17]，中期城墙在陶寺文化晚期遭到彻底平毁，仅残留地表以下的地基部分（图八六）。

2. 中期王族墓地的大规模毁墓行为遗存

2002 年春季和 2005 年春季，我们在陶寺中期小城王族墓地内，共清理中期王

墓 1 座，中型墓 5 座，中期小墓 12 座，晚期小墓 9 座。中期的王墓 IIM22 和所有中型墓全部被陶寺文化晚期扰墓坑所捣毁，附葬于中型墓 IIM26 的 2 座"扈从"小墓也被捣毁，但是装饰品没有被拿走。其余中期小墓没有被捣扰。毁墓行为大致发生在相对集中的时段内，之后进行了统一回填，并形成一层毁墓五花土堆积层第④层。第④层中出土了很多被拉扯出来的人骨残骸和少量完整的玉石器、货贝等[18]。

　　足见，陶寺文化晚期的政治报复行为不仅只捣毁王陵，而且对大贵族及其扈从"鹰犬"的小墓也一并捣毁，而中期的小型墓却未遭捣毁，足证晚期的捣毁墓葬的报复带有明显的阶级性，并非针对整个中期王族的血亲复仇，其报复行为的政治色彩非常突出，陶寺文化的国家社会性质和地缘政治色彩彰显无遗。

3. 中期宫城核心建筑 IFJT3 惨遭破坏与亵渎

IFJT3 位于中期宫城的中东部。IFJT3 是一个较为完整且不可再分割的大型夯土建筑基础，近正方形，方向 223°，东西长约 100、南北宽约 80 米，钻探面积约 8 000 平方米，发掘面积 6 400 平方米。在清理 IFJT3 夯土基址的过程中，在灰坑中发现了一些高等级的遗物如大玉璜、刻花白灰墙皮、蓝彩白灰墙皮、红色纺织品、陶板瓦、鸮首盆鏊等。从发掘资料看，IFJT3 遭到破坏最为严重的部位是 IT5126 所在的基址中轴线上稍偏北处[19]。

在陶寺文化晚期偏晚时期，IHG8 对该部位的破坏达到空前规模，表明 IFJT3 彻底的平毁可能在这一时期。与此同时，暴力与厌胜行为也到达高潮。原 IFJT3 周围又新出现石器作坊，宫城的等级制度完全彻底的瓦解。

IT5126 一系列陶寺文化晚期窖穴和灰坑出土了大量生活、生产、破坏宫殿建筑的垃圾以及人骨和兽骨，其核心目的是以厌胜巫术的行为，反映国家社会所特有的"政治报复"意识形态。所谓政治报复是指新的政治势力推翻旧政权后对旧政权核心意识形态进行摧毁、破坏、诅咒、亵渎，从而表现出新政治势力对旧政权摧枯拉朽式的彻底征服与荡平，且使旧政权永世不得翻身，作为新政治势力彻底胜利的象征。政治报复行为最典型的物化形式是扒城墙、挖祖陵、毁宫庙。ITFJT3 是陶寺文化中期宫城的核心建筑，承载着陶寺文化中期的宗庙，不可幸免地被 IJX12、IHG8 等一系列陶寺晚期灰坑和窖穴大规模地破坏，抛入阴部插着牛角的女尸，扔进肢解的人骨和狗骨、病死的瘟猪，倒入生产和生活垃圾，倾入破坏宫殿的建筑垃圾，用厌胜巫术的形式充分表现着政治报复的意识形态。

4. 陶寺观象台遭破坏与厌胜

陶寺中期郊天祭日的观象祭祀台 IIFJT1 不仅在晚期被铲平，而且路沟出入口有磔狗等厌胜巫术行为，路沟被灌入水形成 IIHG3，核心部位被埋入凶死的尸首 IIH23 和 IIM24[20]，夯土台基芯部位被挖坑灌水形成 IIH24。这些行为都是以厌胜巫术诅咒祭天圣坛[21]。

据地层关系推测，IIM23 的时代不晚于陶寺文化晚期。IIFJT2 正东方向第一层台基的生土半月台芯，同样具有圣洁、天净的意义。这层台基是举行迎春仪式之处。生土台基芯不允许站人，更不允许埋人了，由此可以排除 IIM23 系 IIFJT1 建筑或使用时下葬的。这个没有任何随葬品的贫民小墓，打入生土台基芯，很可能仍是陶寺文化晚期对中期观象祭祀台神圣不可侵犯禁忌的践踏与报复（图八七）。

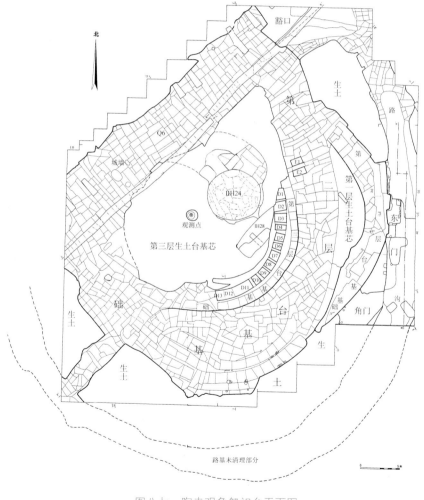

图八七　陶寺观象祭祀台平面图

图八八　IIH23（北视）

IIH23 的时代为陶寺文化晚期偏早，主要目的是破坏 IIH28，处于 IIFJT1 台基芯上的一个重要部位。埋入的人骨架无头，一定是凶死。坑里出土一件石镞，暗示该骨架的凶死可能与战事有关。凶死之人被故意埋入 IIFJT1 台基芯的关键部位，亵渎与厌胜的意图极为露骨（图八八）。

IIM24 虽也属于陶寺文化晚期（图八九），但显然捷足先登，先于 IIH23 在误以为是 IIFJT3 台基芯关键部位的 IIH28 表面，进行蓄意破坏，埋入战死之平民（图九〇），同样属于对 IIFJT3 的亵渎与厌胜。

图八九　IIM24

图九〇　IIM24 胸椎石镞细部

三、殖民社会状况

陶寺晚期，在近一个世纪的漫长历史时期，陶寺社会几乎处于"无政府"

的无序状态。自从铲除了外郭城和宫城城墙，消除了宫城与都城空间控制的物理边界后，所谓都城功能区划等级制也土崩瓦解。陶寺遗址的占地面积达到空前规模，有近 3 平方千米，突破了中期外郭城的界限。但是，人们随意居住，完全没有功能区划和居住等级制观念，居址与手工业遗存共存，垃圾坑与窖穴混杂。简而言之，陶寺遗址晚期呈现出"大杂院"式的"热闹"与混乱，居住人口众多。

特别值得注意的是，陶寺晚期的垃圾坑、垃圾沟里经常会掺杂一些被肢解的人骨。这至少说明陶寺晚期不仅居住形式杂乱无章，更恐怖的是社会治安环境极为恶劣，草菅人命的暴力行为司空见惯。

造成陶寺晚期社会长期暴力动荡的根源，在于石峁邦国作为征服陶寺的殖民者，对于庞大的陶寺原住民即被殖民的人，采取了一种低成本的管理手段，便是放任本地居民内部矛盾与混乱形成内耗，以瓦解本地人的团结，使本地人始终处在散乱的弱势地位而寻求强势的外方仲裁管理。说到底，殖民统治者仅关心从殖民地最大限度地榨取利益，而并不在乎殖民地社会的稳定与发展。

四、殖民经济特色

陶寺晚期的生业带有明显的殖民地经济特色，即生产的产业结构与方式由征服者即殖民统治者决定。

譬如，陶寺晚期的石器工业不再局限于原来中期城址外郭城内南部工官管理的手工业区内，而是散布在陶寺遗址各处，同陶寺中期政府严格控制监管石器工业园区形成鲜明的反差，甚至原宫城内也出现了石器加工遗存[22]。这种现象也可以解读为陶寺的原住民即被征服者整体沦为石峁邦国的"国家奴隶"——工奴和农（畜）业生产奴隶[23]，整个陶寺遗址变成石峁邦国的"产业园"，除了农业、羊毛业生产[24]之外，石器制造是另一个支柱产业。这些产品主要贡献给石峁城址。

陶寺晚期遗址内的石器加工业表面上没有工官管理监控，比较分散，但是实际上这些分散的石器加工作坊很可能由石峁邦国"化整为零"地一对一监督管理。陶寺人牙齿锶同位素分析结果表明，陶寺晚期非陶寺本地出生的外来人口比例达到峰值，在 50% 以上[25]，似乎在暗示这一点。对于占领者来说，陶寺变质砂岩穿甲镞的生产技术毫无秘密和难度可言，没有控制的必要，所需监督控制的唯有陶寺工匠生产穿甲镞和片叶镞的工作效率，具体说就是磨制工作的成效。来自石峁邦国的外来者与陶寺原住民工匠杂处，客观上导致陶寺晚期石器加工场所分散，并不局限在一个专门的区域。

翟少东的统计分析表明，矛形坯在陶寺晚期的统计概率也达到最大[26]。这也就表明陶寺晚期石峁邦国让陶寺遗址的"工奴"进行石器加工的主要产品，仍然是变质砂岩穿甲镞。

这一结果在一定程度上揭示出石峁邦国对于陶寺城址的征服、政权的摧毁的重要动机之一，就是通过征服陶寺城址与政权，直接接管原陶寺政权对大崮堆山采石场资源的独占权力，并将陶寺从事石器军工制造的工匠整体沦为国家"工奴"，直接为石峁城址或石峁邦国制造变质砂岩穿甲镞，不再像陶寺早中期那样必须通过同陶寺政权的商品交易才能得到变质砂岩穿甲镞。石峁邦国通过控制陶寺工奴和大崮堆山的石料资源降低变质砂岩穿甲镞的生产成本，减少了原先与陶寺早中期政权交易的中间环节，直接得到陶寺工奴生产的穿甲镞，作为军工商品出售，则大大提高了变质砂岩穿甲镞的利润空间。只有足够大的利益诱惑，才能驱动石峁邦国对陶寺邦国以及陶寺都城进行征服，并对其施行长达百年的殖民统治。陶寺的农产品与羊毛业只是捎带发展的殖民经济罢了，生产变质砂岩穿甲镞的陶寺石器军工产业，才是石峁邦国觊觎的核心。

诚然，石峁邦国完全可以在征服陶寺城址之后，将制造变质砂岩穿甲镞的工匠掳往石峁城，在石峁开工生产穿甲镞，但是独特的大崮堆山石料资源远离石峁城，长途跋涉运输石料至石峁城显然得不偿失。于是石峁邦国就地让陶寺"工奴"为其生产穿甲镞，只将成品运往石峁即可。

第二节　昙花一现的复辟与最终覆灭

陶寺晚期偏晚某个阶段，陶寺政权曾经出现过短暂的复辟，表现为宫城和泽中方丘的重建，但外郭城始终未能重建。

一、宫城的复建

2006 年，为找到陶寺宫殿区内中期核心建筑基址 IFJT3 的西北角，用探沟法在 IFJT3 基址的西北部发现另一座夯土基址的部分遗迹，编号为 IFJT4，夯土质量很差，面积大约 2 000 平方米，时代为陶寺晚期。当时考古队在全力寻找 IFJT3 的四至，同时疑惑 IFJT4 的时代判断可能有问题，便没有对 IFJT4 的具体情况进行进一步的发掘追寻。

陶寺晚期偏晚某个阶段，宫城北墙 Q15 和南墙 Q16 被修复重建为 Q15I 和 Q16I。基槽开口 13～17 米，比中期宫城基槽窄；深 1.5～2 米，比中期浅，基坑挖得浮皮潦草。此次重建不是孤立的事件，宫城内陶寺晚期夯土基址（图九一）、城外西北大型方形夯土建筑 IVFJT3 均为陶寺晚期偏晚修筑的大型建筑。晚期宫城基槽内的夯土质量与晚期宫殿建筑、夯土基址同样低劣。

陶寺宫城内核心建筑 IFJT3 前殿的东南角部分夯土为陶寺晚期补垫，部分柱洞出土的陶片为陶寺晚期，且前殿的三排柱洞中，前排和后排的柱列并不在一条直线上，从建筑学的角度看，不可能架起同一座殿堂屋顶，唯一的解释是属于两个不同时期的殿堂，只是大致在同一个位置残留下埋深足够深的柱洞，留在清理的发掘面上，看似属于同一个建筑，其实是先后的两排。这便意味着，IFJT3 前殿始建和用于陶寺中期，第一次被毁于陶寺中晚期之际，而后陶寺晚期偏晚某个阶段，曾经原地重建过。最终被再次摧毁破坏，夷为平地。

此外，陶寺宫城的正门南东门，在此时也重建。东阙夯土基槽有部分陶寺晚期

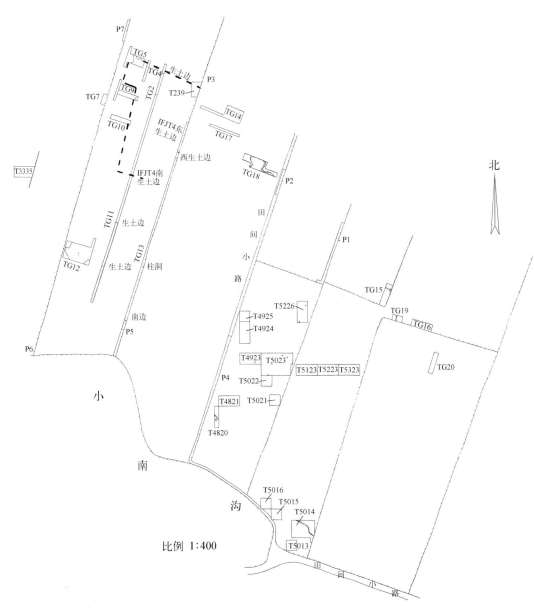

P7

TG5

TG4 生土边

TG7 TG9 TG2 P3

T239

TG10 IFJT4东 生土边 TG14

TG17

西生土边

T3335 IFJT4南 生土边 TG18 P2

TG11 生土边 田 间 小 路 P1

TG13 生土边 柱洞 TG15

TG12 TG19 TG16

南边 T5226 TG20

P5 T4925

P6 T4924

小 T4923 T5023

T5123 T5223 T5323

P4 T5022

南 T4821 T5021

T4820

沟 T5016

T5015

比例 1:400 T5014

T5013

田 间 小 路

北

图九一 陶寺宫城内晚期基址 IFJT4 钻探试掘示意图

夯土,暗示陶寺晚期重建该门。但是,南东门东、西两阙夯土基础后又再次被众多陶寺晚期最晚的灰坑大面积打破。

二、地坛的复建与再次摧毁

2011~2012 年,通过大面积揭露,发现陶寺中期城址外北部一座大型夯土基址 IVFJT1~IVFJT3。经过发掘基本确定,IVFJT1~IVFJT3 基址平面形状为圆角方形,部分为中梁沟所破坏,北边缘东西残长 28 米,东北拐角明显,南北残宽至少 48 米,方向为北偏西 45° 左右,与城墙及宫殿基址 I FJT3 方向一致。该夯土基址南部包含残存的陶寺文化早期基址夯土 IVFJT1 和部分残存的陶寺文化中期基址夯土 IVFJT2 版块(图九二)。陶寺晚期的基址 IVFJT3 保存相对完整[27],西北段台基外壁高于现存地表 40 厘米左右,是迄今发现的陶寺夯土建筑基址中唯一一残留高于地表的台体。根据该建筑基址所处的多水环境,推测其功能为"泽中之方丘",即祭祀地祇之坛[28]。

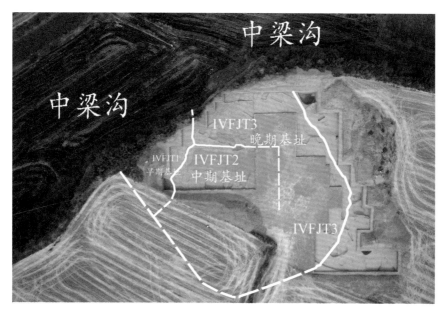

图九二 陶寺遗址"泽中方丘"基址

2005 年的发掘资料显示，IVFJT2 中期基址主体曾被陶寺晚期偏早的房子、窖穴打破，表明作为地坛，IVFJT2 在陶寺晚期偏早阶段便被彻底破坏，祭坛功能丧失。但是陶寺晚期某个时段，地坛被重新修复扩建为 IVFJT3，总面积在 1 000 平方米左右。而 IVFJT3 复被陶寺晚期偏晚的灰坑、窖穴、小房子和小墓葬打破，再次被彻底毁弃。

第三节　陶寺晚期的日常生活

陶寺晚期延续了一个世纪，整个聚落在绝大部分的时间内被褫夺了都城地位，没有了宫城与外郭城限制，人们呈现出无序的混杂居住状态，反而日常生活和生产的遗迹和遗物极为丰富。

陶器晚期的日用陶器组合为浅盆形肥足鬲、双錾鬲、鬶式单把鬲、斝、晚期扁壶、小口折肩罐、浅腹盆、圜腹盆、豆、敛口折肩瓮、圈足瓮、圈足罐、鬲，新出现侈口罐、深腹盆、甗、双耳三足杯。抛弃的组合有高领罐、中期扁壶、釜灶、圈形灶、缸、单耳罐、折腹盆、大口罐、双耳罐（图九三）。这个时代的特点是鬲的强化，尤其是浅盆肥足鬲是中期深腹双錾肥足鬲的直接后裔，大行其道。敛口瓮口部和腹部有模仿石峁邦国三足瓮的特征。敛口斝的特征也与石峁邦国敛口斝或敛口斝式盉形制趋同，这些迹象都与陶寺晚期石峁邦国对陶寺的征服后形成的殖民文化有密切的关系。陶质工具类包括陶筹（纺轮）、陶垫、鬲模，另有石灰贝。

陶寺遗址晚期单位中出土石器的数量是十分可观的，分布范围遍布整个遗址，只是器类比较单调，石器组合包括石斧、铲、掐刀、镞、箭杆整直器、臼、钻盖、纺轮或圆形石筹等。

陶寺晚期地层单位中，铜器出土较多，集中在晚期墓葬和宫城内。铜器皆为红铜铸造件。铜器组合为铃、齿轮形器（朔望月小轮）、蟾蜍片饰、箅形器等，很可能均属于礼仪用器，而不属于金属工具或武器类等常用之物。

图九三　陶寺晚期日用陶器组合

1. 肥足鬲 H301：6　2. 双鋬鬲 ITG34H115　3. 双鋬鬲 IIITG1③：2　4. 鬶式单把鬲 IVH401：22
5. 单把鬲 IIIH302：29　6. 鬲模 H428：309　7. 盆形斝 H303：13　8. 甑 H3403
9. 敛口瓮 H3426：15　10. 圈足罐 IT5126H34：17　11. 深腹盆 H303：24　12. 圈足盘 IH1007：56
13. 单耳罐 IT1015：5　14. 三足杯 H25　15. 小口折肩罐 IT2017H6

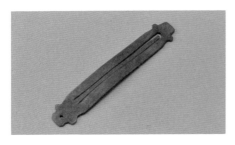

图九四　骨口簧 81JS62 Ⅲ T422H428：29

陶寺晚期骨器加工业比较发达，所以晚期地层单位中发现骨器较多。骨、蚌器组合为铲、凿、锥、针、镞、簪、佩饰等。特殊用器有卜骨、穿孔龟甲、角形帽。乐器中的口簧（图九四）可能是从石峁遗址舶来的。

第四节　陶寺晚期洪水问题

陶寺中晚期之际，陶寺邦国被石峁邦国征服，在陶寺晚期的百年时间内，陶寺城址丧失了都城地位，并遭到了残酷的政治报复，缺乏强有力的政府管理。陶寺晚期偏晚阶段陶寺政权曾经昙花一现式的复辟，旋即被再次剿灭[29]。陶寺晚期由于都城地位的丧失，对水资源的利用和污水排放缺乏人工管理的明确证据表明，很可能处于放任自流的状态，仅在行洪和水井使用方面有所表现。

1.陶寺晚期的行洪措施

陶寺中期都城原有的水系和水控制体系基本废弛，造成了居址范围内多次遇到大洪水。据莫多闻教授现场判断，陶寺晚期曾经从宋村沟方向冲来几次大洪水，覆盖了陶寺遗址西北部分地区，陶寺中期外郭城西墙 Q2 南段在中梁村一带不见踪影，很可能与这几次洪水有关。靠近外郭城西墙 Q2 内侧中梁沟两岸发现的陶寺晚期洪积层，很可能也是宋村沟的这几次大洪水泛滥的产物。

陶寺中晚期之际，陶寺城墙被毁，作为行洪沟的小北沟废弛。于是，陶寺晚期来自南河上游的大洪水从遗址东部冲入陶寺，随后陶寺晚期的居民采取挖沟的形式，开挖出小北沟西侧的王家沟，即今陶寺镇与东坡沟村之间交通的水泥路所穿过的沟，打破陶寺中期外郭城东北角城墙 Q5 和 Q6 的墙基槽，增强了南河支流行洪

图九五　陶寺裤裆沟东岸陶寺晚期人工堵口遗迹

入主河道的能力。陶寺中期小北沟是否仍在发挥作用，已不得而知。

王家沟西侧是裤裆沟，也似人工开挖的分洪小沟，打破陶寺中期外郭城东墙
Q5、北墙 Q4 基槽。裤裆沟东崖壁上发现了长 20 米左右的洪水堵口遗迹剖面，堵
口处出现管涌漏斗被洪积砾石包填满的迹象（图九五）。这表明陶寺晚期时行洪沟
王家沟也一度废弛，新开凿的裤裆沟规模很小，行洪能力有限，造成来自南河上游
的洪水从遗址东北冲入遗址，在裤裆沟东岸造成崩岸和管涌漏斗。

迫于水患，陶寺晚期有过两次较大的行洪沟开挖工程，一次是稍早的王家沟，
一次是稍晚的裤裆沟。这两次工程都因陶寺晚期政权的孱弱、组织能力有限、财力
不足，而工程量远小于陶寺中期开挖的小北沟，所以行洪能力都十分有限。

2. 陶寺晚期水井

陶寺晚期水井仅清理一座 J401，位于原宫城外西南部，属于普通居民区。井
深达 14.4 米，井底部有原木构井圈。凿井技术与早期没有太大差别[30]。这说明陶
寺晚期聚落内比较低平地区的普通居民饮用水依然依靠井水。

第七章

陶寺遗址与尧舜之都的考古证据链

考古学的目的是发现和复活逝去了的古代文化，复原逝去了的古代社会，追寻逝去了的历史。史前时期（prehistoric period）是指几乎没有当时文献记载的历史时期[1]。原史时期（proto-historic period）是指已有少量当时文献记载，但是缺乏系统的、丰富的文献记载的历史时期。有系统的、丰富的当时文献记载的历史时期，公认为历史时期[2]。因而，史前时期和原史时期的历史，往往由于缺乏文字记载而以口传历史的形式传承而被称为"传说时代"[3]。史前史和原史史的重建，实际上就是在历史话语体系下，用考古学解决传说时代的历史问题。

传说时代历史的考古研究方法论的创新，首先是理念上的突破。以往中国史学界和考古学界都未能对史实与古史系统加以明确区分，导致不论是二重证据法、三种证据法抑或是笔者提出的"文献考古"，都是用考古资料同古史系统互证与互释。考古资料的客观真实性和后人无法篡改的特性，是毫无疑义的。而古史系统则是不同历史时期的人们根据当时的需要、利用史实和社会记忆构建的"经典"，这就是文献，包括传世文献和地下出土文献，由是，用考古资料与古史系统对应、互证和互释，便会产生诸多的漏洞、缺环、反证或不确定性（或称歧义性）。因此，从理念上我们首先要明确，传说时代历史的考古研究，是用考古资料探索和重建"史实素地"[4]，而不是与层累的古史系统对应、互证和互释。

其次，方法上的创新在于建立"证据链"的概念，将古史系统即文献纳入证据链的要素中来，要像刑侦学那样，将地下出土的、无言的、碎片化的、有瑕疵的考古物证，结合相关文献，辅以方言、方志、民俗、神话传说、民族志等人类学证据，串联成一条比较完整、逻辑清晰、指向性一致的证据链，证据链上的所有片段证据都指向文献记载所包含的同一个史实素地。传说时代历史的探索方法以考古证据链为核心基础，包括时空框架、考古学文化面貌，还包括社会组织特征、精神文化特征。

在这条证据链里，考古学、文献学、人类学证据不仅是三重各自层面和角度提供的证据片段，更是以考古证据链为主股，配合文献证据链股，辅以人类学证据链股，拧成的一条有机联系的三股证据链绳（图九六），这样探索和重建出来的传说时代历史即史前史或原史史，便是坚实的经得起时间和历史考验的"史实素地"。

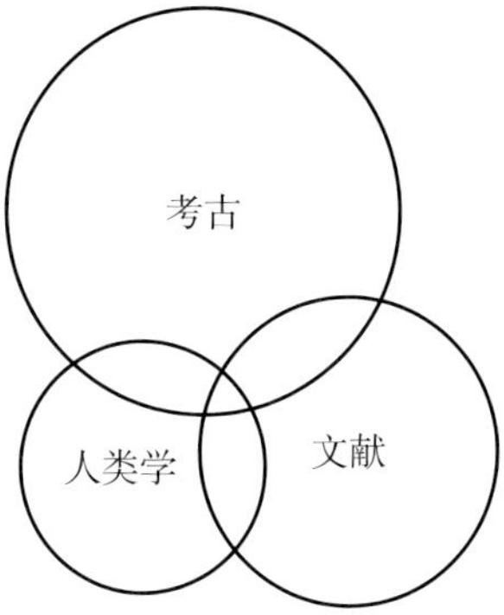

图九六　传说时代历史考古证据链的断面示意图

传统观点认为，中国文献中所记载的"尧舜禹"时期属于传说时代，那么这个时代的考古探索当然属于历史考古的范畴。所以，三股证据链绳的方法，在陶寺遗址为尧舜之都的考古探索中发挥着决定性的作用。

第一节　考古证据链与文献证据链拧合

一、陶寺出土文字自证

陶寺朱书文尧（图九七），系地下出土文献。笔者主要依据陶寺遗址出土的考古资料特性、背景关系（contexts）提出，"尧"字本义是在黄土塬上用夯土版块（也可能是土坯）建造的大城。虽然文尧扁壶均属于陶寺晚期原宫城内垃圾坑里出土的遗物，但是，这些文字皆用朱砂或赤铁矿书写而成，写在汲水器扁壶的残片上，很显然是以厌胜巫术的形式，借用先王的威名，镇压某种鬼祟或祸患。

结合陶寺晚期遗址范围内的几次大洪水遗存[5]（参见第六章第四节）和扁壶汲水器的功能，笔者推测应当是陶寺晚期人利用先王"文尧"的威名镇压水患。做法的场所就是"文尧"的"故宫"即陶寺宫城原址内，使用过后便将朱书扁壶残片扔进垃圾坑。因此，虽

图九七　陶寺晚期朱书"文尧"扁壶残片（H3403∶13）

1. 扁壶鼓腹部"文"字　2. 扁壶平腹部"尧"字

然在陶寺晚期陶寺遗址已不再作为尧都存在，但是尧王族的后人仍然居住在陶寺遗址，还曾借用先王文尧的威名镇压水患。做法时，巫师的说辞很可能就是《尚书·尧典》开篇的那句名言："曰若稽古，帝尧，曰放勋，钦、明、文、思、安安，允恭克让，光被四表，格于上下。""文尧"二字用红色颜料书写，"光被四表，格于上下"已不会用文字表达，便用句意式符号在扁壶的破片边缘用红彩勾边表达[6]。从这个角度说，陶寺晚期的朱书陶文"文尧"，可视为陶寺尧都的文字自证。

二、与《尚书·尧典》的拧合

《尚书·尧典》称："曰若稽古，帝尧，曰放勋，钦明文思安安，允恭克让，光被四表，格于上下。……乃命羲和，钦若昊天，历象日月星辰，敬授人时。分命羲仲，宅嵎夷，曰旸谷。寅宾出日，平秩东作。日中，星鸟，以殷仲春。厥民析，鸟兽孳尾。申命羲叔，宅南交。平秩南为，敬致。日永，星火，以正仲夏。厥民因，鸟兽希革。分命和仲，宅西，曰昧谷。寅饯纳日，平秩西成。宵中，星虚，以殷仲秋。厥民夷，鸟兽毛毨。申命和叔，宅朔方，曰幽都。平在朔易。日短，星昴，以正仲冬。厥民隩，鸟兽氄毛。帝曰：'咨！汝羲暨和。期三百有六旬有六日，以闰

月定四时，成岁。允厘百工，庶绩咸熙。'"这是一段关于帝尧史迹最权威、最经典也最不易解的记述。恰是这段如诗一般跳跃记述的只言片语，能够从陶寺考古资料的分析中找到与之系统拧合的考古印记。

1. 陶寺五表：四表与中表

"光被四表"之表，孔颖达《疏》解释为："表里内外，相对之言，故以表为外，向不向上至有所限。旁行四方，无复限极，故四表言'被'，上下言'至'。'四外'者，以其无限，自内言之，言其至于远处。正谓四方之外畔者，当如《尔雅》所谓'四海''四荒'之地也。"而贾公彦的五表之说，从技术层面上看更加贴近。《周礼·地官司徒》谈到圭表法测1.5尺影长地中时，贾公彦疏云："周公度日景之时，置五表。五表者，于颍川阳城置一表为中表，中表南千里又置一表，中表北千里又置一表，中表东千里又置一表，中表西千里又置一表。"

根据这两条解释，笔者认为陶寺文化的四表是以地中作为中表基点的东西南北四海之畔上的四至点。陶寺文化的四表以陶寺城址的地中所立中表为基点，即按照陶寺城址的纬度线 N35°52′55.9″，约 N35°53′ 测量寻找陶寺文化所处欧亚的东西两端点，确定东西二表；按照陶寺经度线 E111°29′54.9″，约 E111°30′ 测量寻找欧亚大陆南北两端点，确定陶寺文化南北二表。按照这样的技术路线，推导出的陶寺文化四表点位置如下：

（1）南表点：广东阳西沙扒月亮湾，距山西襄汾陶寺城址 1 593 千米，经纬度为 N21°30′21.77″，E111°29′20.28″。濒南海。这一带在上古时期被称为交趾。

（2）北表点：俄罗斯萨哈共和国诺尔德维克（Nordvik）以东的拉普捷夫海南岸上，经纬度为 N76°40′26.77″，E111°30′29.08″。濒北冰洋。这一带在上古时被视为幽都。

（3）东表点：山东胶南市朝阳山嘴矶头，濒临灵山湾，与陶寺城址中心桩直线距离 771 千米，经纬度为 N35°53′17.34″，E120°05′14.95″。濒黄海。这一带在上古时被称为嵎夷。

（4）西表点：叙利亚拉塔基亚省 Ras al Basit 之 Badrusiye Shore（海岸），经纬度为 N35°53′13.05″，E35°53′10.68″。濒地中海。这一带在上古时曾被视为流沙。

诚然，如此广表的陶寺四表点空间在四千年前就已确立，的确令人难以置信。在几乎难以考古实证的情况下，其他的旁证是必不可少的。

2. 以中国古代文献中四海之内地广数据做校验

据徐凤先博士研究，依据陶寺长度基元 1 尺 =25 厘米得出，1 000 尺 =1 里 =250 米，四海之内东西地广 28 000 里折合 7 000 千米，南北地广 26 000 里合 6 500 千米[7]。

以陶寺城址中表为测量十字基线，则陶寺文化东西两表间距为 7 563 千米，比 28 000 里 7 000 千米多 563 千米，误差率 7.4%；陶寺文化南北两表间距为 6 113 千米，比 26 000 里 6 500 千米少 387 千米，误差率 6%。

上述计算表明，文献所说四海之内东西地广 28 000、南北 26 000 里的数据是实测得到的，并非虚妄臆造。该套地广数据是陶寺文化以陶寺遗址为中表的四表之间的实际直线距离。所推测的陶寺文化四表实测地点是合理的，先秦文献所记四海之内的地广数据证明了它们的存在。

它们分别位于交趾、幽都、崵夷、流沙的陶寺南、北、东、西四表，标志着尧舜时期的天下观在陶寺文化时期形成，至战国时期被广泛认同与传颂。《墨子·节用中》说："古者尧治天下，南抚交趾，被降幽都。东西至日所出入，莫不宾服。"《韩非子·十过》也有同样的说法。这些都与四海之内的地广数据所至暗合[8]。

3. 敬授民时

《尧典》："历象日月星辰，敬授人时。"这一记载在陶寺观象台地平历中得到验证，前文已证，不再赘述。

4. 寅宾出日

《尧典》曰："寅宾出日，平秩东作。"《孔传》说："寅，敬。宾，导。秩，序也。岁起于东，而始就耕，谓之东作。东方之官，敬导出日，平均次序东作之事，以务农也。"《舜典》则说："宾于四门。"《孔传》释道："舜流四凶族，四方诸侯来朝者，舜宾迎之。"综合起来考虑，我认为"寅宾出日"的本意是在门口迎接日出的仪式。

陶寺观象台的东 11 号与东 12 号用于观测夏至日出的观测缝之观测柱系统，被人为"违反观测技术规范"地错开，就是将观测夏至日出的观测柱缝系统 E1 与 E2 向外推移到第二层台基上，这样便形成一道宽约 1.8 的门（图九八）。如果站在第三层夯土台基芯上，可以通过这个迎日门（图九九）举行 12 月 22 日冬至至 5 月 20 日种水稻、7 月 23 日最热至冬至的迎日仪式。"迎日门"的别有用心的设计，完全是出于宗教祭祀的考虑，对于天文观测没有必要。由此也可证明陶寺观象台是集观象授时与郊天祭日于一体的复合型建筑。如此也就解释了许多专家的疑惑——为何陶寺观象台夏至观测柱缝系统被"违反观测技术规范"地向外推出。

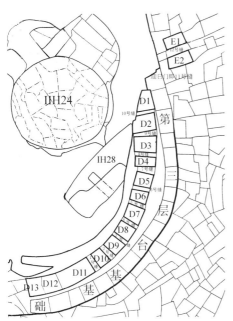

图九八　陶寺观象台观测柱缝系统局部图　　　　图九九　陶寺观象台迎日门复原

如果将"寅宾出日"硬与汉儒的解释——有关春天农事相附会，则陶寺观象台第一层台基面向正东，从路沟上第一层台基有正规的台阶和门。路沟南侧第一层台基的夯土壁在正门的西侧还有包木板的痕迹，正门台阶也有包木板的痕迹[9]。第一层台基有月牙形的生土台基芯。这些遗迹均暗示第一层台基及其正门和踏步台阶，都具有强烈宗教礼仪象征意义，这里也是举行重要礼仪的一个位置。按照中国传统的阴阳五行方位观念，东方为春、为木、为农事。陶寺观象台第一层台基及其正门，很可能与2月10日春始节令举行"迎春"暨"平秩东作"仪式有关。在第一层台基通过正门迎接"春始"日出，也可以表达为"寅宾出日"，其意义很明确为"平秩东作"，与农耕开始的礼仪相关联。《礼记·月令》记载"孟春之月"，天子有迎春、祈谷、躬耕帝藉等仪式，均与农事开始有关。

5. 阴阳合历

《尧典》："期三百有六旬有六日，以闰月定四时，成岁。"《孔传》曰："匝四时曰期一岁，十二月，月三十日，正三百六十日。除小月六，为六日，是为一岁有余十二日；未盈三岁足得一月，则置闰焉，以定四时之气节，成一岁之历象。"说通俗一些，这种历法是将一个太阳回归年（太阳历）365或366日与12个月（太阴历）相配，用3年置一闰月的方法将阳历和阴历统一起来，这是典型的阴阳合历，就是我国今天仍在使用的农历。陶寺晚期小墓M11出土的铜朔望月小轮（图一〇〇），29个不具有传动功能的齿，很容易将人们引导向每个朔望月29.530 59平太阳日方面思考，表明陶寺很可能存在太阴历。而朔望月小轮除了用于象征月相周期功能之外，其更有可能用于阴阳合历的配制。29齿朔望月小轮，分别与30齿和31日太阳历大日轮；30齿朔望月大轮，分别与30

图一〇〇 陶寺出土铜朔望月小轮

齿和31日太阳历大日轮相配，即可制定出阴阳合历的日历[10]，目的在于推算相当长一段时间之后的阳历哪天是阴历的哪天，会有怎样的月相，如新月、上弦月、满月、下弦月、晦（无月亮）等。

6. 尧时四岳官僚

《尧典》帝曰："咨！四岳，汤汤洪水方割，荡荡怀山襄陵，浩浩滔天。下民其咨，有能俾乂？"佥曰："於！鲧哉。"帝曰："吁！咈哉，方命圮族。"岳曰："异哉！试可乃已。"

陶寺早期和中期的中型贵族墓葬，很有可能是官僚墓葬，墓主人为农官、天文官等。陶寺早期贵族墓葬随葬的玉石圭，是委任官员的凭信。

《尚书·舜典》："辑五瑞。既月乃日，觐四岳群牧，班瑞于群后。"《孔传》："舜敛公侯伯子男之瑞圭璧，尽以正月中乃日日见四岳及九州牧监，还五瑞于诸侯，与之正始。"孔颖达疏："是圭璧为五等之瑞。诸侯执之以为王者瑞信，故称'瑞'也。"《白虎通疏证·瑞贽》申论的更清楚："《尚书》'揖五瑞''觐四岳'。谓舜始即位，见四方诸侯，合符信。……何谓五瑞？谓珪、璧、琮、璜、璋也。……五玉者各何施？盖以为璜以征召，璧以聘问，璋以发兵，珪以质信，琮以起土功之事也。珪以为信者何？珪者，兑上，象物始生见于上也。信莫著于作见，故以珪为信，而见万物之始，莫不自洁。"《周礼·大宗伯》注亦云："礼神者必象其类……圭锐，象春物初生。"

根据陶寺早期王族墓地中型墓出土的玉石圭形态看，圭的顶端皆钝角，即所谓的琰，明显一边刃长，一边刃短，并非等腰三角形，呈人状，象征每年春天小苗将地面拱起，此所谓"兑上，象物始生见于上也"，"圭锐，象春物初生"。每年春天小苗萌发，象征守信，此所谓"信莫著于作见"。那么，《舜典》所谓的辑五瑞、班群后，应是指帝舜对四岳群后等官员进行定期考核时，收集和颁发玉圭作为委任凭信。《史记·五帝本纪》说尧使舜摄政时，"五岁一巡狩，群后四朝。"《集解》：郑玄曰："巡狩之年，诸侯见于方岳之下。其间四年，四方诸侯分来朝于京师也。"也就是群后诸侯进京考核。于是五瑞之一的圭，就相当于后世的官印符节、委任状。考核前一律收缴，考核合格才能再颁发。玉圭出自陶寺早期王族墓地的中型墓中，一方面表明这些随葬玉圭的中型墓墓主确应是官僚，更表明陶寺文化存在比较完善的官僚委任和考核制度。

《周礼·春官宗伯》曰："以玉作六瑞，以等邦国。王执镇圭，公执桓圭，侯执信圭，伯执躬圭，子执谷璧，男执蒲璧。"《周礼·考工记·玉人》称："玉人之事，镇圭尺有二寸，天子守之。命圭九寸，谓之桓圭，公守之。命圭七寸，谓之信圭，侯守之。命圭七寸，谓之躬圭，伯守之。"

陶寺遗址出土过两件尖首圭。早期中型墓 M3032 出土一件，长 15.8 厘米。该墓位于早期大型墓附近。早期小型墓 M1700 出土一件，长 17 厘米[11]（图一〇一）。河南淅川下王岗遗址龙山晚期文化层中出土过一件石圭，长 9.2 厘米[12]。

玉石圭长度与官僚等级的对应，理论基础是圭尺用于天文大地测量。《周礼·考工记》言曰："土圭尺有五寸，以致日，以土地。"《周礼·夏官司马》云："土方氏掌土圭之法，以致日景。以土地相宅，而建邦国都鄙。"《周礼·地官司徒》云："以土圭之法测土深，正日景，以求地中。……日至之景，尺有五寸，谓之地中，天地之所合也，四时之所交也，风雨之所会也，阴阳之所和也，然则百物阜安，乃建王国焉。制其畿方千里，而封树之。凡建邦国，以土圭土其地而制其域：诸公之地，封疆方五百里，其食者半；诸侯之地，封疆方四百里，其食者参之一；诸伯之地，封疆方三百里，其食者参之一；诸子之地，封疆方二百里，其食者四之一；诸男之地，封疆方百里，其者四之一。"贾公彦疏言："土，犹度也，以土圭度其地。假令封上公五百里，

图一〇一　陶寺出土玉石圭

国北畔立八尺之表，夏至昼漏半得尺五寸景，与土圭等；南畔得尺四寸五分，其中减五分，一分百里，五分则五百里。减四分则四百里封侯，减三分则三百里封伯，减二分则二百里封子，减一分则一百里封男。是土其地之法。"

根据"凡建邦国，以土圭土（度）其地而制其域"的原则以及贾公彦对于"度其地之法"的详解，笔者推测圭尺的长度或许象征官员委任辖区夏至影长、地理区位或地广。虽然徐凤先博士分析证明中国古代"日影千里影长差一寸"（意为"夏至晷影差一寸，南北大地距离差一千里"）的天文大地测量计算常数是错误的[13]，但是根据她的研究思路和原理计算，山西襄汾陶寺的经纬度是 N35°52′55.9″，E111°29′54.9″，河南登封告成王城岗的经纬度是 N34°24′04.4″，E113°07′31.2″。二者之间纬度差 1°28′51.5″，约合 1.5°。根据文献和天文学计算，陶寺与王城岗两城址之间夏至影长实际差 1.69-1.5=1.9 寸[14]。也就是说夏至晷影差 1 寸 =1.9 寸 ÷1.5 ≈ 1.27°，子午线上约差 1.27°。则陶寺夏至晷影差 1 寸，子午线上南北大地距离差 1.27°×111 千米≈ 140.6 千米 =562.4 陶寺里。由于陶寺1 寸 =2.5 厘米，按照《周礼》所谓诸公之国五百里，标志其南北畔之间地广的玉石圭长度定不足 2.5 厘米（1 寸），从象征性的角度看过于小气，缺乏足够的视觉效果。因此大胆推测，玉石圭的长度有可能是官吏委任辖区南北地广夏至晷影差的 10 倍。

以陶寺 M1700 玉圭长 17 厘米为例，约合 6.8 寸，意味着其墓主委任辖区南北畔夏至晷影差实际为 6.8 寸 ÷10=0.68 寸。则实际南北地广 0.68 寸 ×562.4 陶寺里 =382.4 陶寺里，不足 400 里诸侯封地等级，大于《周礼》诸伯国之地的等级 300里，当归为诸伯封国之等级，且长度合于《考工记》所谓诸伯所持 7 寸躬圭之等级。陶寺 M3032 玉石圭长 15.8 厘米，合 6.32 寸，所辖区南北实地地广 0.632 寸 ×562.4 陶寺里 =355.4 陶寺里，小于 400 里，大于《周礼》诸伯国之地的等级 300里，当归为诸伯封国之等级，且长度合于《考工记》所谓诸伯所持 7 寸躬圭之等级。因此笔者倾向于认为陶寺 M1700 和 M3032 玉石圭长度是伯级官僚辖区的南北地广基于南北畔夏至晷影差的象征物[15]。

三、陶寺圭尺与"允执厥中"

《论语》说，帝尧禅位给舜的时候叮嘱："天之历数在尔躬，允执其中。"陶寺圭尺、玉琮游标构成完整的"中"。甲骨文"中"字写作🀰，其中"丨"描绘的是圭尺漆木杆，"囗"描绘的是套在圭尺上追逐晷影移动的玉琮游标，上下两端所谓的"飘带"是指示圭尺漆杆上有彩绘的刻度。综合来看，甲骨文字就是圭尺的象形与指示，"中"是西周之前乃至史前时期对圭尺的称谓[16]。圭尺以其测晷影确定地中（即甲骨文所谓"立中"）、制定历法以及天文大地测量功能，被作为王权象征的权杖，故而掌握权柄称之为"允执其中"。明清紫禁城内核心建筑群三大殿中央殿称"中和殿"，殿内高悬的匾额上书"允执厥中"。足见允执其中这个"牢牢掌握印把子"的思想对整个中国历代王朝的影响极为深远。

四、"豮豕之牙"与文德之治

《周易·系辞下》载"黄帝、尧、舜垂衣裳而天下治"。帛书《周易·昭力》载："又问：'豮豕之牙，何谓也？'子曰：'……上政垂衣裳以来远人，次政橐弓矢以服天下。《易》曰：'豮豕之牙，吉。'夫豕之牙，成而不用者也。又笑而后见，言国修兵不战而威之谓也。'"

《周易·大畜》载："豮豕之牙，吉。"王弼注曰："豕牙横猾刚暴，难制之物，谓二也。五处得尊位，为畜之主。二刚而进，能豮其牙，柔能制健，禁暴抑盛，岂唯能固其位？乃将有庆也。"孔颖达曰："观注意，则豮是禁制损去之名。褚云：'豮，除也，除其牙也。'然豮之为除，《尔雅》无训。案《尔雅》云：'豮，大防。'则是堤防之义。此豮其牙，谓防止其牙。古字假借，虽豕傍土边之异，其义亦通。豮其牙谓止其牙也。"可见，汉儒们对"豮"字的解释有些含糊，大致认为其意为拔除猪犬齿（俗称獠牙），或防止猪獠牙长大。这里的豮是动词。

《说文》解释说："豶，羠豕也。"段玉裁注云："羠，騬羊也。騬，犗马也。犗，騬牛也。皆去势之谓也。"《说文》将豶视为名词，指阉割了的公猪。

如果考虑到帛书《周易·昭力》所谓的"夫豕之牙，成而不用者也"，似乎是将豶视为名词。经向中国社会科学院考古研究所科技中心动物考古专家袁靖先生请教，得知家养公猪獠牙过大或过长，都会伤及人或其他猪，因此可以在一定的年龄段将公猪阉割去势，减轻公猪的暴戾倾向，客观上也有可能减缓獠牙（犬齿）的生长。这似乎比较符合《尔雅》对豶的解释。

陶寺中期王墓 **IIM22** 头端墓壁上，以公猪下颌骨为对称轴（图一〇二），左右各摆 3 柄带彩漆木把的玉石钺（玉兵）[17]。公猪下颌骨上的獠牙出土时已经残断，不知是公猪生前即被损坏还是下葬时被刻意掰断。总之是被损坏獠牙的公猪下颌骨，似乎又与《周易·大畜》正义的解释暗合符节。至于是否是去了势的公猪，蒙

图一〇二　陶寺 IIM22 头端豶豕之牙图示

袁靖先生惠告，目前国内外尚无相关动物考古研究成果可以借鉴，无从判别。然而至少可以从损坏公猪獠牙的行为角度来理解陶寺 IIM22 头端的公猪下颌骨即为"豮豕之牙"。这一豮豕之牙的图示，象征修兵不战、兵不血刃、耀武扬威、不战而屈人之兵的文德治国的"上政"理念[18]，与陶寺朱书扁壶"文尧"二字，对帝尧文德的颂扬不谋而合。

而更有趣的是，IIM22 南侧墓则放置折断的木弓和去除箭杆的装在布袋里的鹿角镞 8 组，图解《昭力》所谓的"次政橐弓矢以服天下"。仿佛反衬头端"豮豕之牙"上政图示的正统地位。而另一方面，假如断弓与去杆鹿角矢并非出于"毁器葬"的宗教目的，则有可能在配合"豮豕之牙"去弓矢战斗功能化，同样表达"成而不用"的上政思想。本书第四章认为陶寺早期王墓出土龙盘中蟠龙的整体象征意义是上政与次政的结合——人不犯我，我不犯人，人若犯我，我必犯人。陶寺中期王墓 IIM22 头端的"豮豕之牙"图示与南墓壁"次政橐弓矢以伏天下"图示，显然是早期蟠龙上政与次政结合思想的延续。

第二节 考古证据链与人类学证据拧合

一、陶寺蟠龙与"尧诞传说"

《竹书纪年》曰："帝尧陶唐氏，母曰庆都，生于斗维之野，常有黄云覆其上。及长，观于三河，常有龙随之。一旦，龙负《图》而至，其文要曰。亦受天佑，眉八彩，须发长七尺二寸，面锐上丰下，足履翼宿。既而阴风四合，赤龙感之。孕十四月而生尧于丹陵，其状如图。及长，身长十尺，有圣德，封于唐。梦攀天而上。高辛氏衰，天下归之。元年丙子，帝即位居冀。命羲和历象。"

陶寺早期王族墓地中的王墓，出土有龙盘，图案中的龙用朱砂绘制，因而是"赤龙"。盘龙身上有鳞状斑纹，可谓"龙负图"。赤龙自盘底向盘口盘旋，可谓"攀天而上"。虽然陶寺文化早已脱离了图腾崇拜的阶段，蛇并非陶寺早期王族的图腾，但是陶寺龙盘中龙的形象，与《竹书纪年》帝尧父系赤龙传说耦合，或可作为帝尧王族神化象征的图示。

二、陶寺文化核心区与"尧王"方言分布

根据地方志和方言资料，山西襄汾、临汾南部、乡宁东部、曲沃一带方言称太阳为"尧王"，发音近"窑窝"[19]，旧县志方言记载为"鸦窝"，或称"尧窝"[20]。这一极为特殊称谓的方言，使用地域十分有限，几乎与陶寺文化最核心区即陶寺城址及其周边地区（相当于京畿区）大致重合。看来这一重合绝非偶然。"尧天舜日"的成语恐非空穴来风。《史记·五帝本纪》云："帝尧者，放勋。其仁如天，其知如神。就之如日，望之如云。"《索隐》释曰："如日之照临，人咸依就之，若葵藿倾心以向日也。"帝尧故都的后人在历史记忆中，将尧比作太阳，言下之意将自己比作葵藿，在方言中留下"就之如日"的历史印记。

可资辅证的是，陶寺遗址不仅有观测日出的观象台，早期王族墓地中随葬的陶器中常在大口罐肩部用朱砂绘制圆圆的红太阳或日半出的形象（图一〇三），恰是陶寺观象台观测节令所定的标准天象——日下缘切山脊线（简称日切）或日半出。具体说，日半出天象是用于冬至和夏至节令判断的标准时刻天象，即日出一半在山脊线上。日切则用于判断其余 18 个节令的标准时刻天象。因此，陶寺文化对于太阳的观测与崇拜具有特别重要的意义。足见以陶寺遗址为中心的陶寺文化京畿区方言称太阳为尧王，确有其深厚的历史渊源。

图一〇三　陶寺早期墓葬
M2171：18 大口罐肩部红太阳彩绘

三、陶寺地名的由来

陶寺遗址命名源自陶寺村。据了解，陶寺镇所辖五个自然村，历来没有陶姓村

民。陶寺村何以得名一直是个谜。《尚书·序》云："少昊、颛顼、高辛、唐、虞之书，谓之五典，言常道也。"注云："唐，帝尧也。姓伊耆氏。尧初为唐侯，后为天子，都陶，故号陶唐氏。""都陶"是否是陶寺地名的缘起？

解希恭和陶富海是临汾地区的地方文博学者，他们曾分析陶寺作为村名，已无从考证始于何时，然而陶寺之"陶"很可能源于地名。而"寺"可依文献解释为朝中立法执法之所。于是"陶寺"本义从字面可以解释为"古陶国的首脑机关所在，即国都"[21]。况且，陶寺中期工官管理手工业区内的IIIFJT2确实有手工业管理衙署。

有关陶的地名还有山东的定陶。假如尧都定陶是真实的话，那么山东定陶一带应当能发现龙山晚期的都城遗址，规模与内涵应当与陶寺遗址等量齐观。遗憾的是至今定陶没有任何史前都城遗址的考古发现。依据目前考古资料，笔者认为陶寺作为尧都之陶比山东的定陶更有说服力，陶寺作为地名本义为"古陶国的首脑机关所在即国都"之说可从。

四、考古发现古唐国线索

《毛诗·唐谱》郑氏笺云："唐者，帝尧旧都之地。今日太原晋阳，是尧始居此，后乃迁河东平阳。"田建文先生认为，唐与晋是两个相邻却不同的地方。他认为山西浮山桥北墓地和临汾庞杜墓地，很可能是商末周初古唐国，即虞叔封唐的唐国。曲沃天马—曲村晋侯墓地是唐伯徙晋之后的晋国所在地[22]，与陶寺遗址仅隔塔儿山。临汾与浮山原本就是陶寺文化分布区，确切说是陶寺都城以北的陶寺文化遗址群分布区。在陶寺文化分崩离析之后，部分留在临汾盆地的陶寺文化后裔，或乃《史记·晋世家》《索隐》所谓"且唐本尧后"，被二里头文化东下冯类型所同化，大概是《索隐》所谓"封在夏墟"，继续苟延残喘，被称为"唐国"，历史上曾属于帝尧故都的管辖范围，却不一定是帝尧旧都本身。商周时期唐与晋的考古判定，从一个侧面证明陶寺遗址乃帝尧旧都。

第三节 "尧舜并都"的分析

如果陶寺城址早期是尧都，那么中期是谁的都城？这便成为一个不容回避的问题。按照史书传颂的尧舜禅让的逻辑对应，陶寺中期城址则就应是舜的都城。《五帝本纪》说尧晚年将天下授予舜，尧丧三年，舜避尧子朱丹于南河之南，诸侯朝觐、狱讼、讴歌都找舜，舜叹"天也"，"夫而后之中国践天子位焉，是为帝舜。"显然，舜接受政权的都城还是帝尧的地中之都，也就是陶寺。先是，据《尚书·舜典》称："舜让于德，弗嗣。正月上日，受终于文祖。"孔氏传云："上日，朔日也。终，谓尧终帝位之事。文祖者，尧文德之祖庙。……王云，文祖，庙名。马云，文祖，天也，天为文，万物之祖，故曰文祖。"不论是尧文德之祖庙，还是天宗，都应在尧的故都。若是文德祖庙就很可能在陶寺宫城里，如果是天宗就应在观象祭祀台附近。所以《水经注》引汉人应劭曰"县在平河之阳，尧、舜并都之也"，应当有所本。

其实，李民[23]、许宏[24]、王克林[25]、黄石林[26]、马世之[27]、曲英杰[28]、彭邦本[29]、张国硕[30]等先生，都曾认为陶寺遗址是虞舜，或尧舜甚至是尧舜禹的都城。笔者认为这些先生的意见颇有见地。陶寺早期城址是尧都，中期是舜都。如此，中期完备的都城便有了明确的主人，也才能使陶寺早中期都城形态变化、政权顺利交替与文献称颂的"尧舜禅让"不悖；陶寺中期的观象台才能继承《尧典》的天文学知识体系，才能"协时月正日"；陶寺中期王墓 IIM22 随葬的圭尺才能继承尧帝的地中标准 1.6 尺夏至影长，才能与《论语·尧曰》所谓尧禅位于舜谆谆嘱托"允执其中"相合符节。

关于陶寺中期城址有可能是舜都的推测，还可以找到以下一些证据链。

一、陶寺早中期都城与"尧舜禅让"

《尚书·舜典》云："曰若稽古，帝舜，曰重华，协于帝。浚哲文明，温恭允

179

塞，玄德升闻，乃命以位。慎徽五典，五典克从；纳于百揆，百揆时叙；宾于四门，四门穆穆；纳于大麓，烈风雷雨弗迷。帝曰：'格！汝舜。询事考言，乃言底可绩，三载。汝陟帝位。'舜让于德，弗嗣。正月上日，受终于文祖。"这是关于尧舜禅让的权威记载。《史记·五帝本纪》将类似的记载说得更详细一些："于是帝尧老，命舜摄行天子之政，以观天命。……尧立七十年得舜，二十年而老，令舜摄行天子之政，荐之于天。尧辟位凡二十八年而崩……尧知子丹朱之不肖，不足授天下，于是乃权授舜。授舜，则天下得其利而丹朱病；授丹朱，则天下病而丹朱得其利。尧曰'终不以天下之病而利一人'，而卒授舜以天下。尧崩，三年之丧毕，舜让辟丹朱于南河之南。诸侯朝觐者不之丹朱而之舜，狱讼者不之丹朱而之舜，讴歌者不讴歌丹朱而讴歌舜。舜曰'天也'，夫而后之中国践天子位焉，是为帝舜。"所谓"中国"，《集解》中刘熙曰："帝王所都为中，故曰中国。"《五帝本纪》还说："舜入于大麓，烈风雷雨不迷，尧乃知舜之足授天下。尧老，使舜摄行天子政，巡狩。舜得举用事二十年，而尧使摄政。摄政八年而尧崩。三年丧毕，让丹朱，天下归舜。"

以上是被儒家历代讴歌的尧舜禹禅让的官方记载。

陶寺早期城址与中期城址在聚落形态上有重大的差别，早期王族墓地位于早期宫城外的东南，中期王族墓地则位于中期小城内。早期与中期的王族位于不同茔域，显然不是同一王族。

陶寺早期王墓随葬品组合为龙盘、鼍鼓、陶鼓、石磬、彩绘陶器、日用陶器、彩绘木器等[31]。陶寺中期王墓随葬品组合为彩绘陶器、玉器、玉石列钺、漆器、漆柷、青石列厨刀、黼韠猪肉等[32]，不见龙盘、鼍鼓、陶鼓、石磬、日用陶器等早期王墓重要器物组合主体。足见早期与中期王墓的丧葬礼制有了重大变化。

据体质人类学的人骨形态分析，陶寺早期与中期的人骨在体质形态和DAN上都存在明显的差别[33]，直接表明了陶寺早期与中期人群在族属上的差别。

上述证据表明，陶寺文化早期与中期之间，政权是在两个没有血缘关系的王族之间交替的。然而另一方面，陶寺城址的都城地位却在中期得到进一步完善、扩大与发展，政体也没有出现断层现象，早期的国家社会在中期也得到顺利发展。这充分说明陶寺早期与中期政权的交替是顺畅的，没有经过疾风暴雨式的政权更迭改朝换代，完全可以解释为"禅让"。虽然王晓毅和丁金龙先生根据陶寺晚期的政治报复现象质疑尧舜禅让[34]，然而如果将视角从陶寺中晚期的动荡前移至陶寺早中期的政权顺利交接，史称"尧舜禅让"恐非空穴来风。

二、浮山尧庙村遗址与"丹朱食邑"

今山西省浮山县与翼城县交界地区，陶寺文化遗址集中在尧庙村、尧山村一带。这里有一处规模较大的陶寺文化早中期遗址，也有汉唐、明清时期的建筑基址，传称为"尧庙"，村因此得名。据明《(洪武)平阳志》称，浮山乃"尧子丹朱食邑之地"[35]；尧庙村清代同治九年《修复北尧庙碑记》碑额赫然镌刻四个大字"陶唐管下"。

尧庙村陶寺文化早中期遗址大约有 45 万平方米，经笔者实地考察，发现大量陶寺早中期大型灰坑，局部有夯土遗迹，采集到大型灶圈残片和彩绘黑皮陶残片，这两类陶器原本仅见于陶寺宫城内。这些都暗示尧庙村遗址的规模与山西洪洞万安遗址大致相当，但等级似乎更高，所以《平阳志》所谓的"丹朱食邑"还是有可能的。

尧庙村遗址所谓"丹朱食邑"的说法，其历史的素地可能源自尧舜统治权角力的结果。《古本竹书纪年》称："舜囚尧，复偃塞丹朱，使不与父母相见。"《孟子·万章》说舜"而居尧之宫，逼尧之子，是篡也，非天与也"，都暗示舜为争夺尧的统治权，使用了一些非常手段，很可能是软禁或放逐，隔绝尧父子，阻断尧顺利传位给子丹朱的正常渠道。那么，将尧子丹朱放逐到陶寺文化东北部边地今浮山尧庙村遗址一带是很有可能的，所以尧庙村遗址可延续到陶寺中期即舜统治时期。故此处被后人称为"丹朱食邑"。丹朱在此地建立祭祀先父尧的纪念堂，这就是浮山尧庙的最初缘起。尧庙村遗址尚未经过考古发掘，希望今后能有重大考古发现。

三、双头龙玉佩与舜诞的传说

与陶寺早期王墓随葬龙盘可与《竹书纪年》中关于赤龙与尧诞传说的附会相类似，舜诞传说也可在陶寺中期王墓 IIM22 的随葬品中找到相应的影子。

《尚书·序》孔颖达疏曰："尧母曰庆都，观河遇赤龙，唵然阴风，感而有孕，十四月而生尧。又云舜母曰握登，见大虹，感而生舜。"丁山先生曾分析认为，双头龙或蛇的图形谓之"穷奇"，即甲骨文所常见的"虹"字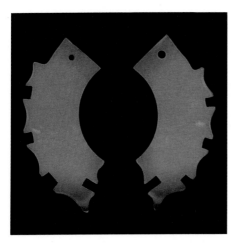，郭沫若先生始隶为"蜺"，象雌雄二虹两端有首[36]。辽宁喀左东山嘴"女神庙"建筑基址内出土的双头龙形玉璜，是最早的所谓"穷奇"霓虹的宗教艺术形象[37]。

根据甲骨文"虹"字象形双头龙以及东山嘴红山文化双头龙形玉璜，似乎可以推断上古时期的双头龙形玉璜很可能象征霓虹。

陶寺中期最大王墓 IIM22 东北角壁龛内的大漆箱子顶部和背部，共放置了三组龙形玉璜，两两一组。其中箱顶的两组出土时用黑色皮带相连。

IIM22 随葬玉璜组，背部带扉棱，头端有矩形口。连以皮带，便构成双头龙（图一〇四）。该墓出土的龙形玉璜组不仅是陶寺文化墓葬最多的，玉质也是最好的。与此形成鲜明对比的是，陶寺早期 6 座王墓均不随葬龙形玉璜。足见，龙形玉璜组珮，是陶寺中期王墓 IIM22 墓主的一大特色。如果说陶寺早期王墓随葬龙盘，与庆都感于赤龙诞尧的传说附会，可作为帝尧王族的标识或族徽，那么陶寺中期王墓 IIM22 随葬的三组龙形玉璜组珮，则可与握登感于大虹而诞舜的传说附会，作为帝舜王族的标识物。

图一〇四　陶寺 IIM22 随葬龙形玉璜组珮

四、彩绘勾连纹与"舜"

《说文》曰："舜，艸也。楚谓之葍，秦谓之蔓。蔓地生而连华，象形。"陶寺中期王族墓地中型墓 IIM32 随葬一件彩绘陶双耳罐[38]，所绘图案为回旋勾连花纹（图一〇五），很可能就是"蔓地生而连华"艸的象形。这种勾连花纹，有可能是舜王族的另一种徽章图式。

图一〇五　陶寺 IIM32 彩绘双耳罐

五、有关舜的物用在陶寺的发现

《史记·五帝本纪》讲了一段关于舜的故事："尧乃赐舜绤衣，与琴，为筑仓廪，予牛羊。瞽叟尚复欲杀之，使舜上涂廪，瞽叟从下纵火焚廪。舜乃以两笠自扞而下，去，得不死。后瞽叟又使舜穿井，舜穿井为匿空。旁出。舜既入深，瞽叟与象共下土实井，舜从匿空出，去。瞽叟、象喜，以舜为已死。象曰'本谋者象'。象与其父母分。于是曰：'舜妻尧二女，与琴，象取之。牛羊仓廪予父母。'象乃止舜宫居，鼓其琴。舜往见之。"故事中提到了绤衣、琴、仓廪、牛羊、水井、宫室。关于绤衣，《正义》解释为："绤，敕迟反，细葛布衣也。"陶寺中期宫城内有中期的宫殿建筑基址，其中最大者 IFJT3 面积约 6 000 平方米，有前后主殿。在清理 IFJT3 基础的过程中，曾发现过红色纺织残片，IIM22 扰坑底部残留有细麻布残片，足见绤衣之说或有所本。而陶寺遗址在 20 世纪曾清理过 4 个水井，3 个早期的，1 个晚期的[39]。陶寺遗址有陶寺早期和中期的独立仓储区，居址内也常见早中晚期的窖穴。陶寺遗址的动物考古分析表明，陶寺遗址早中晚三期均有黄牛和绵羊，早期引入陶寺，数量略少，中期牛羊数量有一定数量，到了晚期绵羊数量大幅增加[40]。可见，除了琴难以保存之外，《五帝本纪》所述舜孝悌的故事中所提到的事物，陶寺遗址早中期考古遗存中均能见到。

六、洪洞万安遗址与"妫汭"

《尚书·尧典》和《史记·五帝本纪》均明确表示舜原本为尧的乡野臣民，由尧的重臣四岳举荐，经过尧的考察，试舜"五典百官"，成为尧臣及接班人。从《五帝本纪》中梳理的尧舜权力交接过程可以看出，尧七十岁时，舜已在民间以孝行闻名二十年，舜时年三十，已经在历山、雷泽、河滨一带活动，"一年而所居成聚，二年成邑，三年成都"，建立起自己的"根据地"。据此，从逻辑上说，舜族在尧王族统治时期即陶寺文化早期便已经存在于陶寺邦国的乡野。在陶寺早期尧都存续期间，舜族应该另有自己的聚居地，当然不在陶寺国都之内，而在乡野。

关于舜族通过"禅让"接受统治权力之前的聚居地，《五帝本纪》称："舜，冀州之人也。舜耕历山，渔雷泽，陶河滨，作什器于寿丘，就时于负夏。"历山、雷泽、河滨、寿丘、负夏诸地在文献中有诸多说法，钱穆在《史记地名考》（上册）中对上述地名做过比较详尽的文献分析，他认为虞舜在河东的可能性最大，具体说在晋南永济一带。无论如何，舜族的"根据地"肯定不是尧都。

事实上，舜族在自己的"根据地"励精图治，已经对尧政权构成了很大的挑战。所以尧为笼络和监视舜，将二女下嫁给舜，让九男与舜共处。舜在经受考验与考察后，辅佐尧从政二十年，而后禅让王权，使舜摄政八年，尧崩。三年丧毕，天下归舜，舜曰"天也"，而后到中国践天子之位。《五帝本纪·集解》中刘熙曰："天子之位不可旷年，于是遂反格于文祖而当帝位。帝王所都为中，故曰中国。"这里所谓的"中国"，显然是指有帝尧祖庙的地中之都——尧都，就是陶寺。历史的素地是，尧舜禅让实际是尧王族与舜族政治角力的结果。舜在尧统治时期已经通过孝行等使自己的政治羽翼丰满，通过建立根据地增加与帝尧政治角逐的实力与资本，最终"迫使"尧禅让。《古本竹书纪年》所传"尧晚年德衰，舜囚尧"这类逼宫的事件，并非凭空捏造，很有可能真实发生过，正如李世民"玄武门兵变"逼宫，迫使唐高祖李渊禅让。那么，舜在入主"中国"陶寺城之前，主要在自己的大本营活动，在那里苦心经营，积累各种领导能力和政治资本，同帝尧角力。入主陶寺尧都之前的舜是否真有自己的都城倒不一定，但是一定有自己的中心聚落"大本营"。寻找舜族的大本营，妫汭是一个突破口。

《尚书·尧典》称："帝曰：'我其试哉！女于时，观厥刑于二女。'厘降二女于妫汭，嫔于虞。帝曰：'钦哉！'"《史记·五帝本纪》称："尧曰：'吾其试哉。'于是尧妻之二女，观其德于二女。舜饬下二女于妫汭，如妇礼。"《正义》曰："二女，娥皇、女英也。娥皇无子，女英生商均。舜升天子，娥皇为后，女英为妃。"《集解》曰："孔安国曰：'舜所居妫水之汭。'"关于妫汭的地望文献虽有多种说法，但主要集中在河东郡，即黄河以东、汾河以西的晋南地区，正如钱穆在《史记地名考》（上册）中所判断的，"妫汭水，今山西永济县南六十里，源出历山，西流入河"。这里是古冀州。

不过，晋南地区的历山、妫汭等地名也不止在永济一地。从文献中表现出来的尧和舜的密切关系，可以判定尧和舜虽然分属两个不同的王族，但是考古学文化面貌很可能是同一个，即陶寺文化，只是中心聚落不同。河东地区陶寺文化分布的密集区在汾河东、西两岸分别有两个集中区域，却不覆盖永济和芮城一带。陶寺文化汾东区以浮山、翼城、襄汾、交界处最为集中；汾西区域集中在今洪洞县，这里同样有妫汭、历山等地名。

根据考古调查资料，山西洪洞万安遗址的时代为陶寺中晚期，面积36万平方米，地处洪洞妫汭，有房屋、窖穴、灰坑等遗迹，核心区堆积比较丰富。2014年6月，山西省考古研究所田建文研究员试掘过该遗址，在遗址的不同部位开了四条探沟，清理陶窑2座，灰坑18座，出土器物有鬲、釜灶、斝、甗、罐、豆、盆等，时代为陶寺文化中晚期。但是遗址更多的具体内涵和布局尚有待进一步发掘。现有考古现象表明，万安遗址可算作一处中型的中心聚落。2021年6月7日，笔者再次复查万安遗址。在国家堡西侧窑厂附近断面上发现有夯土基址残存（图一〇六），在万安遗址水库附近灰坑里掏出陶寺文化中晚期的陶片、石刀等（图一〇七）。这片区域大约是万安遗址的北核心区，以陶寺文化为主。

图一〇六　洪洞万安遗址南部的夯土遗迹剖面

图一〇七　山西洪洞万安遗址北部陶寺文化中晚期大灰坑剖面

图一〇八　洪洞万安镇万安遗址东部国家堡姚商院

从人类学资料的角度看，万安遗址的特别之处尤为引人注目。万安遗址所在的万安镇有一座元明时期的夯土寨堡，称之为"国家堡"，万安镇自古至今皆无"国"姓居民，因此国家堡之国家很容易引导人们向国家、都城去联想。国家堡内有一处四合院，称为"姚商院"（图一〇八），舜姓姚。传说舜子商均生于该院，故称。姚商院外东南有一小地名称为"舜王楼"。国家堡南拐角小地名称为"重华塔"，舜名重华。所谓重华，就是勾连花，陶寺中期王族墓地曾出土 1 件双耳罐，便彩绘勾连花纹样（详见前文）。

文献记载称舜陶于河滨，做什器于寿丘。万安镇妫汭沟一直有制陶制缸手工业，近年才停产。2017 年 6 月笔者调查万安遗址时，还发现大量现代缸瓦窑和釉陶缸废片堆积。西出国家堡五里的姚头村村民全部姓姚，自称明末避匪乱从国家堡的姚商院迁来，继续从事制陶业。当地传说，国家堡的创立源自舜的祖父桥牛来妫汭沟开办制陶业。总之，万安的妫汭沟一带适于制陶，因此有制陶手工业传统是可以肯定的。

万安镇有座"娘娘庙",从清康熙十三年碑记得知,娘娘庙始建久远,不知具体年代,供奉两位娘娘。据清乾隆五十三年碑记得知其中一位娘娘是娥皇圣母,另一位可推知为女英圣母。万安镇西北妫汭沟岸的土梁上原有一座"无影塔",位于"廖天洞"东侧,今已荡然无存,显然是"圭表测影"的附会与象征,暗示这里曾经也被宣称为"天下之中",夏至日立表才能与地中标准的玉圭等长,呼之"日中无影"。《淮南子·地形训》:"建木在都广,众帝所自上下,日中无影,呼而无响,盖天地之中也。"2016年6月21日临汾当地学者蔺长旺等人,在万安镇无影塔旧址进行模拟观测实验,证实原无影塔夏至日塔身倾斜面小于77.12度,塔基座直径大于塔影长两倍,塔在夏至正午时无影。这暗示,除了尧懂得历象日月星辰敬授民时,舜也掌握了类似的技术与知识。

七、洪洞历山遗址与"舜耕历山"

距万安遗址西十余里处的山区称之为"历山",经考古调查为陶寺中晚期的小型遗址,分布于东圈头、西圈头、宋家沟几处山梁峁上,总面积约2万平方米,有少量陶寺文化的白灰面小房子(图一○九)和灰坑。陶寺文化遗物有石器、陶器、骨器等,陶釜灶和直壁缸大约为陶寺文化早期,双耳罐可能为陶寺中期,鬲、甗和扁壶为陶寺晚期。2021年6月7日笔者在洪洞妫汭文化研究会带领下,复查了历山遗址。历山庙陶寺文化白灰面窑洞群大致分两群。两群窑洞上部的台塬皆有大型夯土基础,时代大约为宋元,表明宋元时期的历山庙应在此处。当地方志称宋天圣七年(1029年)曾重建,始建年代已不可考。现在的庙址当为明清"神历庙"所遗留。或许宋代建筑历山庙时,已经见到陶寺文化的白灰面房子,便附会"舜耕历山",因而选址在陶寺文化白灰面窑洞之上(图一一○)。

笔者在历山舜王庙观察周围山川形势,发现庙址东方的霍山山脊可作为地平历日出观测参照,庙址西方的吕梁山山脊可作为地平历日落观测参照。因此历山有可能是舜观象授时的观测地。不过,作为观象的最佳观测地,是距历山庙遗址几千

图一〇九　洪洞历山遗址陶寺文化白灰面房址断面

图一一〇　洪洞历山遗址宋元时期夯土基址

米远的磨儿疙瘩。这是一座圆形山峁，观测视野极佳（图一一一）。2021年6月7日，笔者在磨儿疙瘩台地北部直线距离400米处的官道崖壁上发现白灰面窑洞残基一处（图一一二），填土内未见陶片，房子形制当为陶寺文化的。马志正在《多姿的洪洞古历山》一文里，记述了选址磨儿疙瘩改建历山庙却被神移到古历山（今历山庙位置）的传说[41]，暗示了磨儿疙瘩与历山庙的内在联系，故而历山庙当地又称"神立庙"。因而尚不能完全排除磨儿疙瘩作为陶寺文化舜族的"观象台"的可能性。

由此，笔者推测，舜在历山庙遗址耕作只是个幌子，而是在磨儿疙瘩摸索历象日月星辰制定历法，挑战尧垄断天文历法的特权，实际就是在挑战帝尧统治的神圣性、正统性和垄断性。而相映成趣的是，万安镇的无影塔，暗示舜已掌握圭表测量技术。尧所垄断的天文历法技术包括地平历和圭表测量，舜均通过自己的探索也掌握了，成为他同尧分庭抗礼的资本和软实力，也成为日后陶寺中期陶寺观象台建设和 IIM22 随葬圭尺的知识储备。

在民俗方面，洪洞县在唐大历年间便兴起了历山神立庙会、万安娘娘庙会和羊獬庙会（图一一三）。相传尧女舜妻娥皇女英在世时，每年阴历三月三去羊獬村住娘家，四月二十八日尧生日再回历山，途径万安妫汭。沿途村民盛装迎送，堪比节庆，甚是浩大，该习俗非常独特并顽强地延续至今[42]。值得注意的是，这条娥皇女英祭祀大巡游活动，有万安和历山两个重要陶寺文化遗址（图一一四），确实与舜有着千丝万缕的联系。那么万安遗址作为舜族入主陶寺"中国"之前在妫汭的大本营，便很有可能是舜族政治发迹的起家之地。

八、《尧典》与《舜典》的关系

据《尚书·序》记述："济南伏生，年过九十，失其本经，口以传授，裁二十余篇，以其上古之书，谓之尚书。……伏生又以《舜典》合于《尧典》……"可见，汉初济南伏生口传的《尚书》中，《尧典》与《舜典》是合二为一的。伏生的做法是有一定的道理的。《尚书·尧典第一》孔颖达疏曰："然《书》者理由舜史，

图一一一　洪洞历山附近磨儿疙瘩

图一一二　洪洞历山磨儿疙瘩附近的白灰面房址断面

图一一三　洪洞羊獬村帝尧诞辰祭典

图一一四　洪洞万安镇娘娘庙娥皇、女英庆生祭祀场景

勒成一家，可以为法，上取尧事，下终禅禹，以至舜终，皆为舜史所录。其尧、舜之典，多陈行事之状，其言寡矣。"又，"正义曰，《尧典》虽曰唐事，本以虞史所录，末言舜登庸由尧，故追尧作典，非唐史所录，故谓之《虞书》也。郑玄云，舜之美事，在于尧时，是也。"足见，伏生将《尧典》与《舜典》合为一体，是因为《尧典》实际上是从舜时代的历史中摘出来的关于尧的史迹。

从《尧典》与《舜典》的行文也可看出二者的连贯性。《尧典》的结束语为"厘降二女于妫汭，嫔于虞。帝曰：'钦哉！'"《尧典》戛然而止，缺少《舜典》结尾对帝舜功绩总结那样的对帝尧功绩的概论。假如将《舜典》开篇对舜的赞美之词去掉，《舜典》直接接续《尧典》的应是"帝曰：'格！汝舜。询事考言，乃言底可绩，三载。汝陟帝位。'"。《尧典》结束于讲述"尧妻舜二女"之事，《舜典》开篇继续讲"尧禅位于舜"之事，事理十分顺畅。

《尧典》从《舜典》中分离出来，表明尧和舜的关系相当密切，这就是郑玄所谓"舜之美事在于尧时"，从一个侧面反映尧舜并都的真实性。也正是由于《尧典》记述的史迹是从虞舜的史书中摘出来的，那么就有可能将舜的功绩误记为尧的。比如说，陶寺早期城址当为尧都，中期城址当为舜都，而《尧典》中所谓的"历象日月星辰，敬授民时""寅宾出日"等记载，与陶寺中期的观象台得以契合。这暗示《尧典》中的相关记载至少包含了陶寺中期舜的观象授时史迹。陶寺早期王族墓地天文官 M2200 随葬的立表[43]，虽然表明《尧典》所记分派羲叔、和叔、羲仲、和仲进行陶寺四表测量是很有可能的，但是陶寺中期王墓 IIM22 随葬的圭尺则更加完备，也不能排除陶寺四表测量最终完成于帝舜时代。因为如此艰巨的测量任务不可能在短期内完成，四支"陶寺科考队"在进行作业时均"宅某方"，说明测量工作过程的漫长。四千年前，很可能是人类历史上第一次天文大地测量的壮举，历经两个王族统治时期是极有可能的。

需要强调的是，文献记载的尧舜古史系统与考古发现的陶寺早中期文化史实之间的对应存在一个问题，即文献将尧王族和舜王族分别归并为一个人。《史记·集解》中徐广曰："尧在位凡九十八年。"《正义》引皇甫谧云："尧即位九十八年，通舜摄二十八年也，凡年百一十七岁。"孔安国云："尧寿百一十六岁。"默认尧登上王位时年十八或十九。但陶寺文化早期大约延续 200 年时间，与 116 或 117 年有差距，并不能完全对应。且陶寺早期王族墓地中有王墓 6 座，显然陶寺早期如果是尧都的话，尧实际上是一个王族的总称，当然该王族在陶寺都城的开创者或最伟大的领袖个人作为尧王族的代表，被记录在文献中成为古史系统。而尧王族统治陶寺邦国近 200 年，至少有 6 代王在王族内世袭，这是陶寺考古揭示出的史实素地。

《五帝本纪》又说："舜年二十以孝闻，年三十尧举之，年五十摄行天子事，年五十八尧崩，年六十一代尧践帝位。践帝位三十九年，南巡狩，崩于苍梧之野。"如此算来舜寿命百岁。陶寺中期大约 100 年，与文献记载时长大约对应。然而，陶寺中期王族墓地虽有一座最大的"超级"王墓 IIM22，但其时代为陶寺中期偏晚，并非舜族的开创者，故从逻辑推测，舜族还应有更早的王墓。IIM22 周围还有四座以上中型墓的规模与早期王墓相当，也很可能属于王墓的范畴，可惜在陶寺晚期被彻底捣毁，表明王者身份的随葬品几乎都被捣毁和洗劫一空。据此可推知，舜族也不止一代君王，也是在舜族内世袭了若干代。这是考古发现的史实。

第八章

陶寺文明成就在中国文明中的地位与贡献

从理论上说，人类文明可细分为物质文明、精神文明和制度文明。分析陶寺文化在中国文明起源中的地位与作用及其贡献，也需要从这三方面入手。

第一节　陶寺文化物质文明成就及其特征

一、陶寺文化物质文明成就

陶寺文化的农田遗迹虽然发现不多，但是粮食窖穴却在遗址中大量存在。粮食窖穴分为国库即仓储区和家庭粮食窖穴两类。国库粮仓分布集中、储量大，家庭粮食窖穴分散，但储量也不可小觑。这表明农业税收是陶寺邦国最基础的经济命脉，而农业也是多数普通家庭的生活基础。

陶寺文化的农具十分发达，除石斧、锛、凿木作工具之外，石刀、镰、锄、铲均占有一定比重，还有一定数量的骨耜、骨耒。石磨盘和石磨棒是陶寺文化粮食脱粒的主要工具。

陶寺文化的农作物以粟为主，黍次之，水稻数量很少，但是在精神生活中发挥着重要作用。

陶寺文化的家畜饲养量比较大，以猪和绵羊为主，狗数量也较多，黄牛数量较少。但是陶寺遗址取肉家畜以猪为主，绵羊大部分用于羊毛和羊奶业生产，取肉不是主要目的。黄牛的肉量大，但是总数过少，很可能在祭祀生活中占重要地位。陶寺文化的农业总体水平很高。陶寺文化 20 个节令的缜密历法，功能之一就是服务于农时，从一个侧面表明陶寺文化农业发展水平的要求也很高。

陶寺文化的制陶业十分发达，遗址出土陶片量极大。除了家庭制陶业外，还有专业的制陶手工业作坊区和专业制陶的聚落，如襄汾令伯和翼城的古署遗址[1]等。工官管理手工业是计划经济体制内的商品生产，这些生产当然是社会化的生产。

陶寺文化的建筑材料行业发展水平也比较高，如大量使用加工石灰，烧制陶板瓦、排水管等。

陶寺文化的铜器铸造作坊虽未找到，但是陶寺铜器群皆为礼仪用器，开创了中原地区使用青铜礼器的道路，推测陶寺遗址铜器群主要是本地铸造的。陶寺铜器群虽然都是红铜，基本上属于纯铜，不是合金，所含微量元素铅或砷，可以判断为矿石中原本夹杂的，但是陶寺的铜器皆为铸造，比纯铜锻打工艺进了一大步。虽然绝大多数铜器都是片状的合范铸造，然而铜铃却采用了当时领先的内模外范复杂铸造技术，表现出陶寺文化红铜铸造的高超水平。

二、陶寺文化物质文明特征

陶寺文化的物质文明以自然农业经济为基础的自力更生为主，突出"民以食为天"的发展战略，计划经济体制内的商品经济在国家层面上占有一定的地位，家庭手工业是辅助的经济力量。奢侈品的输入与民生有着明显区分，更多偏重满足精神文明的需求。一句话，陶寺邦国的物质文明对外的依赖性不大。这就是典型的农业文明社会的物质文明特征。

第二节　陶寺文化精神文明成就及其特征

陶寺文化强大的物质文明，成就了高度发达的精神文明。

一、陶寺文化精神文明成就

从理论上说，精神文明是国家社会中先进的精神文化。精神文化是指个体、群体和社会所有精神活动及其成果的总称，是人类在实践中创造的各种思想观念和精神产品的总和。精神文化有自然观、宗教观、社会观三种核心观念，由符号（包括文字）和艺术两种体系表达[2]。

1. 陶寺邦国的自然观

陶寺观象台台基芯用生土和夯土构建的"阴阳太极图示"，表达了"阴阳浊清二气形成天地"的理论。陶寺观象台半圆的形态，表达了盖天说的观念[3]。陶寺的地坛为泽中之方丘[4]，不仅有阴阳的观念，而且与郊天祭日观象台相呼应，表达了"天圆地方"观念的形成。

陶寺都城遗址的功能区划与微地貌环境相配合，表明陶寺文化都城规划是在一套完整的宇宙观指导下完成的，即"天地定位，（山泽通气），火水相射，风雷相薄"，分别指东南、西北、正南、正北、西南、东北、正西、正东方位。八个自然神与八个方位，在都城功能区划归类上，又可类聚为东北人君、东南鬼神、西南工、西北农四大版块。这套符合宇宙观的都城规划，目的在于使都城的命运与王权顺应宇宙法则、永续稳固。

陶寺观象台是迄今考古发现世界最早的观象台，可以制定 20 个节令的地平太阳历，圭表系统同样可以制定 20 个节令的太阳历，均为社会的生产生活提供最基本的时间季节节律法则，更作为科学软实力效力于陶寺农业邦国的王权，开创了中国古代历代王朝统治者特别重视天文历法的传统，不仅具有君权神授、代表天命的宗教象征意义，更具有"授时"控制社会生产生活的实用功能。

此外，有证据表明，陶寺邦国已经掌握的正朝夕判定正方向的方法，且摸索出十步远一天文度为8寸（折合今20厘米）的自然规律，符合目视投影天球半径的规律。陶寺晚期小墓出土的铜齿轮形器，有可能作为朔望月小轮，用于阴阳合历历法的推定[5]。

2. 陶寺邦国的社会观

陶寺邦国的社会观念当中，文德上政的治理理念显得尤为突出，表现为陶寺中期王墓 IIM22 墓室头端墙壁上以掰断犬齿的公猪下颌骨为轴，两侧各摆三柄带漆木柄的玉石钺，表达"豮豕之牙"修兵不战的上政治国理念。而同墓随葬的圭尺第11刻度标定一尺六寸地中标准，标榜陶寺为地中，标志着"王者居中"的正统观念已经形成。陶寺作为地中之都、陶寺邦国作为中土之国，宣告最初"中国"概念的诞生。陶寺早期王族墓地天文官墓葬 M2200 随葬的立表，同 IIM22 出土的圭尺，说明陶寺邦国已有成熟的圭表测量技术，也是目前考古发现世界最早的圭表仪器实物资料，不仅能够用于太阳历法的制定，而且还用于封邦建都时按照地中标准（夏至晷影一尺六寸）测量寻找地中，从而将其他政治势力中心排除在宇宙观（而非血统）正统地位之外。陶寺圭表系统还可与步测结合，进行天文大地测量，判定陶寺邦国所在的东亚大陆四至点，被称为"四表"。以陶寺邦国都城为地中即大地测量基点，东西两表之间距离约为 7 563 千米，南北两表之间距离约为 6 113 千米，同先秦文献记载的四海之内距离"东西二万八千里（折合 7 000 千米）、南北二万六千里（合 6 500 千米）"误差分别为 7.4% 和 6%，说明陶寺邦国的确进行过天文大地测量的国家行为，目的在于实际创立"天下观"——政治地理五方[6]（东、西、南、北、中）。这一伟大壮举，在《尚书·尧典》中被记载为帝尧分命羲仲、羲叔、和仲、和叔宅东、南、西、北进行天文观测，以实际行动，昭示帝尧的文德"光被四表，格于上下"（《尧典》语）。

陶寺邦国的一系列政治发明，除了地中观念之外，还有礼制的集成。礼制中包括"宫城—郭城双城制"、宫室制度、礼乐组合制度。宫室制度包括凌阴（冰窖）、东厨、30厘米直径的松柏殿柱规制等。礼乐器组合包括王墓随葬的石磬、陶鼓、鼍鼓、木柷和小墓出土的铜铃。所有的陶鼓都有调音孔，表明陶鼓不仅可以演奏打击乐，而且还可通过调音，改变音色组合，使鼓声更加丰富。

陶寺文化社会观当中还有一个非常引人注目的观念就是"美食政治"[7]。所谓"美食政治"，既包括宴饮政治，也包括将烹调过程与烹调结果即美食和菜品本身进行政治化，并贴上"文明"生活方式的标签，从而形成一整套比较完备的美食烹调文化，为政治统治与文明教化服务。当然，在中国上古时期，食与酒是密不可分的，所以美食政治里自然也包括美酒。美食政治大致反映在制备与烹饪、菜品和酒品本身、宴饮的排场与仪式感这三大方面。

陶寺美食政治当中的美食制备与烹饪，从用器到厨艺，都具有高等级性。虽不敢肯定陶寺君王和大贵族本身"美食厨艺"高超，但是可以肯定，厨艺高超的美食"膳夫"，一定会成为君王的"禁脔"。陶寺美食注重独特性和稀有性，如"异域风情"的炮炙肉、风味独特的"剔骨筋肉冻"和醓醢、各种野味、郁鬯、冰酒等，在当时无不以新奇的味觉，刺激凡人的味蕾，使其向往陶寺美食，向陶寺都城汇聚，通过美食"聚众"，聚拢人心，潜移默化地教化人们心向陶寺文明，崇拜陶寺文化，进而跪拜陶寺政治，就如同可口可乐、麦当劳、肯德基对美国文化宣扬与传播的作用一样。陶寺宴饮宏大奢华的排场与仪式感，味觉、视觉、嗅觉刺激叠加共振，将参与者对陶寺文明、文化、政治的崇拜感烘托到极致，人们在巨大的崇拜敬仰感共情中，自觉或不自觉地把对陶寺政治理念的认同最大化。这正是陶寺"美食政治"要达到的目的。

陶寺文明在早期国家统治政治试验过程中，探索出一条独特的"美食政治"之路，无疑获得了成功，并深深植根于中国文明的政治基因当中。后继的夏商周三代，青铜礼器是政治的重要载体，其器物功能无非是美酒珍馐的炊器、盛储器和饮食器，仍然延续着陶寺美食政治当中制备与烹饪、菜品和酒品本身、宴饮的排场与仪式感这三大基本面。《史记·殷本纪》称帝纣"以酒为池，县（悬）肉为林，使男女倮相逐其间，为长夜之饮"。借鉴陶寺文化美食宴饮排场模式，或可理解为帝纣的"酒池""肉林"均为美食宴饮排场展示区的别称。帝纣沉溺于美食宴饮、狂欢淫乐或许是史实，却被夸张为"专门建造用于酒色昏庸淫乱的道场"，用以丑化帝纣。这也从一个侧面反映出创制于陶寺文明的"美食政治"宴饮排场套路，在殷商时期依然沿用。

《史记·殷本纪》称："伊尹名阿衡。阿衡欲奸汤而无由，乃为有莘氏媵臣，负鼎俎，以滋味说汤，致于王道。"讲的是伊尹扮作有莘氏媵臣接近商汤，背着鼎俎，以美食滋味对商汤解读和灌输治国的王道，直指"美食政治"的精髓。

宋人吴申甫《寿主簿》有句诗曰"盐梅商鼎早调羹"，即用盐梅调羹的典故。《伪古文尚书·说命下》载："王曰：'来，汝说。台小子旧学于甘盘，既乃遁于荒野，入宅于河。自河徂亳，暨厥终罔显。尔惟训于朕志，若作酒醴，尔惟曲糵；若作和羹，尔惟盐梅。尔交修予，罔予弃，予惟克迈乃训。'"旧题汉代孔安国传："盐咸梅醋，羹须咸醋以和之。"意思是殷高宗武丁视能人傅说为治国栋梁之材，如曲糵之于酒醴，盐梅之于和羹，不可或缺，间接隐喻着美食与治国政治之间的关系。由此后世用"盐梅调羹"比喻能臣宰相。

《韩非子·解老》篇说："事大众而数摇之，则少成功；藏大器而数徙之，则多败伤；烹小鲜而数挠之，则贼其泽；治大国而数变法，则民苦之。是以有道之君贵静，不重变法。故曰：'治大国者若烹小鲜。'"意思是说，小鱼很鲜美，但是烹调时不能频繁翻动，否则小鱼就碎了，鱼皮粘锅失去光泽，美食便毁了。烹小鲜之道变通为治国之道，则教导统治者少折腾，少苦国民，将美食政治用得出神入化。

众所周知，中国人特别注重吃，美食和饮食文化丰富多彩，历久弥新，这些都是世界罕见的。造成这一独特文化现象的原因，不仅因为中国地大物博，文化差异和文化交流与融合造就了异彩纷呈的饮食文化，从根本上讲，更是陶寺文明探索出的"美食政治"的影响，在中国传统文化中根深蒂固。"治大国若烹小鲜"，成为中国文明的基因之一，融入中国人的血液中。即使在民间，美食文化脱离了政治，追求美食，对美食精益求精的精神仍然经久不衰。

3. 陶寺邦国的宗教观

陶寺邦国的宗教观念主要有天地、祖先崇拜和灵魂转生观念。

陶寺的观象台同时也是郊天祭日的祭坛。城北的泽中之方丘用于地祇的祭祀，坛上发现的柱洞很可能是社神木柱的遗存，因而很可能也有社神崇拜观念。这些都是由王权控制的国家祭祀。

宫城内发现的陶楔祖宗遗存，很可能是原本摆放在宫城内祖庙前的宗教标志物[8]，象征着王族的共同祖先，更起着宣扬孝悌、团结宗族的作用。

宫城内出土的铜蟾蜍呈神圣的蹲踞式（图一一五），也应是宗教祭祀的用器，只是其确切的宗教含义无法明确。

陶寺早期王墓随葬的龙盘与木帝主配合使用，用于裸禘礼，是祖先崇拜的道具。

陶寺中期王墓IIM22随葬的彩绘陶簠器身上的图案非常富有寓意：正面的立羽纹之间描绘一绿色幼苗；两侧对鋬部位的立羽纹对尖处下垂一绿色果实；

图一一五　铜蟾蜍

背面立羽纹之间则既无小苗也无果实，整幅图示以植物幼苗、结果到落果，表达着人生从诞生、青壮年到暮年去世的完整轮回，也寓意着先王灵魂尽快转世[9]。

4. 陶寺邦国的文字

陶寺文化的符号虽然发现不多，但仅有的发现已引起学术界极大的重视。陶寺朱书扁壶上的两个字符，笔者认为是"文尧"二字，尽管在释读上还存在不同看法，但学界普遍认为已是汉字。近年来又在陶寺宫城内的另两件陶寺晚期扁壶残片上发现朱书"尧"字残笔道，证明陶寺朱书陶文"尧"字绝非孤例。同时也暗示在陶寺晚期，陶寺人用朱砂或赤铁矿在扁壶（汲水器）残片上书写先祖威名"尧"，以镇压邪恶，或许特别用于镇水。这与陶寺晚期的几次特大洪水入侵陶寺遗址可能有着内在的联系。

陶寺中期王族墓地中型贵族墓 IIM26 随葬的骨耜上契刻"辰"字，表明墓主的职官为农官，不仅说明最早的汉字可追溯到距今 4 100 年前的陶寺中期，更说明汉字的出现一开始便是为了政治、行政管理服务的。陶寺晚期汉字用于厌胜巫术则是汉字使用的异化。

5. 陶寺邦国的艺术

实事求是地说，陶寺邦国的视觉艺术成就并不十分突出[10]。陶寺文化极不重视偶像崇拜，遗址中出土的陶塑极少且十分粗糙丑陋，未见石雕。玉石器基本都是素面。肖形玉器几乎不见。IIM22 出土的一对玉蚩尤兽面应是从肖家屋脊文化舶来的。能够表现其艺术成就的就是贵族墓葬随葬的彩绘陶器纹样，除龙盘外，几乎都是几何纹样，以回旋勾连为主要模式，有一定艺术高度。但作品为数过少，仅服务于少数贵族，很难看出视觉艺术在社会生活中占怎样的地位。宫殿外墙白灰皮刻画装饰纹样也仅见几何纹样。

但是，另一方面，陶寺遗址出土的举世瞩目的礼乐器组合包括遗址出土的骨质口簧和陶埙，却表明陶寺邦国可能有比较发达的音乐舞蹈艺术，遗憾的是留存太少。

二、陶寺文化精神文明特征

通过考古发掘与研究，可以大致了解了陶寺邦国精神文明有如下几个特点。"八卦"宇宙观指导都城规划，在地中观念基础上建立的政治地理五方构成天下观，天文历法成为王权重要的科学软实力，獶豸之牙的上政观念彰显和合文德思想，礼乐制度初步集成并为正统思想效力，以孝悌观念为基石的祖先崇拜和灵魂转世观念也为王权和宗法制度服务，发明最早的汉字用于国家管理，造型艺术不甚发达，彩绘艺术用于贵族丧葬。

陶寺文化精神文明具有向心性、内敛性，强调正统、中道、礼制、和合上政、弓矢次政、孝悌伦理，宗教崇拜里虽然有占卜、转生等内容，但是天、地、祖先崇拜上升为国家层面祭祀。陶寺文化注重先进科学技术的学习、引进与改造，包括红铜铸造、天文历法、天文大地测量、土木建筑工程技术、水稻种植、牛羊饲养，等等，这些精神文明成就主要为王权与邦国政治服务。

第三节　陶寺文化制度文明成就及特征

一、陶寺文化制度文明成就

虽然学者们或多或少地注意到了陶寺文化的国家社会性质，然而系统梳理和总结陶寺文化在制度文明方面对中国文明贡献的研究很少。下面，笔者试从都城制度、宫室制度、府库制度、住宅的等级制、丧葬用玉制度、礼乐制度等几个方面，总结和分析陶寺文化在中国文明主根脉形成中的贡献。

1. 都城制度

都城作为国家的政治、军事、经济、宗教、文化中心，从意识形态的角度说，必须依照一套比较完备的营造观念制度，才能够保证王权合天意、顺地利，稳定王基，巩固国家政权。都城制度的构成有城市形态、区划制度、指导规划的宇宙观等方面。

（1）都城的形态

理想中的城市形态以方正为主流，都城形态更加追求方正，即便不是正方形，也更倾向于长方形或圆角长方形。方正的都城形态，更便于体现都城的端庄和威严，达到建筑心理学上的庄重和稳定的心理暗示。

陶寺早期的都城形态制度虽不成熟，但也初露端倪。陶寺早期宫城呈规整长方形，面积约 13 万平方米。

宫城南侧为早期外城，系下层贵族居住区，北墙借用宫城南墙 Q16，东墙 Q9 和南墙 Q8 另建，西墙至今尚未确定，可能因遭到中梁沟严重侵蚀所剩无几。根据早期南外城北、东、南墙推测，该小城也大致为长方形，面积近 10 万平方米，与宫城形成"曰"字形结构，城址总面积近 20 万平方米。陶寺早期都城遗址总面积约 160 万平方米，但是没有外郭城，除了宫城和下层贵族居住区的南侧小外城呈长方形外，整个都城聚落由于缺乏外郭城而没有明确的形态概念，既不是纯粹的"单一性都城"，也不是典型的宫城—外郭城"双城制"[11]，这表现出当时的都城形态制度尚未成熟。在都城规划制度理念上，似乎仅关注宫城"筑城以卫君"和外城保卫"下层贵族"，总之城墙主要用于保卫贵族统治集团。城东西两翼是早期的平民居住区，宫城东侧为政府的仓储区，仓储区以东为早期王族墓地，早期遗址西北部的祭地"方丘"（IVFJT1）已经修建，可见在陶寺早期，虽然都城形态制度尚未建立，但是都城的重要功能区要件业已出现了一部分。

陶寺中期时，陶寺文化的都城制度成熟，表现为下层贵族居住区的南外城废弃而宫城保留，扩建出巨大的外郭城，首先形成了宫城—外郭城双城制，成为后世中国历代王朝都城的主流模式，也是北魏洛阳城开启的宫城—内城—外城三城制的模式基础，表明筑宫城以卫君、筑郭城以卫民的理念[12]在都城制度化中的成熟运用。

（2）都城内部功能区划制度

学术界普遍认为，中国古代都城是古代国家的政治统治中心、经济管理中心、军事指挥中心、文化礼制活动中心[13]，所以笔者曾提出中国早期城市或都城的九项指标：① 规整的城市形态；② 排他的宫庙区（甚至宫城）的存在；③ 排他的王族墓地；④ 排他的祭祀区；⑤ 官营手工业作坊区；⑥ 政治宗教寡头垄断的大型仓储区；⑦ 初具规模的规范的道路系统和城门系统；⑧ 明确的城市布局规划理念；⑨ 多样性的都市文化面貌。前八项可以从聚落形态考古的角度来探讨，最后一项属于特殊的考古学文化的范畴[14]。其他学者也提出过类似的都城考古基本要素[15]。其中宫城或宫殿区、王族墓地、祭祀区、官营手工业区、大型仓储区、道路与城门系统都与都城内的功能区划有关。布局规划理念则是功能区划在宇宙观层面上的反映。迄今中国考古发现的都城功能区划最为齐备的史前都城只有陶寺遗址。陶寺中期城址不仅有宫城、王陵区、祭天祭地的礼制建筑区、大型仓储区、工官管理的手工业区，而且还有普通居民区。今赵王沟—中梁沟在四千多年前是陶寺中期大城的中央"纪念性"大道，东南起自外郭城的东门（今毁于赵王沟头），西北抵至外郭城西门（今中梁沟剖面）。这恰恰表明，陶寺文化中期，都城内的功能区划开始形成制度。也就是说，作为一国之都，在功能区划上应该具备上述要素。诚然，中国古代都城布局制度并非一成不变，其后世的发展变化已有学者备述[16]，在此不再赘述。

（3）都城建筑规划的宇宙观指导理念的制度化

陶寺都城的选址在宇宙观上，以夏至晷影 1.6 尺地中标准为圭臬，并根据实际政治中心迁入临汾盆地的需要[17]，再结合塔儿山主峰春季四千年前 3 月 16 日和秋季 10 月 31 日早上日出判定宗教节日需求[18]，决定了选址。从此之后，"王者居中"的观念被用于都城选址及建筑规划指导并被制度化。这一观念影响到早期夏文化的都邑聚落登封告成王城岗和禹州瓦店，不过是将地中标准从晋南的 1.6 尺晷影改变为伊洛地区的 1.5 尺或 1.48 尺[19]。杜金鹏先生对二里头夏都的规划有专论，明确认为二里头遗址有王者居中的王都选址政治观念[20]。这一制度在《周礼》当中表述得最为明确。《周礼·大司徒》说大司徒的职责之一便是："以土圭之法测土深，正日景，以求地中。日南则景短多暑，日北则景长多寒，日东则景夕多风，日西则景朝多阴。日至之景，尺有五寸，谓之地中，天地之所合也，四时之所交也，风雨之所会也，阴阳之所和也，然则百物阜安，乃建王国焉。"此处的"王国"就是指王都，也就是说，建都必须用圭表测影的方法确定地中，以做到"王者居中"。因为中国古人认为地中是沟通天地的唯一通道，只有占据地中，才能"以绍上帝"。所以"王者居中"的都城规划宇宙观为正统思想服务而制度化，影响十分深远。

（4）都城的轴线制度

双城制形成后，先秦时期的一些宫城或宫庙区的轴线与都城外郭城的轴线重合，汉以后历代继承了这一制度[21]。而这种都城轴线制度也肇端于陶寺中期都城遗址。

陶寺宫城与外郭城均为正北偏东45°。武家璧先生认为，陶寺都城建立之初即"辨方正位"，以北极星"立极"，确定整个都城的"指极线"，就是真北。在城中心点做"中轴线"与城墙垂直，这就是"建中"。陶寺的中轴线从外郭城中心点出发，经陶寺观象台，指正东南。所以陶寺城址的指极线和中轴线是分离的，但后世中国古代都城的指极线和中轴线基本是重合的[22]。陶寺都城确实存在两条轴线，一条轴线便是赵王沟—中梁沟陶寺中期外郭城纪念性大道，与武家璧先生所谓的"中轴线"重合。这条轴线将陶寺中期外郭城分为北（上）南（下）两大部分，"上城"主要被宫城、国库仓储区、王族墓地和观象祭祀台礼制建筑区占据。"下城"被手工业区和普通居民区所占据。显然这条轴线确实有着功能分割的作用，表达"君臣（民）尊卑"。但是，陶寺宫城内核心建筑基址 IFJT3 上前后主殿的开间和朝向，显然面向正西南225°。加之宫城的正西南朝向，决定了以王族墓地中先王为表征的"祖先"在宫城的"左侧"，祭地的社坛即"泽中之方丘"（IVFJT1～IVFJT3）在宫城的"右侧"，表达了最原始的"左祖右社"的轴线制度理念。所以笔者不否认武家璧先生提出的陶寺真北指极线，然而笔者认为陶寺都城真正的中轴线贯穿了宫城与外郭城，即穿过外郭城中心点的北偏东45°的中轴线。宫城虽位于这条轴线靠后部，但是在外郭城中"左右对称"（图一一六）。

可见，尽管陶寺中期都城有两条轴线呈"十"字交叉状，但是毕竟形成了明确的都城轴线观念。这些轴线形成都城规划制度，为王权服务，为宗教礼制服务。

2. 宫室制度

宫室制度是宫城与宫殿或宫庙制度的总称。宫城与宫殿是国都的功能核心，也是国家政权最核心的建筑，所以宫室制度更多地趋向制度化、政治化、规范化、礼仪化，艺术化仅作为辅助。国家社会的成熟，必将催生都城的宫室制度。陶寺宫城及其城内的夯土基址考古发掘工作仍处于起步阶段，但一些宫室制度已初露端倪。

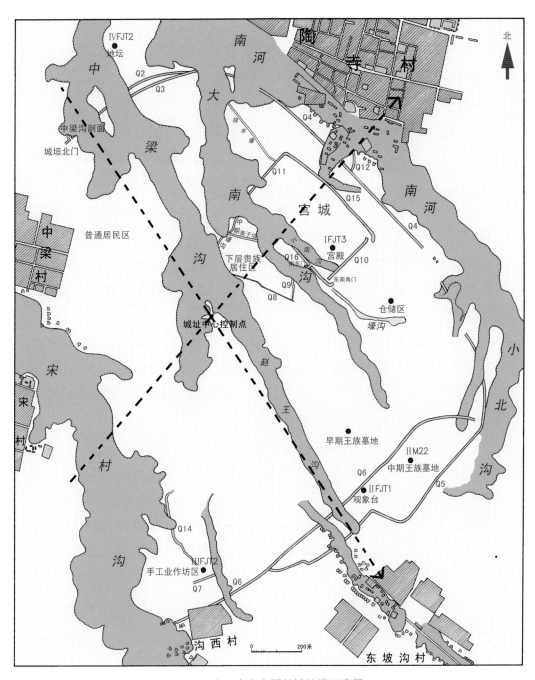

图一一六　陶寺中期都城轴线示意图

（1）宫城制度

宫城的建设先于外郭城。也就是说，在制度上，宫城建设优先，"卫君"优先。正是由于这样的"宫城建设优先"的制度，才导致历代都遵循郭城要适应宫城的总体规则原则[23]。

从正统观念上说，王者不仅要居中，而且要讲求中正，因此宫城应当有规整的形态。陶寺宫城为规整的长方形。后世宫城形态的主流是规整或比较规矩的长方形或方形[24]。

正是由于宫城的方正形态，更容易确定整个宫城的中轴线。这条轴线自然而然地成为下一步营建外郭城的轴线[25]。宫城对于外郭城而言，很可能不一定占据郭城的四维四向之中正，但通常位于外郭城中轴线上，仅前后移动。前文已述，陶寺宫城便位于这条轴线靠后部，奠定了此后宫城轴线与外郭城轴线制度化设计的理念。

尽管陶寺宫城内部布局尚未形成主体建筑（或正殿）位于宫城的中轴线上这样的制度，但是，陶寺宫城内已经形成了宫殿建筑群布局的制度。陶寺宫城内，经钻探发现了十余处大小不等的夯土基址，几乎占据除池苑水面之外的宫城内大部分空间。至少可知陶寺宫城内部是遍布宫殿建筑群的。

（2）宫殿制度

陶寺宫城内核心建筑基址 IFJT3 总面积约 6 400 平方米，主体时代为陶寺中期。该建筑群组是在一个满堂红夯土基坑之上，建筑整体大台基，再沿着本基址的轴线，由西南向东北分别布置前广场、前殿、中广场、后殿等单体建筑。陶寺宫殿的这种在完整台基上建造单体建筑群的做法，虽然在二里头宫城内以四合院形式（如二里头 1 号、2 号、6 号宫殿）或多进院落的形式（二里头 3 号宫殿）出现[26]，但是都遵循了陶寺宫殿同一夯土台基上修建一组建筑群的规制，并且这组建筑群必须以主殿和庭院（小广场）为核心，并增加廊庑、门塾等，使宫殿建筑群更加复杂。

陶寺的核心宫殿建筑基址 IFJT3 仍在发掘揭露过程中，其功能属于寝殿还是朝堂抑或是宗庙，一时还难以判断。从二里头宫城开始，宫殿与宗庙的建筑功能开始明确分离，如二里头 1 号宫殿为外朝即大朝正殿，2 号和 4 号宫殿为宗庙[27]。杜金鹏先生通过分析认为，殷墟宫殿区甲组建筑基址群主要功能为"寝宫"，乙组建筑基址群主要为"朝堂"，丙组建筑基址群主要为"社坛"，丁组建筑基址群主要为"宗庙"[28]。这种宫、庙分离的宫室制度是否起自陶寺，尚待今后陶寺宫殿基址更多的发掘成果来回答。

3. 府库制度

陶寺王权直接控制的仓储区即国库位于宫城的东南，早中期一直沿用。仓储区面积并不太大，有 1 000 多平方米。目前虽然没有发现仓城城墙遗迹，但是仓储区周边好像有空白隔离带。这个区域里，除了大型窖穴，没有其他任何遗迹。窖穴都是锅底坑状的，小的直径有 5 米，大的直径有 10 米，深度都在 4～5 米。多数窖穴锅底形的坑底都有一些石头。有的窖穴发现有门洞。在这个窖穴的门洞的正上方地面，我们还发现一个小的白灰面房子，直径大约 1.5 米，看着就像岗哨一样，守着出入口。很显然国库有严密的守卫设施。这个大型仓储区不附属于任何家族，也不附属于任何贵族，所以它应该是王权直接控制的、一个国家的储藏和行政设施，所以它应该是一个国库。

窖穴在中国史前时期的各等级的聚落中均存在，但是除良渚遗址和陶寺都城的仓储区为独立的区域之外，其他遗址的窖穴几乎都包含在居址之内，附属于住房，主要功能是家户自有的窖藏设施，而并非王权垄断的或国家控制的仓储设施。

4. 住宅的等级制

陶寺都城遗址在"阳宅"方面已凸显住宅的等级制度。陶寺早中期君王住在宫城里，生活起居在高于地面的台基上的宫室内；宫城使用期间，垃圾坑（灰坑）很少。下层贵族住在下层贵族居住区，住在经过满堂红基坑处理的半地穴式"两套间"里，住宅周围有活动的空场，总建筑面积约 300 平方米；贵族居住区使用期间，垃圾坑较多。普通居民住在普通居民区当中，房屋绝大部分为单间半地穴式房子，也有很少量的平地建筑，室内面积多为10～25平方米，垃圾坑到处都是，居住环境十分脏乱。陶寺中期更将普通居民区驱赶到距宫城西南约1千米远的今中梁村一带，远离宫城。统治者通过空间控制权力，彰显君尊民卑的礼制观念。

普通居民区内还有一些窑洞式民居，甚至有地坑院式的窑洞群[29]。陶寺乡在20世纪80年代之前，还有许多村民居住在所谓"冬暖夏凉"的窑洞里，但是80年代之后，随着经济条件的改善，纷纷盖起地面建筑瓦房并入住，放弃窑洞，因为窑洞居住形式最大的弊端是采光不足与压抑感，所以当地村民只要经济条件允许，一定会放弃窑洞，入住地面建筑。参考陶寺当今的民族志资料，有理由推测，陶寺文化时期，居住在窑洞中的人应当是普通居民中的"更下等人"。准此，陶寺文化显然已经建立起从地下窑洞→无基坑半地穴式单间→地面建筑单间→有基坑半地穴式套间→台基宫殿这样一套立体空间表象的"居住等级制度"，通过这样的制度，保障王权高高在上的物化形象。

此外，在建筑材料方面，陶寺都城也有着比较明确的等级制度。比如，陶寺宫殿有板瓦，外墙立面有刻画的白灰墙皮装饰，殿内墙有蓝铜矿颜料刷的墙裙，殿内地坪的白灰厚度达1～5厘米，质量之高类似今天的瓷砖[30]。经木炭树种检测，陶寺宫殿使用的木柱主要以侧柏为主，栎木和松木也占有很大比重，而IFJT3前殿柱洞残留炭化木块为松木，据此推测陶寺宫殿建筑的柱子主要为侧柏、松木，梁、檩、椽等用栎木[31]。陶寺宫殿柱子据柱础石复原直径为30厘米左右。

下层贵族和普通居民的住宅，绝不使用板瓦、刻画墙皮、墙裙，白灰地坪质量差，且厚度均不超过1厘米，多为0.4～0.5厘米，是真正的茅茨土阶。陶寺晚期宫城沦为普通居民区后，所用木材以栎木为主，松柏数量不多，且不排除样品中还包含早中期宫殿建筑废弃后残留的炭化木块[32]。柱洞直径多在10～15厘米，20厘米少见，绝不见30厘米。

5. 丧葬用玉制度

陶寺遗址的玉石礼器主要出自墓葬，居址中零散出土的玉石礼器不能表现用玉制度，因此在此主要讨论丧葬中的用玉制度。由于陶寺王族墓地中，玉骨簪饰多用小玉件如环、缀等与骨簪复合而成，但是从一等王墓至四等平民墓均有使用[33]，显然没有礼制意义，因此不属于玉礼器，而属于一般装饰品。同样属于一般装饰品的玉石器还包括玉石项饰和头部玉石饰件[34]。

笔者认为，陶寺文化玉器（包括陶寺遗址和下靳墓地出土的）主要源于石峁邦国的玉币输入，进而由于陶寺文化的非商品经济特性，使得相当一部分玉币退出货币流通领域，转化为玉礼器为政治和礼仪服务，成为后来中原地区用玉礼制的肇端。由于陶寺文化缺乏闪石玉料，陶寺文化使用大量的大理岩类的假玉（美石）仿制玉礼器，作为玉礼器的补充，并与玉礼器配伍组合使用。陶寺文化玉石器的礼器特征主要通过两个要素来表征。第一是主要用于随葬，体现用玉礼仪制度在葬仪中的功能。第二是形成比较固定的玉石礼器组合，早期为玉石钺、石厨刀或另加石磬组合，中期开始转变为玉石钺、璧组合[35]。陶寺早期是墓葬用玉制度的草创期，陶寺中期真玉礼器数量大幅增加，玉石钺与璧组合固定，才是用玉制度的形成期。

6. 礼乐制度

此处所说的礼乐制度特指礼仪性乐器。当然，史前时期乐器种类较少，一种乐器在礼仪和娱乐场合均可能使用，正如《尚书·舜典》所谓"八音克谐，无相夺伦，神人以和"，可将陶寺遗址出土的所有乐器列为礼乐器的范畴。《尚书·舜典》说，帝尧逝世，"百姓如丧考妣，三载，四海遏密八音"。八音指金、石、土、革、丝、木、匏、竹。郑注云："金，钟镈也；石，磬也；土，埙也；革，鼓，鼗也；丝，琴瑟也；木，柷敔也；匏，笙也；竹，管箫也。"

陶寺遗址出土乐器中的陶鼓、鼍鼓属于八音里的革，石磬属八音里的石，陶埙属于八音里的土，铜铃属于八音里的金，木柷属于八音里的木。丝竹类乐器难以保存，所以在陶寺遗址尚未发现。

陶鼓、鼍鼓、石磬形成组合随葬在早期一级王墓中。M3032 为二级贵族墓，随葬一件陶寺文化最大的陶鼓，还一件玉戚（原报告称玉圭）[36]，其身份应为与礼乐有关的官员，地位很高。《尚书·舜典》云："帝曰：'夔！命汝典乐，教胄子。……八音克谐，无相夺伦，神人以和。'夔曰：'於！予击石拊石，百兽率舞。'"注曰："石，磬也。"由此可以推测陶寺 M3023 的墓主生前系典乐重臣，该墓也被捣毁过，骨殖残乱。

陶寺中期王墓的礼乐组合有很大变化，不见陶鼓、鼍鼓和石磬，新出现了木枕[37]。所谓木枕就是一个口小底大的漆木圆筒，筒里置一根木棍，通过晃动木桶，使木棍撞击木筒壁发出响声与节奏。不过，陶寺宫城范围内仍出土有陶鼓残片，表明陶寺中期陶鼓依然在使用。

陶寺遗址的陶埙仅在居址中采集到 1 件，时代不明[38]。

陶寺晚期水井 J401 里还出土 1 件完好的骨质口簧，原报告称为"发卡"[39]。据近年石峁皇城台出土数量较多的完整器并被确定为口簧[40]。陶寺的这件口簧应从石峁舶来，是否参与陶寺的礼乐器组合存疑，且陶寺晚期随着陶寺中期政权被颠覆而"礼崩乐坏"。

陶寺铜铃出自 M3296。该墓是一座陶寺晚期小墓，除铜铃外，没有其他任何随葬品。发掘者认为该墓随葬铜铃，墓主身份特殊，而将之归入三级贵族墓葬[41]。笔者认为，M3269 的墓主极有可能作为陶寺早期王族（尧族）的后人，在陶寺晚期也参与到对陶寺中期王族（舜族）当权者墓葬的政治报复捣毁行动中，将陶寺中期贵族随葬的铜铃占为己有[42]。据此推测，陶寺中期的礼乐器组合可能为木枕、陶鼓和铜铃。

二、陶寺文化制度文明特征

陶寺制度文明的特点就是集成与创新体系化。陶寺在都城制度、宫室制度、礼制建筑制度、府库制度、住宅的等级制、丧葬用玉制度、礼乐制度、铜礼器制度发轫、天文历法垄断制度、度量衡制度、工官管理等诸多方面，大多不是最早的，也并非都是全新首创的，在早于陶寺文化的各文明起源中心里，都能或多或少地见到这些制度的先驱踪影，但是陶寺文化将这些来自四方的各种制度的要素加以集成，创新出一套比较完整的邦国制度体系，这是以往各文明起源中心所不曾具备的，即使在同时期的石峁邦国和河南王湾三期文化当中，也未见如此完整的制度体系。

第四节　陶寺文明对中国文明的贡献

陶寺文化的物质文明特征，基本上奠定了后来中国文明的主脉"农业文明"基因，"以农为本"，"重农抑商"成为中国物质文明当中最核心的思想精髓；自力更生成为中国物质文明发展最基本的宗旨。

精神文明方面，通过分析，我们发现，后世儒家思想的精髓，渊源自陶寺邦国精神文明中的主要内涵。比如儒家最强调的仁，其实质就是蟠龙与獯豭之牙上政，橐弓矢以伏天下次政理念，和合思想，文德之治。而陶寺龙盘的蟠龙，成为后世"中国龙"定型的开始，表现出"中国龙"核心价值体系的形成，蕴含了中国精神文明的核心要义，包括韬光养晦，少言实干，忠诚守信，重土慎迁，不惹事、不怕事，坚韧不拔，先礼后兵等等，这些理念渗透到中国人骨子里，成为上至统治者下至黎民百姓内心深处的伦理道德基因。儒家特别强调的礼制，在陶寺邦国开始集成。儒家思想重视的智，实际上包括天文历法等科学的思辨、为政治服务的意识形态、包括地中观念和天下观在内的政治发明等等。儒家特别提倡的孝，在陶寺邦国尊祖敬宗的行为中表达得十分清楚。从这一角度说，陶寺邦国的精神文明是中国历代精神文明基因形成的肇端。

制度文明方面，我们曾发表专文，通过都城制度、宫室制度、礼制建筑制度、府库制度、住宅的等级制、丧葬制度、礼乐制度、铜礼器制度发轫、天文历法垄断制度、度量衡制度、工官管理制度诸方面的分析，提出陶寺文化在上述制度建设的集成与创新形成的比较系统的制度文明，全方位地奠定了后世中国历代王朝的制度建设基础，并形成了一些中国文明当中制度文明传承的稳定基因。由此，我们更加深刻地认识到，陶寺文化对中国文明主脉的贡献，在制度建设层面上集成创新的贡献是巨大而深远的，更加证明陶寺文化是中华文明主脉核心形成的起点，其各项制度的集成创新是关键。中华文明五千年，瓜瓞绵绵，其中制度文明基因的继承与发展，至关重要，而陶寺文化制度文明继承创新的开山之功，功不可没！

注　释

弁　言

[1] 苏秉琦：《中国文明起源新探》，生活·读书·新知三联书店，1999 年。

[2] 何驽：《陶寺圭尺"中"与"中国"概念由来新探》，《三代考古（四）》，科学出版社，2011 年，第 85～119 页。

[3] 朱乃诚：《中国文明起源研究》，福建人民出版社，2006 年，第 168～197 页。

[4] 王宇信等：《中国古代文明与国家形成研究》，云南人民出版社，1997 年，第 1～10 页。

[5] 何驽：《陶寺考古：尧舜"中国"之都探微》，《帝尧之都 中国之源——尧文化暨德廉思想研讨会文集》，中国社会科学出版社，2015 年，第 63～123 页。

第一章　陶寺文明形成的历史背景

[1] 安志敏：《三十年来中国的新石器时代考古学》，《中国新石器时代论集》，文物出版社，1982 年。

[2] 夏鼐：《中国文明的起源》，文物出版社，1985 年。

[3] 朱乃诚：《中国文明起源研究》，福建人民出版社，2006 年。

[4] 苏秉琦：《中国文明起源新探》，生活·读书·新知三联书店，1999 年。

[5] 苏秉琦：《百万年连绵不断的中华文化——苏秉琦谈考古学的中国梦》，《满天星斗——苏秉琦论远古中国》，中信出版集团，2016 年。

[6] 苏秉琦：《中国文明起源新探》，生活·读书·新知三联书店，1999 年。

[7] 朱乃诚：《中国文明起源研究》，福建人民出版社，2006 年，第 132～133 页。

[8] 易建平：《中国古代社会演进三历程理论析论》，《中国社会科学》2020 年 11 期。

[9] 李伯谦：《中国古代文明进程的三个阶段》，《文明探源与三代考古论集》，文物出

版社，2011 年，第 83 页。

[10] 赵辉：《"古国时代"》，《华夏考古》2020 年 6 期。

[11] 王震中：《中国古代国家的起源与王权的形成》，中国社会科学出版社，2013 年，
第 63～64 页。

[12] 苏秉琦：《中国文明起源新探》，生活·读书·新知三联书店，1999 年。

[13] 苏秉琦：《中国文明起源新探》，生活·读书·新知三联书店，1999 年。

[14] 严文明：《中国史前文化的统一性与多样性》，《文物》1987 年 3 期。

[15] 张光直：《第二讲 从世界古代史常用模式看中国文明起源的形成》，《考古学专题
六讲》，文物出版社，1986 年。

[16] Kwang-chih Chang, *The Archaeology of Ancient China*, Yale University Press, 1986, 4th
edition.［美］张光直著，印群译：《古代中国考古学》，生活·读书·新知三联书
店，2013 年。

[17] 张光直：《中国相互作用圈与文明形成》，《庆祝苏秉琦考古五十五年论文集》，文
物出版社，1989 年。

[18] 李伯谦：《中国古代文明进程的三个阶段》，《文明探源与三代考古论集》，文物出
版社，2011 年。

[19] 李伯谦：《中国古代文明演进的两种模式》，《文明探源与三代考古论集》，文物出
版社，2011 年。

[20] 何驽：《史前经济基础考古视野里的最初中国形成》，《南方文物》2016 年 2 期。

[21] 何驽：《黄河流域史前商品经济及其考古指标和相关问题试析》，《李下蹊华——
庆祝李伯谦先生八十华诞论文集》，科学出版社，2017 年。

[22] 何驽：《良渚文化的社会政治特征探析》，《东南文化》2016 年 4 期；何驽：《良渚
文化原始民主制度崩溃原因蠡测》，《中原文化研究》2020 年 3 期。

[23] 张弛：《龙山—二里头——中国史前文化格局的改变与青铜时代全球化的形成》，
《文物》2017 年 6 期。

[24] 何驽：《关于崧泽文化商品经济的思考》，《东南文化》2015 年 1 期。

[25] 安徽省文物考古研究所：《凌家滩玉器》，文物出版社，2000 年；安徽省文物考古
研究所：《凌家滩》，文物出版社，2006 年。

[26] 浙江省文物考古研究所：《良渚古城综合研究报告》，文物出版社，2019 年，第
59～199 页。

[27] 浙江省文物考古研究所：《良渚古城综合研究报告》，文物出版社，2019 年，第
200～235 页。

[28] 浙江省文物考古研究所：《良渚古城综合研究报告》，文物出版社，2019 年，第
235～269 页。

[29] 浙江省文物考古研究所：《良渚古城综合研究报告》，文物出版社，2019 年，第

270～284 页。

［30］ 刘建国：《中国史前治水文明初探》，《南方文物》2020 年 6 期。

［31］ 赵晔：《湮灭的古国故都——良渚遗址概论》，浙江摄影出版社，2007 年，第 129～137 页。

［32］ 浙江省文物考古研究所：《浙江考古 1979～2019 年》，文物出版社，2019 年，第 131～134 页。

［33］ 王宁远：《从村居到王城》，杭州出版社，2013 年，第 83～87 页。

［34］ 郑云飞、陈旭高、丁品：《浙江余杭茅山遗址古稻田耕作遗迹研究》，《第四纪研究》2014 年 1 期。

［35］ 浙江省文物考古研究所、宁波市文物考古研究所：《宁波慈湖遗址发掘简报》，《浙江省文物考古研究所学刊·建所十周年纪念》，科学出版社，1993 年。

［36］ 苏州博物馆等：《江苏吴江龙南新石器时代村落遗址第一、二次发掘简报》，《文物》1990 年 7 期。

［37］ Brian M. Fagan, *People of the Earth: An Introduction to World Prehistory*, Lindbriar Corporation, 1992, 7th Edition, p. 447.

［38］ 刘斌、王宁远、陈明辉：《良渚古城——新发现与探索》，《权利与信仰——良渚遗址群考古特展》，文物出版社，2015 年，第 51～71 页。

［39］ 俞为洁：《饭稻衣麻——良渚人的衣食文化》，浙江摄影出版社，2007 年，第 27～29 页。

［40］ 何驽：《良渚文化的社会政治特征探析》，《东南文化》2016 年 4 期。

［41］ 何驽：《良渚文化原始民主制度崩溃原因蠡测》，《中原文化研究》2020 年 3 期。

［42］ 陈杰：《良渚文化的古环境》，杭州出版社，2014 年，第 147～151 页。

［43］ 湖北省文物考古研究所等：《天门龙嘴》，科学出版社，2015 年。

［44］ 湖北省文物考古研究所等：《湖北天门石家河谭家岭城址 2015～2016 年发掘简报》，《江汉考古》2017 年 5 期。

［45］ 湖南省文物考古研究所：《澧县城头山——新石器时代遗址发掘报告》，文物出版社，2007 年。

［46］ 湖北省文物考古研究所：《大洪山南麓史前聚落调查——以石家河为中心》，《湖北史前城址》，科学出版社，2015 年。

［47］ 何驽：《屈家岭、石家河文化中心居址的地理环境分析》，《荆楚文史》1996 年 1 期。

［48］ 何驽：《试论肖家屋脊文化及其相关问题》，《三代考古（二）》，科学出版社，2006 年。

［49］ 荆州博物馆：《湖北荆州观音垱汪家屋场遗址的调查》，《文物》1999 年 1 期。

［50］ 何驽：《华西系玉器背景下的陶寺文化玉石礼器研究》，《南方文物》2018 年 2 期。

［51］ 山东省文物管理处、济南市博物馆：《大汶口——新石器时代墓葬发掘报告》，文物出版社，1974 年；山东省文物考古研究所：《大汶口续集——大汶口遗址第二、三次发掘报告》，科学出版社，1997 年。

［52］ 南京博物院：《花厅——新石器时代墓地发掘报告》，文物出版社，2003 年。

［53］ 徐凤先：《天空之光如何照亮文明——中国早期天文学与文明若干专题研究》，南方出版传媒广东人民出版社，2019 年，第 42～55 页。

［54］ 山东省文物考古研究所等：《山东莒县陵阳河大汶口文化墓葬发掘简报》，《史前研究》1987 年 3 期。

［55］ 山东省文物考古研究所：《莒县大朱家村大汶口文化墓葬》，《考古学报》1991 年 2 期。

［56］ 中国社会科学院考古研究所等：《蒙城尉迟寺（第二部）》，科学出版社，2007 年。

［57］ 栾丰实：《太昊和少昊传说的考古学研究》，《中国史研究》2000 年 2 期。

［58］ 何驽：《怎探古人何所思——精神文化考古理论与实践探索》，科学出版社，2015 年。

［59］ 杜升云：《山东莒县史前天文遗址》，《科学通报》1986 年 9 期。

［60］ 苏兆庆：《古莒遗珍》，人民美术出版社，2007 年。

［61］ 孙小淳等：《中国古代遗址的天文考古调查报告——蒙辽黑鲁豫部分》，《中国科学史杂志》2010 年 4 期。

［62］ 何驽：《怎探古人何所思——精神文化考古理论与实践探索》，科学出版社，2015 年。

［63］ 王震中：《试论陶文"🔥"、"🔥"与"大火"星及火正》，《考古与文物研究》，三秦出版社，1997 年。

［64］ 山东省文物管理处、济南市博物馆：《大汶口——新石器时代墓葬发掘报告》，文物出版社，1974 年。

［65］ 陈五云、刘民钢：《释"昊"》，《华夏考古》2003 年 2 期。

［66］ 栾丰实：《太昊和少昊传说的考古学研究》，《中国史研究》2000 年 2 期。

［67］ 山东大学考古学与博物馆学系等：《济南市章丘区焦家遗址 2016～2017 年大型墓葬发掘简报》，《考古》2019 年 12 期。

［68］ 山东大学考古学与博物馆学系等：《济南市章丘区焦家遗址 2016～2017 年大型墓葬发掘简报》，《考古》2019 年 12 期。

［69］ 孙波：《山东龙山文化城址略论》，《中国聚落考古的理论与实践（第一辑）：纪念新砦遗址发掘 30 周年学术研讨会论文集》，科学出版社，2010 年。

［70］ 张弛：《龙山—二里头——中国史前文化格局的改变与青铜时代全球化的形成》，《文物》2017 年 6 期。

［71］ 张弛：《旧大陆西部作物及家畜传入初期中国北方生业经济结构的区域特征》，

《华夏考古》2017 年 3 期。

[72] 何驽:《中国史前文化格局与青铜时代全球化》,《中国社会科学院报》2018 年 1 月 11 日第 7 版。

[73] 何驽:《史前经济基础考古视野里的最初中国形成》,《南方文物》2016 年 2 期。

[74] 辽宁省文物考古研究所:《牛河梁——红山文化遗址发掘报告(1983～2003 年度)》,文物出版社,2012 年。

[75] 刘国祥:《红山文化研究》,科学出版社,2015 年。

[76] 黄磊:《浅谈半拉山红山文化墓地 M12 带柄石钺》,《南方文物》待刊。

[77] 何驽:《陶寺遗址出土器物综论》,《中国陶寺遗址出土文物集萃》,天津古籍出版社,2018 年。

[78] 孙小淳等:《中国古代遗址的天文考古调查报告——蒙辽黑鲁豫部分》,《中国科学史杂志》2010 年 4 期。

[79] 宋豫秦:《西辽河流域》,《中国文明起源的人地关系简论》,科学出版社,2002 年。

[80] 中国社会科学院考古研究所等:《灵宝西坡墓地》,文物出版社,2010 年。

[81] [澳]刘莉著,陈星灿等译:《中国新石器时代——迈向早期国家之路》,文物出版社,2007 年,第 150～151 页。

[82] 陈星灿:《庙底沟期仰韶文化"大房子"功能浅析》,《考古学研究(九)》下册,文物出版社,2012 年,第 587～611 页。

[83] 中国社会科学院考古研究所等:《灵宝西坡墓地》,文物出版社,2010 年,第 293～298 页。

[84] 李伯谦:《中国古代文明进程的三个阶段》,《文明探源与三代考古论集》,文物出版社,2011 年,第 79～80 页。

[85] 范毓周:《河南巩义双槐树"河洛古国"遗址浅论》,《中原文化研究》2020 年 4 期。

[86] 王仁湘:《史前中国的艺术浪潮:庙底沟文化彩陶研究》,文物出文版社,2011 年。

[87] 韩建业:《早期中国——中国文化圈的形成和发展》,上海古籍出版社,2014 年。

[88] 陕西省考古研究院等:《陕西神木市石峁遗址皇城台大台基遗迹》,《考古》2020 年 7 期。

[89] 孙周勇等:《石峁遗址的考古发现与研究综述》,《中原文物》2020 年 1 期。

[90] 陕西省考古研究院等:《陕西神木县石峁遗址后阳湾、呼家洼地点试掘简报》,《考古》2015 年 5 期。

[91] 陕西省考古研究院等:《陕西延安芦山峁新石器时代遗址》,《考古》2019 年 7 期。

[92] 陕西省考古研究所等:《神木新华》,科学出版社,2005 年。

[93] 山西省考古研究所等:《2015 年山西兴县碧村遗址发掘简报》,《考古与文物》2016 年 4 期;山西省考古研究所等:《2016 年山西兴县碧村遗址发掘简报》,《中

原文物》2017 年 6 期。

[94] 邵晶：《石峁遗址与陶寺遗址的比较研究》，《考古》2020 年 5 期。

第二章　陶寺遗址考古发掘与研究学术简史

[1] 中国社会科学院考古研究所、山西省临汾市文物局：《襄汾陶寺——1978～1985
年发掘报告》(第一册)，文物出版社，2015 年，第 3 页。

[2] 张立东、任飞：《手铲释天书——与夏文化探索者的对话》，大象出版社，2011
年，第 68 页。

[3] 中国社会科学院考古研究所山西工作队：《晋南考古调查报告》，《考古学集刊
(第 6 集)》，中国社会科学出版社，1989 年。

[4] 中国社会科学院考古研究所、山西省临汾市文物局：《襄汾陶寺——1978～1985
年发掘报告》(第一册)，文物出版社，2015 年，第 3～4 页。

[5] 中国社会科学院考古研究所、山西省临汾市文物局：《襄汾陶寺——1978～1985
年发掘报告》，文物出版社，2015 年。

[6] 严志斌：《中国考古学年鉴（2001）》，文物出版社，2002 年，第 117～118 页；
梁星彭、严志斌：《中国考古学年鉴（2002）》，文物出版社，2003 年，第 137～
140 页。

[7] 何努、高江涛：《薪火相传探尧都——陶寺遗址发掘与研究四十年历史述略》，
《南方文物》2018 年 4 期。

[8] 高炜、张岱海：《汾河湾旁磬和鼓——苏秉琦先生关于陶寺考古的论述》，《苏秉
琦与当代中国考古学》，科学出版社，2001 年。

[9] 仇士华、蔡莲珍、冼自强、薄官成：《有关所谓"夏文化"的碳十四年代测定的
初步报告》，《考古》1983 年 10 期。

[10] 张维玺：《陶寺遗址及临近地区考古古地磁研究》，《考古》1989 年 10 期。

[11] 孔昭宸、杜乃秋：《山西襄汾陶寺遗址孢粉分析》，《考古》1992 年 2 期。

[12] 中国社会科学院考古研究所实验室：《山西襄汾陶寺遗址陶片的测试与分析》，
《考古》1992 年 2 期。

[13] 中国社会科学院考古研究所实验室：《陶寺遗址陶器和木器上彩绘颜料鉴定》，
《考古》1994 年 9 期。

[14] 高炜：《陶寺龙山文化木器的初步研究——兼论北方漆器的起源问题》，《中国考
古学研究：夏鼐先生考古五十周年纪念论文集（二集）》，科学出版社，1986 年。

[15] 高炜：《陶寺文化玉器及相关问题》，《东亚玉器》，香港中文大学中国考古艺术研
究中心，1988 年。

[16] 高天麟：《黄河流域新石器时代的陶鼓辨析》，《考古学报》1991 年 2 期。

[17] 高天麟：《龙山文化陶寺类型农业发展状况初探》，《农业考古》1993 年 3 期。

［18］李文杰：《山西襄汾陶寺遗址制陶工艺研究》，《中国古代制陶工艺研究》，科学出版社，1996 年。

［19］何驽：《陶寺文化的考古发现与研究》，《中国考古学百年史：1921～2021》第一卷中册，中国社会科学出版社，2021 年，第 660～680 页。

［20］苏秉琦：《中国文明起源新探》，生活·读书·新知三联书店，1999 年，第 160～161 页。

［21］何驽：《陶寺文化谱系研究综论》，《古代文明（第 3 卷）》，文物出版社，2004 年，第 54～86 页。

［22］田建文：《陶寺 2002IIM22 的年代问题》，《古代文明研究通讯》总 77 期，2018 年 6 月。

［23］何驽：《关于陶寺早期王族墓地的几点思考》，《三代考古（八）》，科学出版社，2019 年，第 24～33 页。

［24］何驽：《陶寺文化的考古发现与研究》，《中国考古学百年史：1921～2021》第一卷中册，中国社会科学出版社，2021 年，第 660～680 页。

［25］中国社会科学院考古研究所山西工作队、山西省考古研究所、临汾市文物局：《2010 年陶寺遗址群聚落形态考古实践与理论收获》，《中国社会科学院古代文明研究中心通讯》第 21 期，2011 年 1 月。

［26］王震中：《中国早期国家——陶寺都邑邦国研究》，《重建中国上古史的探索》，云南出版集团，2015 年，第 214～219 页。

［27］何驽：《陶寺文化的考古发现与研究》，《中国考古学百年史：1921～2021》第一卷中册，中国社会科学出版社，2021 年，第 660～680 页。

［28］何驽：《怎探古人何所思——精神文化考古理论与实践探索》，科学出版社，2015 年。

［29］何驽：《陶寺文化的考古发现与研究》，《中国考古学百年史：1921～2021》第一卷中册，中国社会科学出版社，2021 年，第 660～680 页。

［30］苏秉琦：《关于重建中国史前史的思考》，《满天星斗——苏秉琦论远古中国》，中信出版集团，2016 年，第 61 页。

［31］［日］宫本一夫著，吴菲译：《从神话到历史——神话时代 夏王朝》，广西师范大学出版社，2014 年，第 130 页。

［32］［日］宫本一夫著，吴菲译：《从神话到历史——神话时代 夏王朝》，广西师范大学出版社，2014 年，第 274 页。

［33］何驽：《制度文明：陶寺文化对中国文明的贡献》，《南方文物》2020 年 3 期。

［34］何努：《对于陶寺文化晚期聚落形态与社会变化的新认识》，《新世纪的中国考古学（续）》，科学出版社，2015 年，第 158～171 页。

［35］苏秉琦：《中国文明起源新探》，生活·读书·新知三联书店，1999 年，第 161 页。

［36］何驽:《陶寺圭尺"中"与"中国"概念由来新探》,《三代考古（四）》,科学出版社,2011年,第85～128页;何驽:《最初"中国"的考古探索简析》,《早期中国研究》,文物出版社,2013年,第36～43页。

［37］许宏:《最早的中国》,科学出版社,2009年。

［38］孙庆伟:《"最早的中国"新解》,《中原文物》2019年5期。

［39］孙庆伟:《"最早的中国"新解》,《中原文物》2019年5期。

［40］张国硕:《也谈"最早的中国"》,《中原文物》2019年5期。

［41］韩建业:《最早中国:多元一体早期中国的形成》,《中原文物》2019年5期。

［42］何驽:《陶寺文化的考古发现与研究》,《中国考古学百年史:1921～2021》第一卷中册,中国社会科学出版社,2021年,第660～680页。

［43］何驽:《陶寺考古:尧舜"中国"之都探微》,《帝尧之都,中国之源——尧文化暨德廉思想研讨会文集》,中国社会科学院出版社,2015年,第63～123页。

第三章 陶寺都城选址

［1］襄汾县志编纂委员会:《襄汾县志》,天津古籍出版社,1991年,第40页。

［2］襄汾县志编纂委员会:《襄汾县志》,天津古籍出版社,1991年,第38～40页。

［3］王海斌、莫多闻、李拓宇:《陶寺古城形成与选址的环境与文化背景研究》,《水土保持研究》2014年3期。

［4］中国社会科学院考古研究所山西工作队、临汾地区文化局:《山西襄汾陶寺遗址首次发现铜器》,《考古》1984年12期。

［5］梁星彭、严志斌:《山西襄汾陶寺文化城址》,《2001年中国重要考古发现》,文物出版社,2002年。

［6］中国社会科学院考古所等:《2004～2005年山西襄汾陶寺遗址发掘新进展》,《中国社会科学院古代文明研究中心通讯》第10期,2005年8月。

［7］中国社会科学院考古研究所山西工作队等:《山西襄汾县陶寺城址发现陶寺文化中期大型夯土建筑基址》,《考古》2008年3期。

［8］铜齿轮形器、环、圆形大器口沿的成分测定由中国社会科学院考古研究所刘煜博士主持分析。参见刘煜:《殷墟出土青铜礼器铸造工艺研究》,南方出版传媒广东人民出版社,2018年,第340～342页。

［9］李水城:《西北与中原早期冶铜业的区域特征及交互影响》,《考古学报》2005年3期。

［10］襄汾县志编纂委员会:《襄汾县志》,天津古籍出版社,1991年,第50～51页。

［11］李乃胜、何驽等:《陶寺、尉迟寺白灰面的测试研究》,《分析测试学报》2005年5期。

［12］中国社会科学院考古研究所山西工作队、临汾地区文化局:《1978～1980年山西

襄汾陶寺墓地发掘简报》，《考古》1983 年 1 期。

［13］李乃胜、杨益民、何驽、毛振伟：《陶寺遗址陶器彩绘颜料的光谱分析》，《光谱学与光谱分析》2008 年 4 期。

［14］高江涛、何驽、王晓毅：《山西襄汾陶寺遗址 2007 年田野考古新收获》，《中国社会科学院古代文明研究中心通讯》第 15 期，2008 年 1 月。

［15］李健民：《陶寺遗址出土的朱书"文"字扁壶》，《中国社会科学院古代文明研究中心通讯》第 1 期，2001 年 1 月；中国社会科学院考古研究所山西队等：《山西襄汾县陶寺城址发现陶寺文化中期大型夯土建筑基址》，《考古》2008 年 3 期。

［16］何驽：《陶寺遗址石器工业性质分析》，《三代考古（七）》，科学出版社，2017 年。

［17］孔昭宸、杜乃秋：《山西襄汾陶寺遗址孢粉分析》，《考古》1992 年 2 期。

［18］一丁、雨露、洪涌：《中国古代风水与建筑选址》，河北科学技术出版社，1996 年，第 101～105 页。

［19］一丁、雨露、洪涌：《中国古代风水与建筑选址》，河北科学技术出版社，1996 年，第 129 页。

［20］凯文·林奇著，林庆怡等译：《城市形态》，华夏出版社，2001 年，第 53 页。

［21］何驽：《怎探古人何所思—精神文化考古理论与实践探索》，科学出版社，2015 年，第 67～73 页。

［22］邢文：《帛书周易研究》，人民出版社，1997 年，第 66～68 页。

［23］中国社会科学院考古研究所山西队等：《山西襄汾陶寺城址 2002 年发掘报告》，《考古学报》2005 年 3 期，第 307～346 页。

［24］姚孝遂、肖丁：《小屯南地甲骨考释》，中华书局，1985 年，第 75 页。

［25］胡厚宣：《厦门大学所藏甲骨文字释文》，1944 年，成都齐鲁大学国学研究所专刊，第 6 页。

［26］罗振玉：《三代吉今文存》，中华书局，1983 年，第 878 页。

［27］何驽：《2010 年陶寺遗址群聚落形态考古实践与理论收获》，《中国社会科学院古代文明研究中心通讯》21 期，2011 年 1 月；翟少冬、王晓毅、高江涛：《山西陶寺遗址石制品及相关遗迹调查简报》，《考古学集刊（第 19 集）》，科学出版社，2013 年，第 1～26 页。

［28］钱耀鹏：《中国史前城址与文明起源研究》，西北大学出版社，2001 年，第 191 页。

［29］中国历史博物馆等：《垣曲古城东关》，科学出版社，2001 年。

［30］何驽：《试论考古学文化因素类别层级系统与"主导因素"类别》，《古代文明研究通讯》6 期，2000 年 9 月。

［31］中国社会科学院考古研究所山西工作队、临汾地区文化局：《山西襄汾县陶寺遗址发掘简报》，《考古》1980 年 1 期。

［32］中国社会科学院考古研究所山西二队 2002 年度陶寺城址宫殿区发掘资料。

［33］中国社会科学院考古研究所山西工作队、临汾地区文化局：《1978～1980 年山西襄汾陶寺墓地发掘简报》，《考古》1983 年 1 期。

［34］何驽：《陶寺文化谱系研究综论》，《古代文明（第 3 卷）》，文物出版社，2004 年，第 54～86 页。

［35］中国历史博物馆等：《垣曲古城东关》，科学出版社，2001 年。

［36］何驽：《怎探古人何所思——精神文化考古理论与实践探索》，科学出版社，2015 年，第 225～229 页。

第四章　陶寺早期都城遗址

［1］许宏：《先秦城邑考古》上编，金城出版社、西苑出版社，2017 年，第 105 页。

［2］殷志建、张大诚、关文光：《土力学与地基基础》，中国建筑工业出版社，1980 年，第 306～307 页。

［3］何驽：《湿陷性黄土地基：陶寺城墙建筑技术的关键问题》，《华夏考古》2018 年 6 期。

［4］何驽、高江涛：《薪火相传探尧都——陶寺遗址发掘与研究四十年历史述略》，《南方文物》2018 年 4 期。

［5］刘庆柱：《中国古代都城考古发现与研究（下）》，社会科学文献出版社，2016 年，第 695～771 页。

［6］杜金鹏：《殷墟宫殿区建筑基址研究》，科学出版社，2010 年，第 264～267 页。

［7］顾万发：《论新郑望京楼商城东一城门》，《中原文物》2013 年 4 期。

［8］陕西省雍城考古队：《陕西凤翔春秋秦国凌阴遗址发掘简报》，《文物》1978 年 3 期。

［9］河南文物研究所：《郑韩故城内战国时期地下冷藏室遗迹发掘简报》，《华夏考古》1991 年 2 期。

［10］中国社会科学院考古研究所二里头工作队：《河南偃师二里头早商宫殿遗址发掘简报》，《考古》1974 年 4 期。

［11］周汉荣、赵明华：《土力学地基与基础（第三版）》，中国建筑工业出版社，1997 年。

［12］中国社会科学院考古研究所、山西省临汾市文物局：《襄汾陶寺——1978～1985 年考古发掘报告》（第二册），文物出版社，2015 年，第 391～392 页。

［13］中国社会科学院考古研究所、山西省临汾市文物局：《襄汾陶寺——1978～1985 年考古发掘报告》（第三册），文物出版社，2015 年，第 873～904 页。

［14］何驽：《关于陶寺早期王族墓地的几点思考》，《三代考古（八）》，科学出版社，2019 年。

［15］南京博物院等：《江苏张家港市东山村新石器时代遗址》，《考古》2010 年 8 期；南京博物院等：《江苏张家港市东山村遗址崧泽文化墓葬 M90 发掘简报》，《考

古》2015 年 3 期；南京博物院等：《江苏张家港东山村遗址 M91 发掘报告》，《东南文化》2010 年 6 期；南京博物院等：《江苏张家港东山村遗址 M101 发掘报告》，《东南文化》2013 年 3 期；周润垦等：《江苏张家港东山村遗址崧泽文化墓地初步研究》，《东南文化》2015 年 6 期。

[16] 中国社会科学院考古研究所等：《灵宝西坡墓地》，文物出版社，2010 年。

[17] 刘斌等：《城内的贵族墓地》，《良渚古城综合研究报告》，文物出版社，2019 年，第 69～101 页；刘斌等：《城郊的观象台与贵族墓地》，《良渚古城综合研究报告》，文物出版社，2019 年，第 236～269 页。

[18] 中国社会科学院考古研究所、山西省临汾市文物局：《襄汾陶寺——1978～1985年考古发掘报告》（第二册），文物出版社，2015 年，第 391～530 页。

[19] 何驽：《陶寺遗址出土器物综论》，《中国陶寺遗址出土文物集萃》，天津出版集团，2018 年，第 19～20 页。

[20] 何驽：《怎探古人何所思——精神文化考古理论与实践探索》，科学出版社，2015年，第 230～234 页。

[21] 刘振东：《冥界的秩序——中国古代墓葬制度概论》，文物出版社，2015 年，第 417～427 页。

[22] 董新林：《中国古代陵墓考古研究》，福建人民出版社，2005 年。

[23] 何努：《陶寺文化早期"木帝主"试析——兼论古蜀文化灯形器的使用功能》，《博物馆学刊（第七辑）》，巴蜀书社，2020 年，第 3～19 页。

[24] 何驽：《陶寺考古：尧舜"中国"之都探微》，《帝尧之都 中国之源——尧文化暨德廉思想研讨会文集》，中国社会科学出版社，2015 年，第 102～104 页。

[25] 何驽：《陶寺考古：尧舜"中国"之都探微》，《帝尧之都 中国之源——尧文化暨德廉思想研讨会文集》，中国社会科学出版社，2015 年，第 101 页。

[26] 南京博物院：《南京富贵山东晋墓发掘报告》，《考古》1966 年 4 期。

[27] 冯汉骥：《前蜀王建墓发掘报告》，文物出版社，1964 年。

[28] 中国社会科学院考古研究所、山西省临汾市文物局：《襄汾陶寺——1978～1985年考古发掘报告》（第二册），文物出版社，2015 年，第 486～487 页。

[29] 中国社会科学院考古研究所、山西省临汾市文物局：《襄汾陶寺——1978～1985年考古发掘报告》（第三册），文物出版社，2015 年，第 966 页。

[30] 中国社会科学院考古研究所、山西省临汾市文物局：《襄汾陶寺——1978～1985年考古发掘报告》（第二册），文物出版社，2015 年，第 653～655 页。

[31] 中国社会科学院考古研究所、山西省临汾市文物局：《襄汾陶寺——1978～1985年考古发掘报告》（第二册），文物出版社，2015 年，第 653 页。

[32] 何努：《陶寺文化早期"木帝主"试析——兼论古蜀文化灯形器的使用功能》，《博物馆学刊（第七辑）》，巴蜀书社，2020 年，第 3～19 页。

［33］何驽:《怎探古人何所思——精神文化考古理论与实践探索》，科学出版社，2015年，第334～336页。

［34］中国社会科学院考古研究所、山西省临汾市文物局:《襄汾陶寺——1978～1985年考古发掘报告》（第二册），文物出版社，2015年，第614页。

［35］中国社会科学院考古研究所、山西省临汾市文物局:《襄汾陶寺——1978～1985年考古发掘报告》（第二册），文物出版社，2015年，第615～617页。

［36］中国社会科学院考古研究所、山西省临汾市文物局:《襄汾陶寺——1978～1985年考古发掘报告》（第二册），文物出版社，2015年，第445～447页。

［37］中国社会科学院考古研究所、山西省临汾市文物局:《襄汾陶寺——1978～1985年考古发掘报告》（第二册），文物出版社，2015年，第615～618页。

［38］［美］约瑟夫·坎贝尔著，黄珏苹译:《千面英雄》，浙江人民出版社，2016年，第84～85页。

［39］张光直:《濮阳三蹻与中国古代美术上的人兽母题》，《文物》1988年11期。

［40］［法］倍松著，胡愈之译:《图腾主义》，上海文艺出版社，1990年影印版，第1～6页。

［41］何驽:《怎探古人何所思——精神文化考古理论与实践探索》，科学出版社，2015年，第343～347页。

［42］郭大顺:《龙出辽河源》，百花文艺出版社，2001年。

［43］朱乃诚:《中华龙起源和形成》，生活·读书·新知三联书店，2009年，第31～72页。

［44］孙机:《蜷体玉龙》，《文物》2001年3期；［俄］C.B.阿尔金著，王德厚译:《红山文化软玉的昆虫学鉴证》，《北方文物》1997年3期。

［45］朱乃诚:《中华龙起源和形成》，生活·读书·新知三联书店，2009年，第102～109页。

［46］石家河考古队:《肖家屋脊》，文物出版社，1999年，第326～327页。

［47］何驽:《试论肖家屋脊文化及其相关问题》，《三代考古（二）》，科学出版社，2006年，第98～145页。

［48］［日］吉田祯吾著，王子今、周苏平译:《宗教人类学》，陕西人民出版社，1991年，第219～225页。

［49］赵尔宓等:《中国动物志·爬行纲》第3卷，科学出版社，1998年。

［50］刘国祥:《红山文化研究》（下），科学出版社，2015年，第584～585页。

［51］刘国祥:《红山文化研究》（下），科学出版社，2015年，第543页。

［52］郭大顺:《红山文化"玉巫人"的发现与"萨满式文明"的有关问题》，《文物》2008年10期。

［53］赵正阶:《中国鸟类志》上卷，吉林科学技术出版社，2001年，第170～172页。

［54］陕西省考古研究院等:《发现石峁古城》，文物出版社，2016年；陕西省考古研究

院等：《陕西神木县石峁城址皇城台地点》，《考古》2017 年 7 期。

［55］冯时：《中国天文考古学》，社会科学文献出版社，2001 年，第 12～31 页。

［56］王大有：《龙凤文化源流》，北京工艺美术出版社，1988 年，第 144～151 页。

［57］容庚、张维持：《殷周青铜器通论》，文物出版社，1984 年，第 112～113 页。

［58］高明：《古文字类编》，中华书局，1980 年，第 217 页。

［59］高明：《古文字类编》，中华书局，1980 年，第 587 页。

［60］杜金鹏：《中国龙，华夏魂——试论偃师二里头遗址"龙文物"》；朱乃诚：《二里头文化"龙"遗存研究》；蔡运章：《绿松石龙图案与夏部族的图腾崇拜》；李德方：《二里头遗址的龙纹与龙文化》；顾问、胡继忠：《论二里头文化与夏家店下层文化中的龙、蛇》，均出自《二里头遗址与二里头文化研究——中国·二里头遗址与二里头文化国际学术研讨会论文集》，科学出版社，2006 年。

［61］朱乃诚：《二里头文化"龙"遗存研究》，《二里头遗址与二里头文化研究——中国·二里头遗址与二里头文化国际学术研讨会论文集》，科学出版社，2006 年，第 122 页。

［62］何驽：《二里头绿松石龙牌、铜牌与夏禹、萬舞的关系》，《中原文化研究》2018 年 4 期。

［63］杜金鹏：《中国龙，华夏魂——试论偃师二里头遗址"龙文物"》，《二里头遗址与二里头文化研究——中国·二里头遗址与二里头文化国际学术研讨会论文集》，科学出版社，2006 年，第 114～115 页；朱乃诚：《二里头文化"龙"遗存研究》，《二里头遗址与二里头文化研究——中国·二里头遗址与二里头文化国际学术研讨会论文集》，科学出版社，2006 年，第 128～129 页。

［64］中国社会科学院考古研究所、山西省临汾市文物局：《襄汾陶寺——1978～1985 年考古发掘报告》（第二册），文物出版社，2015 年，第 457～458 页。

［65］高江涛：《试析陶寺遗址的"毁墓"现象》，《三代考古（七）》，科学出版社，2017 年，第 345～354 页。

［66］中国社会科学院考古研究所、山西省临汾市文物局：《襄汾陶寺 1978～1985 年考古发掘报告》（第二册），文物出版社，2015 年，第 458 页。

［67］中国社会科学院考古研究所、山西省临汾市文物局：《襄汾陶寺 1978～1985 年考古发掘报告》（第二册），文物出版社，2015 年，第 510～511 页。

［68］何驽：《怎探古人何所思——精神文化考古理论与实践探索》，科学出版社，2015 年，第 234～255 页。

［69］中国社会科学院考古研究所、山西省临汾市文物局：《襄汾陶寺 1978～1985 年考古发掘报告》（第二册），文物出版社，2015 年，第 433 页。

［70］中国社会科学院考古研究所、山西省临汾市文物局：《襄汾陶寺——1978～1985 年考古发掘报告》（第二册），文物出版社，2015 年，第 423 页。

［71］中国社会科学院考古研究所、山西省临汾市文物局:《襄汾陶寺——1978～1985年考古发掘报告》（第二册），文物出版社，2015年，第423～424页。

［72］何努:《怎探古人何所思——精神文化考古理论与实践探索》，科学出版社，2015年，第238页。

［73］高江涛:《试析陶寺遗址的"毁墓"现象》，《三代考古（七）》，科学出版社，2017年，第345～354页。

［74］中国社会科学院考古研究所、山西省临汾市文物局:《襄汾陶寺——1978～1985年考古发掘报告》（第三册），文物出版社，2015年，第1047页，续表4-56。

［75］中国社会科学院考古研究所、山西省临汾市文物局:《襄汾陶寺——1978～1985年考古发掘报告》（第二册），文物出版社，2015年，第433页。

［76］何努:《怎探古人何所思——精神文化考古理论与实践探索》，科学出版社，2015年，第235～241页。

［77］王晓毅、严志斌:《陶寺中期墓地被盗墓葬抢救性发掘纪要》，《中原文物》2006年5期。

［78］中国社会科学院考古研究所、山西省临汾市文物局:《襄汾陶寺——1978～1985年考古发掘报告》（第二册），文物出版社，2015年，第661页。

［79］卫斯:《陶寺大墓中出土的"仓形器"名实浅说》，《中国文物报》2003年11月28日第7版。

［80］中国社会科学院考古研究所、山西省临汾市文物局:《襄汾陶寺——1978～1985年考古发掘报告》（第一册），文物出版社，2015年。

［81］中国社会科学院考古研究所、山西省临汾市文物局:《襄汾陶寺——1978～1985年考古发掘报告》（第一册），文物出版社，2015年，第148～156页。

［82］杜金鹏:《试论商代早期王宫池苑考古发现》，《夏商周考古学研究》，科学出版社，2007年，第449～463页。

［83］杜金鹏:《试论商代早期王宫池苑考古发现》，《夏商周考古学研究》，科学出版社，2007年，第455页。

第五章　陶寺中期都城遗址

［1］何努:《二里头绿松石龙牌、铜牌与夏禹、萬舞的关系》，《中原文化研究》2018年4期。

［2］何努:《浅谈陶寺文明的"美食政治"现象》，《中原文化研究》2021年4期。

［3］何努:《对于陶寺文化晚期聚落形态与社会变化的新认识》，《新世纪的中国考古学（续）》，科学出版社，2015年。

［4］中国社会科学院考古研究所山西队等:《山西襄汾陶寺城址2002年发掘报告》，《考古学报》2005年3期，第307～346页。

［ 5 ］ 陕西省考古研究院等：《陕西神木县石峁遗址》，《考古》2013 年 7 期。

［ 6 ］ 王晓毅、严志斌：《山西抢救性发掘陶寺墓地被盗墓葬》，《中国文物报》2005 年 11 月 9 日第 1 版。

［ 7 ］ 何驽：《陶寺遗址 IIM26 出土骨耜刻文试析》，《考古》2017 年 2 期。

［ 8 ］ 何驽：《从陶寺遗址考古收获看中国早期国家特征》，《中国古代文明与国家起源学术研讨会论文集》，科学出版社，2011 年，第 152 页。

［ 9 ］ 中国社会科学院考古研究所：《殷墟妇好墓》，文物出版社，1980 年，第 6 页。

［10］ 张明东：《商周墓葬比较研究》，中国社会科学出版社，2016 年，第 119～121 页。

［11］ 刘振东：《冥界的秩序——中国古代墓葬制度概论》，文物出版社，2015 年。

［12］ 刘庆柱：《中国古代都城考古发现与研究（下）》，社会科学文献出版社，2016 年，第 708 页。

［13］ 王巍：《中国考古学大辞典·墓碑》，上海辞书出版社，2014 年，第 51 页。

［14］ 王巍：《中国考古学大辞典·墓志》，上海辞书出版社，2014 年，第 49 页。

［15］ 中国社会科学院考古研究所山西队、山西省考古研究所、临汾市文物局：《山西襄汾陶寺中期城址大型建筑 IIFJT1 基址 2004～2005 年发掘简报》，《考古》2007 年 4 期。

［16］ 蔺长旺：《浅析陶寺古观象台系统与〈尚书尧典〉的相关性》，新浪博客 2021-4-15。

［17］ 中国社会科学院考古研究所山西队：《山西襄汾陶寺城址天文观测遗迹功能讨论》，《考古》2006 年 11 期。

［18］ 赵永恒：《陶寺观象台的功能与年代及与陶寺圭表的对应》，"考古与天文·陶寺观象台遗址发现十周年学术研讨会"发言稿，山西襄汾，2013 年 9 月 24 日。

［19］ 中国社会科学院考古研究所山西队：《陶寺中期小城大型建筑基址 IIFJT1 实地模拟观测报告》，《古代文明研究通讯》总 29 期，2006 年 6 月。

［20］ 何驽：《陶寺中期小城观象台实地模拟观测资料初步分析》，《古代文明（六）》，文物出版社，2007 年，第 83～115 页。

［21］ 中国社会科学院考古研究所山西队、山西省考古研究所：《山西襄汾县陶寺遗址 III 区大型夯土基址发掘简报》，《考古》2015 年 1 期。

［22］ 严志斌：《陶寺文化石制品研究》，《二十一世纪的中国考古学》，文物出版社，2006 年。

［23］ 翟少冬、王晓毅、高江涛：《山西陶寺遗址石制品及相关遗迹调查简报》，《考古学集刊（第 19 集）》，科学出版社，2013 年，第 1～26 页。

［24］ 翟少冬：《山西襄汾大崮堆山遗址石料资源利用模式初探》，《考古》2014 年 3 期。

［25］ 翟少冬：《陶寺遗址石制品复制实验与磨制工艺》，《人类学学报》2015 年 2 期。

［26］ 翟少冬：《陶寺遗址石器生产的产能分析》，《南方文物》2016 年 2 期。

［27］ 翟少冬、王晓毅、高江涛：《山西陶寺遗址石制品及相关遗迹调查简报》，《考古

学集刊（第 19 集）》，科学出版社，2013 年，第 1～26 页。

［28］翟少冬、王晓毅、高江涛：《山西陶寺遗址石制品及相关遗迹调查简报》，《考古学集刊（第 19 集）》，科学出版社，2013 年，第 1～26 页。

［29］中国社会科学院考古研究所、山西省临汾市文物局：《襄汾陶寺——1978～1985年发掘报告》（第一册），文物出版社，2015 年，第 306～346 页。

［30］何努：《陶寺遗址石器工业性质分析》，《三代考古（七）》，科学出版社，2017 年，第 448～459 页。

［31］何努：《中国史前奴隶社会考古标识的认识》，《南方文物》2017 年 2 期。

第六章　陶寺晚期遗址殖民地社会

［1］邵晶：《石峁遗址和陶寺遗址的比较研究》，《考古》2020 年 5 期；韩建业：《老虎山文化的扩张与对外影响》，《中原文物》2007 年第 1 期。

［2］邵晶：《石峁遗址和陶寺遗址的比较研究》，《考古》2020 年 5 期。

［3］邵晶：《石峁遗址和陶寺遗址的比较研究》，《考古》2020 年 5 期。

［4］韩建业：《唐伐西夏与稷放丹朱》，《北京大学学报（哲学社会科学版）》2001 年 4 期。

［5］何努：《对于陶寺文化晚期聚落形态与社会变化的新认识》，《新世纪的中国考古学（续）》，科学出版社，2015 年，第 158～171 页。

［6］戴向明：《陶寺、石峁与二里头——中原及北方早期国家的形成》，《考古与文物》2016 年 4 期。

［7］何努：《黄河双雄——陶寺与石峁的"恩怨"简史索隐》，《黄河文明的标识——陶寺·石峁的考古揭示》，山西人民出版社，2020 年，第 167～178 页。

［8］赵春燕、何努：《陶寺遗址中晚期出土部分人类牙釉质的锶同位素比值分析》，《第四纪研究》2014 年 1 期。

［9］博凯龄（Katherine Brunson）：《中国新石器时代晚期动物利用的变化个案探究——山西省龙山时代晚期陶寺遗址的动物研究》，《三代考古（四）》，科学出版社，2011 年，第 129～182 页。

［10］国家文物局、山西省考古研究所、吉林大学考古系：《晋中考古》，文物出版社，1988 年，第 133～134 页，图一〇八·3。

［11］国家文物局、山西省考古研究所、吉林大学考古系：《晋中考古》，文物出版社，1988 年，第 132 页，图一〇七·5。

［12］国家文物局、山西省考古研究所、吉林大学考古系：《晋中考古》，文物出版社，1988 年，第 145 页，图一一五·1。

［13］国家文物局、山西省考古研究所、吉林大学考古系：《晋中考古》，文物出版社，1988 年，第 198～199 页。

［14］韩建业：《中国北方地区新石器时代文化研究》，文物出版社，2003 年，第 126～155 页。

［15］韩建业：《中国北方地区新石器时代文化研究》，文物出版社，2003 年，第 155 页。

［16］何驽：《从陶寺遗址考古收获看中国早期国家特征》，《中国古代文明与国家起源学术研讨会论文集》，科学出版社，2011 年，第 141～155 页。

［17］中国社会科学院考古研究所山西工作队、山西省考古研究所、临汾市文物局：《山西襄汾陶寺城址祭祀区大型建筑基址 2003 年发掘简报》，《考古》2004 年 7 期；中国社会科学院考古研究所山西工作队等：《山西襄汾陶寺城址 2002 年发掘报告》，《考古学报》2005 年 3 期；梁星彭、严志斌：《山西襄汾陶寺文化城址》，《2001 年中国重要考古发现》，文物出版社，2002 年。

［18］何驽：《怎探古人何所思——精神文化考古理论与实践探索》，科学出版社，2015 年，第 235～241 页。

［19］何驽：《怎探古人何所思——精神文化考古理论与实践探索》，科学出版社，2015 年，第 241～255 页。

［20］中国社会科学院考古研究所山西工作队、山西省考古研究所、临汾市文物局：《山西襄汾陶寺城址祭祀区大型建筑基址 2003 年发掘简报》，《考古》2004 年 7 期。

［21］何驽：《怎探古人何所思——精神文化考古理论与实践探索》，科学出版社，2015 年，第 255～261 页。

［22］严志斌：《陶寺文化石制品研究》，《二十一世纪的中国考古学》，科学出版社，2006 年。

［23］何努：《对于陶寺文化晚期聚落形态与社会变化的新认识》，《新世纪的中国考古学（续）》，科学出版社，2015 年，第 158～171 页。

［24］博凯龄（Katherine Brunson）：《中国新石器时代晚期动物利用的变化个案探究——山西省龙山时代晚期陶寺遗址的动物研究》，《三代考古（四）》，科学出版社，2011 年，第 129～182 页。

［25］赵春燕、何驽：《陶寺遗址中晚期出土部分人类牙釉质的锶同位素比值分析》，《第四纪研究》2014 年 1 期。

［26］翟少冬、王晓毅、高江涛：《山西陶寺遗址石制品及相关遗迹调查简报》，《考古学集刊（第 19 集）》，科学出版社，2013 年，第 1～26 页。

［27］中国社会科学院考古研究所山西队等：《2012 年度陶寺遗址发掘的主要收获》，《中国社会科学院古代文明研究中心通讯》第 24 期，2013 年 1 月。

［28］何驽：《试论都邑性聚落布局的宇宙观指导理论——以陶寺遗址为例》，《三代考古（五）》，科学出版社，2013 年，第 19～37 页。

［29］何努：《对于陶寺文化晚期聚落形态与社会变化的新认识》，《新世纪的中国考古学（续）》，科学出版社，2015 年，第 158～171 页。

［30］中国社会科学院考古研究所、山西省临汾市文物局：《襄汾陶寺——1978～1985年考古发掘报告》（第一册），文物出版社，2015 年，第 153～155 页。

第七章　陶寺遗址与尧舜之都考古证据链

［1］Colin Renfrew, Paul Bahn, *Archaeology: Theories, Methods and Practice*, Thames & Hudson, 2012, 6th edition. p. 13.

［2］李伯谦：《中国文明起源与形成研究需要注意的几个问题》，《文明探源与三代考古论集》，文物出版社，2011 年，第 66 页。

［3］王震中：《重建中国上古史的探索》，云南人民出版社，2015 年，第 3 页。

［4］尹达：《衷心的愿望——为〈史前研究〉的创刊而作》，《史前研究》创刊号，1983 年。

［5］何驽：《陶寺遗址的水资源利用和水控制》，《故宫博物院院刊》2019 年 11 期。

［6］罗琨：《陶寺陶文考释》，《中国社会科学院古代文明研究中心通讯》第 2 期，2001 年 7 月。

［7］徐凤先、何驽：《“日影千里差一寸”观念起源新解》，《自然科学史研究》2011 年 2 期。

［8］何驽：《怎探古人何所思——精神文化考古理论与实践探索》，科学出版社，2015 年，第 167～181 页。

［9］中国社会科学院考古研究所山西队、山西省考古研究所、临汾市文物局：《山西襄汾陶寺城址祭祀区大型建筑基址 2003 年发掘简报》，《考古》2004 年 7 期。

［10］何驽：《陶寺出土铜齿轮形器功能辨析》，《中国文物报》2010 年 3 月 19 日第 7 版。

［11］高炜：《陶寺文化玉器及相关问题》，《东亚玉器》，香港中文大学中国考古艺术研究中心，1988 年。

［12］中国社会科学院考古研究所山西队等：《2008 年河南省南水北调工程文物保护项目淅川下王岗遗址发掘新收获》，《中国社会科学院古代文明研究中心通讯》第 17 期，2009 年 1 月。

［13］徐凤先、何驽：《“日影千里差一寸”观念起源新解》，《自然科学史研究》2011 年 2 期。

［14］徐凤先、何驽：《“日影千里差一寸”观念起源新解》，《自然科学史研究》2011 年 2 期。

［15］何驽：《怎探古人何所思——精神文化考古理论与实践探索》，科学出版社，2015 年，第 230～234 页。

［16］何驽：《陶寺圭尺“中”与“中国”概念由来新探》，《三代考古（四）》，科学出版社，2011 年，第 85～119 页。

［17］中国社会科学院考古研究所山西队等：《陶寺城址发现陶寺文化中期墓葬》，《考

古》2003 年 9 期。

[18] 罗明：《陶寺中期大墓 M22 随葬公猪下颌意义浅析》，《中国文物报》2004 年 6 月 4 日第 7 版。

[19] 秦洪彦：《窑窝与尧王》，《龙乡陶寺》，山西人民出版社，2005 年，第 97～98 页。

[20] 田建文：《"尧窝"——方言的力量》，"襄汾吧"网上发布，2006-08-29，04:58:44。

[21] 解希恭、陶富海：《尧文化五题》，《襄汾陶寺遗址研究》，科学出版社，2007 年，第 398～399 页。

[22] 田建文：《陶唐氏、唐国与鳄、鄂》，《古代文明研究通讯》总 40 期，2009 年 3 月。田建文：《陶寺古城与尧都平阳》，《无限悠悠远古情——佟柱臣先生纪念文集》，科学出版社，2014 年，第 355～364 页。

[23] 李民：《尧舜时代与陶寺遗址》，《史前研究》1985 年 4 期。

[24] 许宏等：《陶寺类型为有虞氏遗存论》，《考古与文物》1991 年 6 期。

[25] 王克林：《陶寺文化与唐尧、虞舜》，《文物世界》2001 年 1、2 期。

[26] 黄石林：《陶寺遗址乃尧至禹都》，《文物世界》2001 年 6 期，第 21 页。

[27] 马世之：《虞舜的王都与帝都》，《中原文物》2006 年 1 期。

[28] 曲英杰：《尧舜禹及夏代都城综论》，《从考古到史学研究之路——尹达先生百年诞辰纪念文集》，云南人民出版，2007 年，第 269～299 页。

[29] 彭邦本：《陶寺古城——唐虞联盟与夏初中心都邑》，《中国社会科学院古代文明研究中心通讯》第 18 期，2009 年 8 月。

[30] 张国硕、魏继印：《试论陶寺文化的性质与族属》，《中国古代文明与国家起源学术研讨会论文集》，科学出版社，2011 年，第 156～162 页。

[31] 中国社会科学院考古研究所山西工作队、临汾地区文化局：《1978～1980 年山西襄汾陶寺墓地发掘简报》，《考古》1983 年 1 期。

[32] 中国社会科学院考古研究所山西队等：《陶寺城址发现陶寺文化中期墓葬》，《考古》2003 年 9 期。

[33] 张雅军、何驽、张帆：《陶寺中晚期人骨的种系分析》，《人类学学报》2009 年 4 期。

[34] 王晓毅、丁金龙：《也谈尧舜禅让与篡夺》，《中国文物报》2004 年 5 月 7 日第 7 版。

[35] 《平阳志》，洪武十五年刻印（1382 年）。

[36] 丁山：《中国古代宗教与神话考》，上海文艺出版社，1988 年影印本，第 258～260 页。

[37] 郭大顺、张克举：《辽宁省喀左县东山嘴红山文化建筑群址发掘简报》，《文物》1984 年 11 期。

[38] 中国社会科学院考古所等：《2004～2005 年山西襄汾陶寺遗址发掘新进展》，《中国社会科学院古代文明研究中心通讯》第 10 期，2005 年 8 月。王晓毅、严志斌：《陶寺中期墓地被盗墓葬抢救性发掘纪要》，《中原文物》2006 年 5 期。

［39］高天麟：《陶寺遗址七年来的发掘工作汇报》，《晋文化研究座谈会纪要》，山西省考古研究所编，1986 年。

［40］博凯龄（Katherine Brunson）：《中国新石器时代晚期动物利用的变化个案探究——山西省龙山时代晚期陶寺遗址的动物研究》，《三代考古（四）》，科学出版社，2011 年，第 129～182 页。

［41］马志正：《尧舜与古历山研究初集》，地质出版社，2011 年。

［42］乔忠延：《千秋亲情看万安》，山西经济出版社，2015 年。

［43］中国社会科学院考古研究所、山西省临汾市文物局：《襄汾陶寺——1978～1985 年发掘报告》，文物出版社，2015 年；何驽：《陶寺圭尺补正》，《自然科学史研究》2011 年 3 期。

第八章　陶寺文明成就在中国文明中的地位与贡献

［1］何驽：《2010 年陶寺遗址群聚落形态考古实践与理论收获》，《中国社会科学院古代文明研究中心通讯》第 21 期，2011 年 1 月。

［2］何驽：《怎探古人何所思——精神文化考古理论与实践探索》，科学出版社，2015 年，第 62～63 页。

［3］何驽：《怎探古人何所思——精神文化考古理论与实践探索》，科学出版社，2015 年，第 189～195 页。

［4］何驽：《怎探古人何所思——精神文化考古理论与实践探索》，科学出版社，2015 年，第 197～201 页。

［5］何驽：《怎探古人何所思——精神文化考古理论与实践探索》，科学出版社，2015 年，第 143～153 页。

［6］何驽：《怎探古人何所思——精神文化考古理论与实践探索》，科学出版社，2015 年，第 167～181 页。

［7］何驽：《浅谈陶寺文明的"美食政治"现象》，《中原文化研究》2021 年 4 期。

［8］何驽：《怎探古人何所思——精神文化考古理论与实践探索》，科学出版社，2015 年，第 343～347 页。

［9］何驽：《怎探古人何所思——精神文化考古理论与实践探索》，科学出版社，2015 年，第 341～342 页。

［10］何驽《陶寺文化原始宗教信仰蠡测及其特点试析——陶寺出土的艺术品与原始宗教》，《殷墟与商文化——殷墟科学发掘 80 周年纪念文集》，科学出版社，2011 年，第 295～327 页。

［11］刘庆柱：《中国古代都城考古发现与研究（下）》，社会科学文献出版社，2016 年，第 650 页。

［12］刘庆柱：《中国古代都城考古发现与研究（下）》，社会科学文献出版社，2016 年，

第 648～651 页。

[13] 刘庆柱:《中国古代都城考古发现与研究（下）》,社会科学文献出版社,2016 年,第 634 页。

[14] 何驽:《都城考古的理论与实践——从陶寺遗址和二里头遗址都城考古分析看中国早期城市化进程》,《三代考古（三）》,科学出版社,2009 年,第 3～58 页。

[15] 刘庆柱:《中国古代都城考古发现与研究（下）》,社会科学文献出版社,2016 年,第 657 页。

[16] 刘庆柱:《中国古代都城考古发现与研究（下）》,社会科学文献出版社,2016 年,第 586～600 页。

[17] 何驽:《陶寺圭尺"中"与"中国"概念由来新探》,《三代考古（四）》,科学出版社,2011 年,第 85～119 页。

[18] 何驽:《怎探古人何所思——精神文化考古理论与实践探索》,科学出版社,2015 年,第 78～117 页。

[19] 何驽:《怎探古人何所思——精神文化考古理论与实践探索》,科学出版社,2015 年,第 226～229 页。

[20] 杜金鹏:《偃师二里头夏都规划探论》,《夏商周考古学研究》,科学出版社,2007 年,第 129～133 页。

[21] 刘庆柱:《中国古代都城考古发现与研究（下）》,社会科学文献出版社,2016 年,第 670～672 页。

[22] 武家璧:《陶寺观象台新论》,《帝尧之都 中国之源——尧文化暨德廉思想研讨会文集》,中国社会科学出版社,2015 年,第 149～168 页。

[23] 刘庆柱:《中国古代都城考古发现与研究（下）》,社会科学文献出版社,2016 年,第 663 页。

[24] 刘庆柱:《中国古代都城考古发现与研究（下）》,社会科学文献出版社,2016 年,第 668 页。

[25] 刘庆柱:《中国古代都城考古发现与研究（下）》,社会科学文献出版社,2016 年,第 665 页。

[26] 中国社会科学院考古研究所:《二里头 1999～2006（贰）》,文物出版社,2014 年。

[27] 杜金鹏:《偃师二里头遗址一号宫殿基址再认识》,《安金槐先生纪念文集》,大象出版社,2005 年;杜金鹏:《二里头遗址宫殿建筑基址初步研究》,《考古学集刊（第 16 集）》,科学出版社,2006 年。在该文中,作者倾向于认为二里头 1 号宫殿基址的功能为"夏社",但是在《偃师二里头遗址一号宫殿基址再认识》一文中修正了这一观点,认为 1 号宫殿应为外朝。作者认为 2 号宫殿为宗庙。杜金鹏:《偃师二里头遗址 4 号宫殿基址研究》,《文物》2005 年 6 期。

[28] 杜金鹏:《殷墟宫殿区建筑基址研究》,科学出版社,2010 年。

［29］中国社会科学院考古研究所、山西省临汾市文物局：《襄汾陶寺——1978～1985年考古发掘报告》（第一册），文物出版社，2015年，第124～138页。

［30］何驽：《陶寺考古：尧舜"中国"之都探微》，《帝尧之都 中国之源——尧文化暨德廉思想研讨会文集》，中国社会科学出版社，2015年，第67～68页。

［31］王树芝等：《陶寺遗址出土木炭研究》，《考古》2011年3期。

［32］王树芝等：《陶寺遗址出土木炭研究》，《考古》2011年3期。

［33］中国社会科学院考古研究所、山西省临汾市文物局：《襄汾陶寺——1978～1985年考古发掘报告》（第二册），文物出版社，2015年，第758～771页。

［34］中国社会科学院考古研究所、山西省临汾市文物局：《襄汾陶寺——1978～1985年考古发掘报告》（第二册），文物出版社，2015年，第771～791页。

［35］何驽：《华西系玉器背景下的陶寺文化玉石礼器研究》，《南方文物》2018年2期。

［36］中国社会科学院考古研究所、山西省临汾市文物局：《襄汾陶寺——1978～1985年考古发掘报告》（第二册），文物出版社，2015年，第490页。

［37］中国社会科学院考古所等：《陶寺城址发现陶寺文化中期墓葬》，《考古》2003年9期。

［38］中国社会科学院考古研究所、山西省临汾市文物局：《襄汾陶寺——1978～1985年考古发掘报告》（第一册），文物出版社，2015年，第302页。

［39］中国社会科学院考古研究所、山西省临汾市文物局：《襄汾陶寺——1978～1985年考古发掘报告》（第一册），文物出版社，2015年，363页。

［40］孙周勇：《陕西神木石峁遗址出土口簧研究》，《文物》2020年1期。

［41］中国社会科学院考古研究所、山西省临汾市文物局：《襄汾陶寺——1978～1985年考古发掘报告》（第二册），文物出版社，2015年，第507页。

［42］何驽：《陶寺考古：尧舜"中国"之都探微》，《帝尧之都 中国之源——尧文化暨德廉思想研讨会文集》，中国社会科学出版社，2015年，第114～115页。

后 记

　　良渚博物院的夏勇先生约我为《中国早期文明论丛》系列写一本有关陶寺文明的书，我其实明白他们编纂这套丛书的主要目的是更好地从比较的视野来更透彻地认识良渚文明。陶寺遗址的年代恰好比良渚文化晚，如果说比较，陶寺文化与良渚文化在时间与空间上均缺乏直接的联系。虽然，陶寺文化的厨刀、玉璧、玉琮看似与良渚文化的"破土器"、玉璧、玉琮有着某些说不清道不明的关系，尽管苏秉琦先生力主陶寺的厨刀要到良渚文化的"破土器"中找原型，不无道理，但是，我始终认为，陶寺文明与良渚文明虽不至于"关公战秦琼"，但毕竟差着"辈分"，二者恐怕没有直接的关联。即便如此，良渚文化与陶寺文化都处在中华文明起源多元一体的"大网络"里，从文明形态、经济基础、精神文化、政治体制以及对中华文明起源的贡献等诸多方面，就良渚文明与陶寺文明进行比较分析，还是很有意义的。我想，这很可能正是良渚博物院《中国早期文明论丛》系列将陶寺文明纳入进来的初衷。

　　我本人从事陶寺遗址考古与研究二十年，但对良渚文化与文明的认识与研究十分有限，进行良渚文明与陶寺文明的比较研究，超出了我的学术能力，然而对陶寺遗址、陶寺文化、陶寺文明的考古研究，还是有一定的深度。这二十年来，我发表了一系列有关陶寺文明研究的论文，散见在国内外学术刊物上，正好趁此机会，将我这些年来有关陶寺遗址与文明研究的成果系统梳理与编纂一下，补充一些近年来我的新认识或新观点，著成此书，名曰《陶寺：中国文明核心形成的起点》，使读者对陶寺遗址、陶寺文化与文明，有一个比较系统和全面的了解，免去读者四处搜索文章的麻烦，若有兴趣，自己再进一步去做良渚文明与陶寺文明的对比分析研究。

在此我需要申明一下，中华文明与中国文明是两个有关系却又存在区别的概念。中国文明是指"中国"概念诞生之后、中华文明的核心也就是中国文明核心形成之后的文明。中华文明则不仅包括中国文明，还包括"前中国"时代的文明。我认为，良渚文明显然属于"前中国"时代的中华文明。所以，陶寺是中国文明核心形成的起点，而非中华文明的起点，良渚文明要早于陶寺文明。或许我的观点并不能得到很多学者的认同，但这是我根据目前所掌握的考古资料，以及对中华文明与中国文明理论概念所作出的分析与阐述，留待将来去考验吧。

感谢良渚博物院给我的压力与动力，给我一个发表本书的机会！否则，本书的完成与发表还不知要拖到何年何月。

陶寺遗址的考古研究是以考古发掘为基础的，虽然研究的学术观点是我的，但是考古工作却是中国社会科学院考古研究所山西队全体新老队员、山西省考古研究所（现改称山西省考古研究院）合作兄弟们共同辛勤工作的结晶，更得益于考古所历任主要领导如刘庆柱、王巍、陈星灿等所长对陶寺遗址持续发掘与研究的全方位鼎力支持。在此一并致以诚挚的谢意！

恩师李伯谦先生虽然不主攻陶寺研究，但是持续关注我们在陶寺遗址的考古发掘新发现与研究新进展，他曾多次亲临陶寺发掘现场考察，或参加陶寺遗址学术研讨会，对陶寺遗址的发掘与研究工作常有研讨和点拨，在此特别向李老师表示衷心感谢！

最后还要感谢上海古籍出版社的编辑们，为编辑此书所付出的辛勤劳动！

何　努

于通州广通不舍斋